修訂十一版

少年事件處理法

Juvenile Law

劉作揖　著

三民書局

國家圖書館出版品預行編目資料

少年事件處理法 / 劉作揖著. －－修訂十一版一刷. －
－臺北市：三民，2016
　　　面；　公分
參考書目：面
ISBN 978-957-14-6117-5　（平裝）
1. 少年事件處理法

585.78　　　　　　　　　　　　　　　　104029059

© 少年事件處理法

著 作 人	劉作揖
發 行 人	劉振強
著作財產權人	三民書局股份有限公司
發 行 所	三民書局股份有限公司
	地址　臺北市復興北路386號
	電話　(02)25006600
	郵撥帳號　0009998-5
門 市 部	(復北店) 臺北市復興北路386號
	(重南店) 臺北市重慶南路一段61號
出版日期	初版一刷　1990年4月
	修訂九版一刷　2012年7月
	修訂十版一刷　2014年8月
	修訂十一版一刷　2016年2月
編 　　號	S 582170

行政院新聞局登記證局版臺業字第○二○○號

有著作權・不准侵害

ISBN　978-957-14-6117-5　（平裝）

修訂十一版序

「有社會、群眾，便有糾紛、犯罪」，這是大家都難以否認的事實。

本來，社會是由群眾組合而成的生活空間、生存場地。個人在這群眾組合而成的生活空間，必須與他人接觸，營造良好的交互關係，才能開創美滿而幸福的生活。個人在這群眾組織而成的生存場地，也必須謀得一職，展現自己的才能，方能成家立業，立足於競爭的社會。

倘若，個人在社會生活上，不能與人和諧相處，便難免與他人發生口角、糾紛，甚至相互敵對、仇視、殺戮。

倘若，個人在生存舞臺上，不能謀得一職，長久失業，難免為生活所迫，鋌而走險。

像最近電視、新聞、雜誌等媒體，常報導的殺人焚屍案件、殺人分屍棄屍案件、搶劫銀行案件、搶劫運鈔車案件、印製偽鈔案件等等，一方面固然是犯罪行為人社會適應能力欠佳，人際關係失調，不能與人和諧相處，而激發引起的殺人罪行；更值得注意的，乃是犯罪行為人或長久失業、淪落為無業遊民；或者是經濟條件薄弱、營生能力缺乏致為生活所迫，不得不冒險進行搶劫的勾當或印製偽鈔的瘋狂舉動。設若一旦順利得逞，便可享用一大筆財富，何樂而不為？這是犯罪行為人大多存有的妄想。

少年之犯罪行為，最近幾年來似乎大為減少，其主要原因，可能是未滿十八歲之少年，大多仍在求學中，且閒暇時間多在補習班進行學科基本測驗前之補習，故較無多餘時間逛街、遊蕩、嬉戲、胡鬧等。又網咖、電動遊樂場所也通常禁止未滿十八歲之少年進入，因此是非較多之處，少年既不能進入，當然犯罪之機率自然大為減少。

唯少年是應保護之人，倘若少年不慎觸犯刑罰法律，或有觸犯刑罰法律之虞之行為，不論係因何人之報告、少年師長及親屬之請求或因警察機構之移送，審理少年事件之少年法院（或地方法院少年法庭或少年及家事法院）應即時受理，並得命少年調查官就少年與事件有關之行為、少年之

品格、經歷、身心狀況、家庭背景、教育程度等事項，先為個案之調查，提出意見供少年法院作為處遇之參考。少年經傳喚庭訊後，如認為應責付者，得責付於少年之法定代理人、家長、最近親屬、現在保護少年之人或其他適當之機關、團體或個人，並得於事件終結前，交付少年調查官為適當之輔導。少年法院如庭訊少年後，認為少年不能責付或責付顯然不適當者，得命收容於少年觀護所。

　　少年法院就少年事件為調查之結果，認少年觸犯最輕本刑為五年以上有期徒刑之罪，或事件繫屬後少年已滿二十歲者，應即以裁定移送於有管轄權之法院檢察署檢察官，以刑事案件之性質偵辦之。又少年法院就少年事件為調查之結果，如認為少年無付保護處分之原因或以其他事由不應付審理者，應為不付審理之裁定。如認為少年所為之觸法行為情節輕微，以不付審理為適當者，得為不付審理之裁定；如認為少年所為之觸法行為應付審理者，應為開始審理之裁定。

　　少年法院審理事件應定審理期日，審理期日應傳喚少年、少年之法定代理人或現在保護少年之人，並應通知少年之輔佐人。審理期日不公開，少年為陳述時，不令少年以外之人在場；少年以外之人為陳述時，不令少年在場。少年法院於審理結果，認為少年所犯最輕本刑為五年以上有期徒刑之罪，或犯罪情節重大，參酌其品行、性格、經歷等情狀，以受刑事處分為適當，且少年犯罪時已滿十四歲者，得以裁定移送於有管轄權之法院檢察署檢察官。少年法院於審理結果，如認為事件不應或不宜付保護處分者，應以裁定諭知不付保護處分。如認為應付保護處分者，應以裁定諭知下列之保護處分：一、訓誡，並得予以假日生活輔導。二、交付保護管束，並得命為勞動服務。三、交付安置於適當之福利或教養機構輔導。四、令入感化教育處所施以感化教育。同時，得於保護處分之前或同時，一併諭知下列之處分：一、少年染有煙毒或吸用麻醉、迷幻物品成癮，或有酗酒習慣者，令入相當處所實施禁戒。二、少年身體或精神狀況顯有缺陷者，令入相當處所實施治療。

　　其次，檢察官於受理少年法院（或地方法院少年法庭或少年及家事法

院) 移送之少年刑事案件後,應即開始偵查。並於偵查結果,對於少年犯最重本刑為五年以下有期徒刑之罪,參酌刑法第五十七條有關之規定,認為以不起訴處分而受保護處分為適當者,得為不起訴處分,並移送少年法院依少年保護事件審理。認應起訴者,應向少年法院提起公訴。少年法院於審判少年刑事案件時,得不公開,並不得對少年宣告死刑、無期徒刑、褫奪公權或強制工作;對於少年犯最重本刑為十年以下有期徒刑之罪,如顯可憫恕,認為依刑法第五十九條規定減輕其刑仍嫌過重,且以受保護處分為適當者,得免除其刑,諭知適當之保護處分。足見我國施行甚久之少年事件處理法,是以保護處分為處遇少年之核心。

我國於西元一九六二年(中華民國五十一年)一月三十一日公布之「少年事件處理法」法規,雖係擷取歐美日先進國家少年法制之長,參酌本國之國情而制定,但與歐美日先進國家之少年法制不相同,茲就東北亞之鄰國——日本之少年法,概述如下:

日本之少年法,明示:凡未滿二十歲的少年,有犯罪的行為;或未滿十四歲的少年,有觸犯刑罰法令的行為;或從其性格或環境觀察,有犯罪可能或有觸犯刑罰法令之虞的少年,例如有不服從保護人的監督習癖;或有擅自離家在外遊蕩的惡習;或與有犯罪習性及品德惡劣的人交往;或有危害自己或他人道德行為的癖性等等,經一般人發現,或警察官的調查、或調查官的報告、或都道府縣知事及兒童相談所長的受理,得依程序為通告、檢舉或送致之手續。而家庭裁判所受理上述通告、檢舉或送致的少年非行事件,應即先令調查官就少年之個別行狀、經歷、本性、家庭環境、保護人等有關的事項,運用醫學、心理學、教育學、社會學等專業知識,為身心方面的調查,並提出報告。家庭裁判所為審理少年保護事件,得將少年交付調查官為觀護的措置,或送致少年鑑別所,為身心的鑑別。為踐行少年保護事件之審理,家庭裁判所須擇日開庭,並呼出(傳喚)少年,少年之保護者及其有關之人,必要時得執行同行,由家庭裁判所之調查官行之。家庭裁判所於審理少年保護事件時,認有必要,得以決定,將少年為以下的觀護措置:一、交付調查官為觀護措施。二、送致少年鑑別所,

為身心之鑑別。家庭裁判所的審判前調查結果，如認為少年與兒童福祉法的規定措施相當時，得以決定，將少年送致有事件權限的都道府縣知事及兒童相談所長。如認為少年以不付審判為宜者，得為不付審判之決定；如認為少年已滿二十歲以上，無審判之權限者，須以決定，將該事件送致有管轄權之地方裁判所對應之檢察廳檢察官。又家庭裁判所對於少年所犯為死刑、懲役或禁錮的罪行，經調查結果，並審酌其罪質及行狀，認為以受刑事處分為宜者，應以決定，將該事件送致管轄權之地方裁判所對應之檢察廳檢察官。但對於十六歲以上之少年，因故意的犯罪行為，致被害者死亡的事件，除得以決定，將該事件送致有管轄權之地方裁判所對應之檢察廳檢察官之外，亦得審酌少年的犯行動機及態樣、犯行後的情況、少年的性格、年齡、行狀及環境等等，為刑事處分以外之措置的決定。家庭裁判所，經調查結果，如認為少年保護事件，應即開始審判者，應為開始審判之決定。審判應以懇切的言詞、和藹的態度行之，且對於非行之少年，應促其自我反省。審判程序不公開，審判之指揮，由裁判長行之。家庭裁判所於踐行審判程序時，得通知檢察官出席，申述少年之重大罪情，得呼出具有弁護士（律師）身份的付添人，協助犯罪或觸法的少年，或事件之被害者，陳述意見；並得容許被害者及其有關之人到場傍聽。家庭裁判所，就少年保護事件為審判結果，認為少年無付保護處分之必要者，得為不付保護處分之決定，少年已二十歲以上者，準用之。又家庭裁判所，就少年保護事件為審判結果，認為少年應付保護處分者，得為下列之決定：一、交付保護觀察所，執行保護觀察。二、送致兒童自立支援施設或兒童養護施設。三、送致少年院。

　　至於少年之刑事事件，經家庭裁判所送致管轄地方裁判所對應之檢察廳檢察官後，檢察官應即為事件之搜查，如認為少年之犯罪證據確鑿，以受刑事處分為適當者，應向有管轄權之地方裁判所送致少年刑事事件，為起訴的程序。地方裁判所受理檢察官送致之少年刑事事件後，應即擇日開庭審判，並呼出（傳喚）少年、少年之保護者、付添人（類似少年輔佐人）等有關之人到庭應訊，或陳述意見，檢察官並應出席備詢。少年刑事事件

經裁判所裁判官為有罪或無罪之判決後，其有罪之判決部分，裁判長應就死刑、懲役、禁錮、罰金、拘留、科料及沒收等之處斷刑，擇一適當之刑宣告之；唯未滿十八歲之犯罪少年，經裁判所裁判官審判結果，認為少年之刑事事件，應處斷死刑者，得減輕為無期徒刑之科處；應處斷為無期徒刑者，得減輕為十年以上、十五年以下之有期懲役或禁錮之科處。又少年之刑事事件，應處斷三年以上之有期懲役或禁錮之科處者，應於其刑之範圍內，定其短期與長期之刑，短期不得逾五年，長期不得逾十年。再者，對於少年為刑事處分，不得宣告易服勞役之換刑宣告（即勞役場留置之宣告）。

　　總之，我國制定之少年事件處理法，大致係參酌日本之少年法立法意旨與保護少年之措施，雖其法律之名稱不同、規定之條文內容不同，但其保護少年之精神，則相似、相近。

　　承三民書局法律編輯陳小姐來電告知本書即將再版，心甚欣慰，茲值修訂十一版少年事件處理法一書即將再版之際，謹匆匆撰此序文，敬請國內學者、讀者、專家以及購閱者，不吝指正，爰為之序。

劉作揖　謹識

2016 年 1 月

修訂二版序

　　已故前大法官林教授紀東先生，以及劉教授日安博士，可以說是少年事件處理法的開山祖師；這兩位學者，學問淵博，著作等身，先後為少年事件處理法的學術領域，打開了一道研究的坦途，讓後輩學子不必摸索、不必耗費心力，而能從其嘔心瀝血的名著，洞悉少年事件處理法的全貌；特別是這兩位學者的少年事件處理法專著，在當時的坊間，可以說是洛陽紙貴、甚獲好評。其後又有朱法官勝群，更步上兩位學者的後塵，悉心鑽研，將少年事件處理法的理論，發揚光大，其著作也曾風行一時。

　　我在年輕的時候，首先致力於教育、心理、政治、行政……等學術領域方面的研究，但是一直都沒有任何成就，後來竟然對法律方面的學術領域，發生了濃厚的興趣，於是著手埋頭研究刑法、民法、訴訟法……等法律方面的理論，特別是當我閱讀了上述幾位長輩、學者、先進的少年事件處理法名著之後，竟然也躍躍欲試，想著手著作。

　　幾經閱讀、思索、研究之後，自己竟大膽的依據研究的心得，一點一滴、一章一節，利用夜深人靜、萬籟俱寂的時刻，每日、每夜埋頭伏案、振筆疾書，歷經六個多月的煎熬，竟然也完成了一本不像樣的著作，那便是我的處女作——《少年事件處理法概論》。

　　蒙三民書局不嫌棄，將這一本不像樣的著作，一字不改的排了版，並付印出版。這本《少年事件處理法概論》的書問世之後，不敢說能獲得讀者的肯定，但是我始終都是提心弔膽的，很擔心有專家、學者、讀者會挑出書中的瑕疵。後來，又經過了幾次的修訂，不但書名改成了《少年事件處理法》，而且體系、架構也重新規劃、設計，換了一個新面貌；內容也比先前的原著，豐富了許多、充實了許多；文句、理論……等也比先前原著的水準高，這時我才鬆了一口氣，不再擔心有專家、學者、讀者會來函指正。不過沒有想到竟然有些讀者，打聽到我的「辦公室」和「住宅」的電話，來電索購《少年觀護工作》、《保安處分執行法》、《個案研究理論與實

務》……等我的其他學術著作；甚至還有些有志參加高考的大專青年，竟然也打電話來討教，這時我才深深的體會到「一分耕耘、一分收穫」的滋味，也才深深的覺得很欣慰、很感動……。

最近少年事件處理法的法典，又作了第五次的大幅修正，牽動全文幾乎達七成多，堪稱空前絕後、史無前例。而我的原著《少年事件處理法》這本書，一夕之間便成了一本不適用的廢書，坊間書局雖然到現在還可以看到這本書擺放在書架上，但是已經乏人翻閱，心痛之下，竟然罹患了感冒，病倒在床上……。為了使這本書，能「死灰復燃」、「去蕪存菁」、重新飄逸芬芳的書香；於是，利用今年暑假的閒暇時間，再次執筆重新研閱、修正，總算在短短的幾個星期內，又將它修正完畢，完成了一件心中懸掛的大事，頓時肩上如釋重負，輕鬆了許多。

本書重新打字、排版後，經過三民書局編輯部幾位編輯同仁的嚴格、慎重、細心的校對，已經將其內容、品質、水準、可讀性、正確性……提高到零缺點的完善境界，再經過我的復校對、復修正，可以說已經盡心盡力，不辱使命。預料本書再版、問世之後，當能一新面目，獲得專家、學者、讀者的認同與肯定。本書之得能再版、問世，應感謝三民書局董事長劉振強先生的支持與厚愛，以及三民書局編輯部所有工作同仁不眠不休的辛勞，唯著作者學識尚淺，遺漏、謬誤之瑕疵，恐難避免，尚請海內外法律界專家、學者多多賜教。值此本書將再版、問世之際，爰特為之序，以為紀念。

劉作揖　謹識
一九九九年六月

凡　例

一、本書之引用法令、條號統一使用一般慣用的省略稱呼。

　　例如：㈠（少年事件處理法第八十五條之一第一項第三款）→（少年事件八五條之一Ⅰ項3款）。

　　　　㈡（見少年事件處理法施行細則第十二條）→（見少施一二）。

　　　　㈢（見刑法第六十三條第一項）→（見刑六三條Ⅰ項）。

　　　　㈣（見刑事訴訟法第七十六條）→（見刑訴七六）。

二、本書內少數不常用或尚未修法的法令引用，則仍保留其全稱。

　　例如：（見少年觀護所設置及實施通則第二十條第二項）→（見少年觀護所設置及實施通則第二十條第二項）。

少年事件處理法

目　次

第一編　緒　論

第二編　本　論

附　錄

第一編　緒　論

第一章　少年事件處理法之意義

少年事件處理法是刑法及刑事訴訟法的特別法，適用於一般少年之犯罪案件及虞犯事件之處理，是實體法，也是程序法，整部法典，充分顯示著保護少年之政策，它明文規定對於觸犯刑罰法律或有虞犯行為之少年，職司少年事件之處理機構——少年法院（或少年法庭），應如何予以調查及審理；調查及審理之處理程序踐行終結，應即如何對個別之少年予以不同之處遇，及如何根據其裁定所選擇之處遇，以執行其所諭知之保護處分，俾矯正少年之不良行為及惡劣品格，防止其再犯。又對於宣告刑事處分之少年，在何種情形下得免除其刑，並諭知適當之保護處分；在何種情形下，得宣告緩刑；科處少年之刑事處分，應有何種限制；對於受徒刑執行之少年，應如何施以矯正教育等等，條分縷析，規定詳盡，構成一部完美的少年事件處理法法典。

少年事件處理法之意義，簡而言之，乃指執行少年之保護處分及刑事處分之特別法律。析而言之，乃指國家以明文規定，對於觸犯刑罰法律及有虞犯行為之少年，應如何踐行調查及審理程序，並個別予以適當之處遇；暨如何執行保護處分及刑事處分，俾能矯正少年之不良品行，防止其再犯罪之特別法典。茲分述之：

(一)少年事件處理法是規定如何就觸法或有虞犯行為之少年踐行調查及審理之處理程序

少年之有觸犯刑罰法律之行為，或有觸犯刑罰法律之虞之事件，不論係由任何人之報告；或係由檢察官、司法警察官或法院於執行職務時所為之移送；或係由對少年有監督權人所為之請求等等，該管少年法院應基於管轄權之所在，即時予以受理。並對少年與事件有關之行為，其人之品格、經歷、身心狀況、社會環境、家庭情形、教育程度等事項踐行調查程序，

其調查可先由少年調查官基於職權為之。調查之程序一經終結，少年法院應即為移送、或審理與否之裁定，如經裁定開始審理者，應即踐行審理之程序，此項調查及審理之程序，乃對觸犯刑罰法律或有虞犯行為之少年，實施保護處分及刑事處分之前，所須踐行之處理程序。

㈡少年事件處理法是規定如何就審理終結之少年予以個別處遇及執行保護處分之法律

少年之虞犯事件或觸法案件，既經審理終結，則少年之觸法動機、目的、觸法時所受之刺激、觸法之手段、觸法所生之危險與損害、觸法後之態度或虞犯行為之情狀，暨少年與事件有關之行為，其人之品格、經歷、身心狀況、家庭情形、社會環境、教育程度、生活情況等等，必能全盤了解，自應根據少年之個別情節，予以適當之處遇；倘少年之觸法或虞犯情節輕微，又能知錯悔悟，顯可憫恕，而不應付保護處分者，少年法院應即裁定諭知不付保護處分。如少年之觸法情節較重，有少年事件處理法第二十七條之情形者，應由少年法院為移送之裁定，而由法院檢察署檢察官依法踐行偵查及起訴程序。少年法院為決定宜否為保護處分或應付何種保護處分，認有必要時，尚得以裁定將少年交付少年調查官為相當期間之觀察；至於應受保護處分之少年，少年法院並得依據個別之情節與需要，諭知：1.訓誡，並得予以假日生活輔導。2.交付保護管束。3.交付安置輔導。4.令入感化教育處所施以感化教育。且少年染有煙毒或吸用麻醉迷幻物品成癮或有酗酒習慣者，得諭知令入相當處所實施禁戒；少年之身體或精神狀態顯有缺陷者，得諭知令入相當處所實施治療。少年之保護處分，既以個別處遇為原則，則少年法院自有選擇何種處分，以適應及處遇觸法或虞犯少年之裁定權，即使應如何執行少年之保護處分，少年事件處理法及其輔助法規亦規定甚詳，少年法院自應就其明文之規定，指揮並執行保護處分之實施，或交付專人執行，或交付相當處所實施，務使少年之行狀能改善，品德能改進，惡習能戒除，氣質能轉移，因此，少年事件處理法，乃執行保護處分及個別處遇少年之法律。

(三)少年事件處理法是規定如何將觸法情節較重之少年科處刑事處分或實施個別處遇少年之法律

　　少年如有觸犯少年事件處理法第二十七條所列罪情之一，少年法院應即移送於有管轄權之法院檢察署檢察官，由檢察官依法踐行偵查及起訴程序，並由少年法院依法審判，科處刑事處分。少年法院之審判，得不公開之。但少年當事人之直系血親尊親屬或其監護人請求公開審判者，得公開之。少年被告在審判時，應與其他被告隔離。少年犯最重本刑為十年以下有期徒刑之罪，如顯可憫恕，認為依刑法第五十九條規定減輕其刑仍嫌過重者，得免除其刑，並諭知適當之保護處分。少年之有酗酒習慣者，應併令入相當處所，實施禁戒；其身體或精神狀態顯有缺陷者，應併令入相當處所，實施治療。少年之犯罪應科刑者，不得處死刑或無期徒刑。本刑為死刑或無期徒刑者，減輕其刑。且對於少年不得宣告褫奪公權。少年受刑之宣告，經執行完畢或赦免者，適用關於公權資格之法令時，視為未曾犯罪。少年受三年以下有期徒刑、拘役或罰金之宣告，合於刑法第七十四條第一、二款之規定，認為以暫不執行為適當者，得宣告緩刑。少年受徒刑之執行而有悛悔實據者，無期徒刑逾七年後，有期徒刑逾執行期三分之一後，得予假釋。少年在緩刑或假釋期中應付保護管束者，由少年保護官行之。少年事件處理法，雖以保護處分之執行為核心，但對於少年之刑事處分亦未忽略，舉凡科刑之原則、緩刑假釋之條件，均規定甚詳，故少年事件處理法是規定如何就犯罪之少年科處刑事處分或宣告緩刑、免除其刑以為處遇之法律。

(四)少年事件處理法是規定如何以教育之方式矯正少年之不良行為防止其再犯罪之法律

　　少年之有不良行為，或由於家教不當，父母過分放縱或溺愛子女，致子女個性驕縱、乖張、放蕩、不務正業、遊手好閒、濫交友朋、惹是生非、出入不當之場所、吸食迷幻物品、施打速賜康、濡染有犯罪傾向之不良習癖……；或由於社會不良文化及環境之刺激，促使少年過早成熟，而涉足有礙身心正常發展之黃色咖啡室、冰果室、地下舞廳、娼館等，追求色情

之享受，滿足性慾之需求，間或為獲取女子之歡心，相互爭風吃醋，大打出手，形成對立之情勢，結怨敵對，糾眾尋仇，鬥毆砍殺，構成社會之不安寧……；且經常出入色情娛樂場所，亟需相當數量之金錢以供揮霍，而少年尚無獨立之經濟來源，一旦向父母需索不遂，甚易淪落為偷竊之慣犯；總之，促成少年犯罪之原因甚多，不能一一舉述。惟少年一旦濡染不良習癖，致觸犯刑罰法律，或有少年事件處理法第三條第二款之虞犯行為，經任何人之報告；或檢察官、司法警察官或法院於執行職務時所為之移送；或對少年有監督權之人或少年之肄業學校等所為之請求；少年法院應即受理該少年事件，並即踐行調查及審理程序，審理終結後，應就少年個別之情節，諭知適當之處分，並交付專人，或適當之處所，或其他適當之機關、團體或個人，踐行少年法院所交付之任命，以教育之方式，輔導少年改善行狀，遵守庭諭事項，切實敦品勵行，改過遷善，並約束其行動，矯正其惡習，治療其疾病，務使少年之身心得以正常發展，惡劣之品格得以改善，冥頑之氣質得以轉移，不良之行為得以革除，不致重適社會後再次犯罪。故少年事件處理法，是以教育之方式矯正少年不良行為之法律。

第二章　少年事件處理法之性質

少年事件處理法究竟是何種性質之法律，它在法律體系上居於何種之地位，關於此一問題，吾人可從法律之各方面加以探討。法律在性質上可分國內法與國際法，成文法與不成文法，公法與私法，強行法與任意法，特別法與普通法，司法法與行政法，刑事法與民事法，程序法與實體法等等，少年事件處理法可以說是國內法、成文法、公法、強行法、特別法、刑事法、司法法、行政法，以及程序法與實體法之一體。茲分述於後：

(一)少年事件處理法是國內法

法律就其適用之範圍而言，可分為國內法與國際法。舉凡適用於一國之內之法律，為國內法。適用於國際間之法律，為國際法。少年事件處理法是規定國家對犯罪或虞犯之少年，應如何踐行調查（偵查）及審理（審判）程序，暨應如何就少年之個別情狀予以不同之處遇，並應如何執行保護處分及刑事處分，藉以矯正少年之不良行為，防止其再犯罪。因其適用於本國國內之特定少年，故為國內法。

(二)少年事件處理法是成文法

法律以文字有系統的制定者，為成文法 (Geschreibenes Recht)。不以文字制定之法律，如習慣法 (Gewohnheits Recht)，則為不成文法 (Ungeschreibenes Recht) ❶。少年事件處理法既經以文字有系統的制成法典，並經立法程序審議通過，由總統依法公布施行，則為成文法。

(三)少年事件處理法是公法

法律規定國家與人民間權利義務關係者，為公法。規定私人間權利義

---

❶ 所謂成文法，乃由國家以一種或數種通行之文字，制定成法律，而經立法程序審議或修正通過，並經公布之手續而完成者。所謂不成文法，乃國家並未以通行之文字制定成法律，而散見於習慣法及多種單行法規之中。

務關係者，為私法。少年事件處理法雖然是規定國家對於特定之犯罪少年及虞犯少年應如何執行保護處分，及如何科以刑事處分，但與刑法及刑事訴訟法一樣，其所涉及者，乃國家與人民（少年）間之法律關係，並具權力服從性質，故屬於公法範疇。

(四)少年事件處理法是強行法

法律具有絕對適用之效力，不容許個人之自由選擇者，為強行法 (Zwingendes Recht)。反之則為任意法 (Nachgiebiges Recht)❷。少年事件處理法，其效力多屬強行不易，凡刑法及少年事件處理法所規定或禁止者，少年有絕對服從之義務，故為強行法。

(五)少年事件處理法是特別法

法律就其適用範圍之為一般抑或特殊者，而分為普通法與特別法。少年事件處理法與刑法之適用於一般犯罪之成年人之實體法律不同，僅適用於特定之觸法及虞犯少年，而不及於其他，故為特別法。

(六)少年事件處理法是司法法兼行政法

法律之制定，有屬於司法法者，有屬於行政法者，前者如刑法、刑事訴訟法、民法等，後者如行政執行法、請願法、訴願法、行政訴訟法等是。少年事件處理法因係刑法及刑事訴訟法之特別法，而刑法及刑事訴訟法係行使司法權之法典，以保障人民之權益、維護社會之安全為其意旨，屬於司法法，故少年事件處理法亦為司法法之一。惟少年事件處理法之保護處分，類同行政處分，如訓誡、假日生活輔導、保護管束、安置輔導、感化教育等，均以保護少年，謀求少年之福祉，維護社會之安全為宗旨，且受保護處分之少年與執行之機關間，屬行政法上之特別權力關係，故亦為行政法之一。

(七)少年事件處理法是刑事法而非民事法

法律之體系有刑事法與民事法之別。凡規定構成犯罪之要件及其制裁之法律，為刑事法，如刑法是。凡規定私人間之權利義務關係之法律，為民事法，如民法是。少年事件處理法是規定如何就犯罪或有犯罪之虞之少

---

❷　引自韓忠謨著，《刑法原理》，六十一年八月，著作者發行，第八頁。

年，諭知刑事處分及保護處分之法律，故為刑事法而非民事法。

(八)少年事件處理法是程序法及實體法之一體

　　法律就其規定之內容為權利義務關係，抑或實現權利義務關係之程序，而分為實體法與程序法（又稱形式法）。少年事件處理法是以少年之觸犯刑罰法律及有虞犯之行為，為受理之基本條件，並規定如何就特定之犯罪及虞犯少年，踐行調（偵）查及審理（審判）程序，及如何執行保護處分及刑事處分，整個法典包含程序法與實體法之精神，故為程序法與實體法之一體。

(九)少年事件處理法是刑法及刑事訴訟法的特別法

　　少年事件處理法雖係國內公法，但不適用於一般成年之人，而僅適用於特定之觸法兒童、少年或者虞犯少年。雖然少年之犯罪行為，適用於刑法之規定，科以刑事處分，但少年事件處理法有特別規定者，應優先適用，不容置疑。少年事件處理法以保護處分為核心，故對於虞犯少年，或者犯罪情節輕微顯可憫恕者，儘量諭知保護處分，如訓誡、假日生活輔導、保護管束、安置輔導、感化教育、禁戒及治療等。而對於犯罪情節重大，非科以刑事處分，不足以懲戒之少年刑事案件，除觸犯殺直系血親尊親屬之罪外，不得處死刑或無期徒刑，更不得宣告褫奪公權。少年受三年以下有期徒刑、拘役或罰金之宣告，合於刑法第七十四條第一、二款之規定，認為以暫不執行為適當者，得宣告緩刑。少年受徒刑之執行而有悛悔實據者，無期徒刑逾七年後，有期徒刑逾執行期三分之一後，得予假釋等等，為刑法之特別法，應優先予以適用。至於少年保護事件及刑事案件之調（偵）查及審理（審判）程序，雖仍可援用刑事訴訟法之規定，如關於人證、鑑定、通譯、勘驗、搜索及扣押之規定等等，但舉凡對於少年之傳喚、同行、協尋、責付及收容，乃至調查及審理（審判）之程序，如開庭不拘形式、審理不公開、審訊予以隔離、不採言詞辯論等等，均應優先適用。是故少年事件處理法係刑法之特別法，又為刑事訴訟法之特別法。

第三章　少年事件處理法之制定與修正

少年事件處理法是何時草擬、何時制定、何時公布、何時修正、何時施行等，本章擬扼要加以說明。

一、草案之制定

少年事件處理法之草案，原稱少年法草案，由前司法行政部（現稱法務部）於民國四十四年間著手草擬，同年草擬完成，並提出行政院會議審查。行政院會議議決通過後，該草案於民國四十七年三月十八日提送立法院審議，迄至民國五十一年一月二十日始經立法院院會三讀通過，並於同年一月三十一日由總統令公布，正式完成立法程序。從此我國法制上，才有少年事件處理法之法典。

經公布之少年事件處理法法典，與原先草擬之少年法草案稍有不同。茲舉述之：

㈠將「少年法」之名稱，改為「少年事件處理法」

「少年事件處理法」草案之名稱，原稱為「少年法」。立法院院會討論之時，大多數出席委員均認為少年法之範圍，僅限於少年管訓事件及少年刑事案件，並不包括少年福利事項在內，而原草案名之為「少年法」，頗嫌未當。經院會再三討論，乃將之改為「少年事件處理法」。

㈡將原案少年法立法之目的之規定刪去

按少年法草案第一條規定:「本法規定少年保護處分及少年刑事案件之特別措置，以矯治少年之不良習性，俾其身心得以健全發展為目的」。立法院院會審議討論時，將此項立法目的之規定刪除。

(三)將原案之保護處分，改為管訓處分

少年法草案第一條規定:「本法規定少年保護處分及少年刑事案件之特別措置……」，將少年事件分為保護處分與刑事案件二種，對於少年事件之處理，亦分為保護處分與刑事制裁二種。經立法院院會三讀通過之少年事件處理法則於第一條規定:「少年管訓處分及少年刑事案件之處理，依本法之規定，本法未規定者，適用其他法律」，將草案之保護處分一詞，改為管訓處分。以下各條，凡有關保護處分之名詞，亦一律改為管訓處分。

(四)將原案適用該法少年之低度年齡，由七歲提高至十二歲

少年法草案第二條規定:「本法稱少年者，謂七歲以上十八歲未滿之人」。經公布之少年事件處理法第二條則改為:「本法稱少年者，謂十二歲以上十八歲未滿之人」，將適用該法少年之低度年齡，由七歲提高至十二歲。

(五)將原案單獨設置之少年法院，改為附設於普通法院之少年法庭

按少年法草案第三條規定:「少年之犯罪及非行，由少年法院依該法處理之」。又第六條規定:「少年法院之設立廢止，及其管轄區域之劃分或變更，由司法行政部定之。少年法院，以其所在地區之高等法院或分院，為上級法院。在未設少年法院之區域，由地方法院依本法執行少年法院之職務」。公布後之少年事件處理法則於第三條規定:「左列事件，由地方法院少年法庭依本法處理之……」。又第五條規定:「地方法院設少年法庭，但得視實際情形，其職務由地方法院原編制內人員兼任，依本法執行之」。將原案單獨設置之少年法院，改為附設於地方法院之少年法庭。

(六)限制保護管束與感化教育之執行期間

按少年法草案第五十九條規定:「保護管束及感化教育之執行，其期間均不得逾三年，但已滿三年而效果未著，認為以繼續執行為必要者，得延長一次，其期間至多不得逾三年」。又第六十一條規定:「在保護管束之執行期間，認為無繼續執行之必要者，得免除其執行……」。第六十二條第一項規定:「執行感化教育，已逾一年，認為無繼續執行之必要者，得免除或停止其執行」。經公布之少年事件處理法對於少年法草案第六十一條及第六十二條之規定，雖各仍其舊，惟於第五十九條之規定，則加以修改，而於

第五十三條則規定:「保護管束及感化教育之執行，均不得逾三年」，即將原案至多以六年為限之期間，改為至多以三年為限之期間。

㈦授權執行機關得有可否免除保護管束之全權，不必經過法院之裁定

按少年法草案第六十三條規定:「第五十九條之延長保護管束或感化教育期間，第六十一條之免除保護管束之執行，代以感化教育，第六十二條之免除或停止感化教育之執行，命交保護管束，或命繼續執行感化教育，由執行機關聲請為保護處分之少年法院裁定之」。即各種執行方法之改變，執行機關均不能自主，而須送由少年法院裁定。公布之少年事件處理法第五十七條則修正為:「第五十五條之免除保護管束之執行，代以感化教育。第五十六條第二項之停止感化教育之執行，命交保護管束或命繼續執行感化教育，由執行機關檢具事證聲請為管訓處分之少年法庭裁定之。第五十六條第一項免除或停止感化教育之執行，由執行機關檢具事證報請上級主管機關核准，並報知原為感化教育處分之少年法庭備查」。即各種執行方法之改變，原則上固須由執行機關，聲請少年法庭裁定；惟執行感化教育逾一年，認為無繼續執行之必要，而免除或停止其執行者，則必須由上級主管機關核准即可，不必經過法院而由行政機關決定。

㈧增訂參加妨害公共秩序之不良少年組織而觸犯刑罰法令者，不適用減刑之規定

即增訂第七十八條:「參加妨害公共秩序之不良少年組織而觸犯刑罰法令者，不適用本法減刑之規定。其領導分子加重其刑」之明文規定。

二、第一、二次修正

少年事件處理法雖已制定，並將原來之「少年法」名稱改為「少年事件處理法」，且經完成立法程序正式公布，惟施行之日期並未公布，僅於少年事件處理法第八十條規定:「本法施行之日期由行政院以命令定之」。揆其原因無非是在少年事件處理法公布之後，在施行之前，尚須有相當充裕之時間，以訂定輔助法規，籌設少年法庭、少年觀護所及少年輔育院，訓

練及儲備幹練之法官、觀護人等，俾便配合運用。一俟準備工作完成，行政院當會公布施行之日期，而少年事件處理法即發生拘束之效力。

惟行政院尚未公布施行之日期前，少年事件處理法之若干條文，發生適用上之疑義，遂於民國五十六年八月一日修正該法第四十二條❶及第六十四條❷之條文，復於民國六十年五月十四日由總統令公布第二次之修正❸，並於同年七月一日起開始施行。

三、第三次修正

少年事件處理法之法制，施行之後，無論適用上或實務上，均發現亟待修正之條文仍多，且少年之犯罪形態，亦隨著社會結構之改變而遽變，為配合事實上之需要，乃有施行後再一次大幅度修正之舉，並於民國六十五年二月十二日由總統令公布修正，同年同月十四日開始施行。

綜觀此次少年事件處理法之修正，有牽涉立法精神者，有為解決實務上及適用上困難之必要者，牽動該法條文幾近三分之一，堪稱史無前例。茲就本次修正少年事件處理法之要旨，列舉如後：

㈠擴大少年虞犯事件之範圍

於少年事件處理法第三條第二項之虞犯事件中，增列「經常逃學或逃家者」及「吸食或施打煙毒以外之麻醉或迷幻物品者」，舉凡有觸犯刑罰法令之虞犯行為者，均列入管訓事件之範圍。

㈡增訂協尋少年之法律規定

❶ 將第一項第三款：「令入感化教育處所，施以感化教育。但少年未曾受刑之宣告，刑事訴訟法第二百三十二條之不起訴處分及保安處分之宣告而情節輕微者，以保護管束代之」之條文，修正為「令入感化教育處所，施以感化教育。但少年未曾受刑之宣告，刑事訴訟法第二百五十三條之不起訴處分及保安處分之宣告而情節輕微者，以保護管束代之」。

❷ 將「刑事訴訟法第三百九十八條至第四百零四條、第四百零五條前段及第四百零六條於本節抗告準用之」之條文，修正為：「刑事訴訟法第四百零六條至第四百十二條、第四百十三條前段及第四百十四條於本節抗告準用之」。

❸ 少年事件處理法第二次修正之條文甚多，不及一一列舉。

觸法或虞犯少年，如行蹤不明不能使之到庭者，自應有妥善之辦法以資補救。刑事訴訟法第八十四條雖有「被告逃亡或藏匿者，得通緝之」之規定，但因少年之身分特殊，且須保護其名譽，故不得發布通緝令，逮捕其歸案。修正前之少年事件處理法，並無明文規定對於行蹤不明之觸法及虞犯少年，應採取何種方法使其到庭應訊，故本次之修正，增訂對於少年行蹤不明者，少年法庭得通知各地少年法庭、檢察官、司法警察官協尋之之規定（見少年事件二三之一）。

㈢賦與少年法庭以實際上之先議權

為強化少年法庭之功能，本次修正之少年事件處理法賦與少年法庭對於觸犯刑罰法令之少年，是否以刑事處分為適當，有實際上之審核權，俾作為是否移送於有管轄權之法院檢察官之依據（見少年事件二七）。

㈣增列訓誡處分並得予以假日生活輔導之規定

假日生活輔導乃新增訂之管訓處分，附隨於訓誡處分之後施行之。其目的在藉假日之時間，輔導少年之品德、學業或其他作業，並得命為勞動服務，使其養成勤勉習慣及守法精神，並使其假日得有正常生活，不致好逸惡勞，遊蕩滋事（見少年事件四二）。

㈤修正保護管束及感化教育聲請免除執行之期限為執行逾六個月後

依實務上之經驗，保護管束及感化教育之執行，一經執行六個月，已能見其執行之效果，故修正之少年事件處理法第五十五條第一項及第五十六條第一項，已將原來一年之期限縮減為六個月。

㈥增訂管訓處分得重新審理之規定

諭知管訓處分之裁定已確定者，如其適用法規或認定事實顯有違誤者，應有救濟之途徑可循。少年事件處理法既不得援用非常上訴以撤銷確定之裁定，故增訂重新審理之法律規定（見少年事件六四之一）。

㈦重新規定少年犯竊盜罪及贓物罪者，不適用戡亂時期竊盜犯贓物犯保安處分條例第三條之規定

凡少年觸犯竊盜罪或贓物罪者，一律由少年法庭依法處理，並依觸法

之情節，個別予以適當之處遇（見少年事件七七）❹。

㈧增訂少年受管訓處分或刑之宣告，於執行完畢或赦免後，五年內未再受管訓處分或刑之宣告者，視為未曾受各該宣告之規定

少年事件處理法之立法精神，在於貫徹保護少年之意旨，故少年如曾受管訓處分或刑之宣告，於執行完畢或赦免後，在五年期間內未再受管訓處分或刑之宣告，自應視為未曾受各該宣告，用以激勵少年向善，並保持善行（見少年事件八三之一）。

㈨增訂處理未滿十二歲之人觸犯刑罰法令行為之規定

未滿十二歲之人，大致仍在求學階段，苟有觸犯刑罰法令之行為，自應有適當之處置，俾免過分姑息寬大，促其變本加厲，故本次少年事件處理法之修正，增訂未滿十二歲之人，有觸犯刑罰法令之行為者，由少年法庭適用少年管訓事件之規定處理之之規定（見少年事件八五之一）。

四、第四次修正

第三次修正後之少年事件處理法，復因司法行政部改稱法務部之影響，致第八十五條之一第二項，暨第八十六條第一、二項之條文，有實務上應行修改之處，故民國六十九年七月四日總統令再修正公布第八十五之一、八十六條之條文。茲將其修改之條文列舉如下：

㈠兒童管訓處分之執行，應參酌兒童福利法之規定，由行政院會同司法院訂定辦法行之

原第八十五條之一第二項條文係「前項管訓處分之執行，應參酌兒童福利法之規定，由司法行政部會商內政部訂定辦法行之」，修正為「……由行政院會同司法院訂定辦法行之」。

㈡本法施行細則，由司法院會同行政院定之

原第八十六條第一項之條文，係「本法施行細則及……由司法行政部定之」，修正為「本法施行細則，由司法院會同行政院定之」。

---

❹ 戡亂時期已於民國八十年五月一日經總統令宣布終止，因此，所有冠有「動員戡亂時期」或「戡亂時期」名稱之法律，均應修正、刪除。

㈢少年管訓事件審理細則，由司法院定之

原第八十六條第一項之條文，係「本法施行細則及少年管訓事件審理細則，由司法行政部定之」，修正為「少年管訓事件審理細則，由司法院定之」。且另列單獨一項（少年事件八六條II項）。

㈣少年管訓事件執行辦法，由行政院會同司法院定之

原第八十六條第二項之條文，係「少年管訓事件執行辦法，由司法行政部會同內政部定之」，修正為「少年管訓事件執行辦法，由行政院會同司法院定之」，且另列單獨一項（少年事件八六條III項）。

五、第五次修正

第四次修正後之少年事件處理法，實施約十七年，近因少年犯罪案件不斷遽增，少年之犯罪問題已形成嚴重之社會問題，識者咸認為僅憑法律的制裁，不足以遏止少年之非行，必須加強保護措施，藉教育、輔導之功能，以矯正少年之性格與行為，防止其犯罪或再犯罪；況現行之少年事件處理法，已無法適應實務上之需要，故乃有第五次之大幅修正。此次之大幅修正，其變動的幅度高達七成，堪稱空前絕後，茲將其修正之重點列舉如下：

㈠增訂少年事件處理法之立法意旨

原少年事件處理法之條文，並無立法意旨之規定，本次之修正，特於第一條明定：「為保障少年健全之自我成長，調整其成長環境，並矯治其性格，特制定本法」。

㈡將有預備犯罪或犯罪未遂而為法所不罰之行為，亦列入處理之少年虞犯事件

原少年事件處理法並無此項規定，此次之修正，將「有違警習性，或經常於深夜在外遊蕩者」一項刪除，而增列「有預備犯罪或犯罪未遂而為法所不罰之行為者」，為少年法院處理之虞犯行為。

㈢重新規定少年犯罪依法應受軍事審判者，得由少年法院依本法處理之

原少年事件處理法，有「少年犯罪依法應受軍事審判者，除觸犯懲治

叛亂條例，或戡亂時期檢肅匪諜條例之罪外，得依本法規定管訓之」之規定，唯自總統宣布解嚴後，懲治叛亂條例、戡亂時期檢肅匪諜條例等法律，已相繼廢止不用，故此次之修正，將條文規定為「少年犯罪依法應受軍事審判者，得由少年法院依本法處理之」。

(四)將設於地方法院之少年法庭，規劃為獨立之少年法院

新修正之少年事件處理法，明定直轄市（臺北市及高雄市）設少年法院。其他縣（市）得視其地理環境及案件之多寡分別設少年法院。尚未設少年法院地區，於地方法院設少年法庭。但得視實際情形，其職務由地方法院原編制內人員兼任，依本法執行之。高等法院及其分院設少年法庭。

(五)重新調整少年法院之組織

新修正之少年事件處理法，明定少年法院分設刑事庭、保護庭、調查保護處、公設輔佐人室……等。調查保護處置處長一人，由少年調查官或少年保護官兼任。調查保護處除配置少年調查官或少年保護官外，並配置有心理測驗員、心理輔導員及佐理員。而原設於地方法院少年法庭之觀護人，已為少年調查官或少年保護官所取代。少年法院設院長一人、庭長及法官若干人，其遴選辦法，由司法院定之。

(六)將少年管訓事件，修正為少年保護事件

原少年事件處理法之「少年管訓事件」、「管訓處分」、「管訓處分之執行」等「管訓」一詞，具懲罰色彩，新修正之少年事件處理法，採保護優先主義，故將之修正為「少年保護事件」、「保護處分」、「保護處分之執行」。

(七)保護處分，增列「安置輔導」一項

新修正之少年事件處理法，明定少年法院依少年調查官調查之結果，認為情節輕微，以不付審理為適當者，得為不付審理之裁定，並得轉介兒童或少年福利或教養機構為適當之輔導。同時，少年保護事件經少年法院審理結果，少年法院亦得以裁定，將少年交付安置於適當之福利或教養機構輔導。此項安置輔導，係保護處分之一環。

(八)交付保護管束之保護處分，增列並得命為勞動服務

新修正之少年事件處理法，明定少年法院審理少年保護事件之結果，

對少年以裁定所諭知之交付保護處分，尚得命為勞動服務，其期間為三小時以上五十小時以下，由少年保護官執行，並得視輔導之成效而定其期間之長短。

㈨修訂少年受保護處分或刑之宣告者，少年之法定代理人或監護人應接受親職教育輔導之規定

原少年事件處理法第八十四條第一項僅規定「少年之法定代理人，因忽視教養，致少年再有觸犯刑罰法令之行為……者，處二千元以下罰鍰」之規定。新修正之本條條文，則明示只要「少年之法定代理人或監護人，因忽視教養，致少年有觸犯刑罰法律之行為，或有第三條第二款觸犯刑罰法律之虞之行為，而受保護處分或刑之宣告，少年法院得裁定命其接受八小時以上五十小時以下之親職教育輔導」。倘少年之法定代理人或監護人「拒不接受前項親職教育輔導或時數不足者，處新臺幣三千元以上一萬元以下罰鍰；經再通知仍不接受者，得按次連續處罰，至其接受為止」。其用意不外在喚醒少年之法定代理人或監護人，務必善盡教養子女之責。

㈩將少年觀護人之職務，分由少年調查官或少年保護官擔任

原少年法庭設置之觀護人，其職務有 1.調查、蒐集關於少年管訓事件之資料。 2.對於少年觀護所少年之觀護事項。 3.掌理保護管束事件。 4.本法所定之其他事務。新修正之少年事件處理法，將觀護人之職銜刪除，而更名為少年調查官或少年保護官。且凡 1.調查、蒐集關於少年保護事件之資料。 2.對於少年觀護所少年之調查事項。 3.法律所定之其他事務……等等，由少年調查官掌理其職務外；其他如假日生活輔導之執行、交付保護管束並得命為勞動服務之執行，或少年在緩刑或假釋期中之交付保護管束……等等，概由少年保護官行之。

㈡放寬規定少年刑事案件，得免除其刑之處遇條件

為貫徹保護少年之政策，以教育代替刑罰，以保護處分代替刑事處分，新修正之少年事件處理法有「法院審理第二十七條之少年刑事案件，對於少年犯最重本刑十年以下（原少年事件處理法規定五年以下）有期徒刑之罪，如顯可憫恕，認為依刑法第五十九條規定減輕其刑仍嫌過重，且以受

保護處分為適當者，得免除其刑，諭知第四十二條第一項第二款至第四款之保護處分……」之規定。

(三)刪除違反保護政策之法律條文

新修正之少年事件處理法，將第七十五條「少年犯罪應科刑者，除犯刑法第二百七十二條第一項（殺直系血親尊親屬）之罪外，不得處死刑或無期徒刑」及第七十六條「參加妨害公共秩序之不良少年組織而觸犯刑罰法令者，不適用本法減刑之規定；其領導分子，加重其刑至二分之一」，以及已不適用之第七十七條「少年犯竊盜罪、贓物罪者，不適用戡亂時期竊盜犯贓物犯保安處分條例第三條之規定」……等法律條文，一律刪除。

以上僅列舉其舉舉大者，其他修正之法律條文仍多，不能一一舉述。

六、第六次修正

民國八十六年十月二十九日第五次大幅修正公布之少年事件處理法，尚未全面普遍實施，若干縣市地方法院附設之少年法庭，仍未改設少年法院之際，新修正之少年事件處理法，即因實務上所面臨的瓶頸，致有第十三、二十七、四十三、四十九、五十四、五十五之三、六十八、七十八條等條文之再修正，並已於民國八十九年二月二日由總統令公布修正之條文，茲將其較重要之修正內容，列舉如下：

(一)少年觸犯刑罰法律，於事件繫屬後已滿二十歲者，應以裁定移送於有管轄權之法院檢察署檢察官

為貫徹保護少年之政策，將第二十七條第一項第二款「事件繫屬前已滿十八歲者」，修正為「事件繫屬後已滿二十歲者」，使事件繫屬後未滿二十歲者，仍得以少年刑事案件之性質，移送於有管轄權之法院檢察署檢察官，依法偵查處理；而事件繫屬後已滿二十歲者，雖然亦應以裁定移送於有管轄權之法院檢察署檢察官，但已非少年刑事案件，故檢察官應以一般刑事案件偵查處理。

(二)刪除感化教育之執行，至多執行至滿二十一歲為止的規定

第五次修正之第五十四條條文，是「少年保護管束、安置輔導或感化

教育之執行，至多執行至滿二十一歲為止」，此次修正為「少年轉介輔導處分及保護管束處分之執行，至多執行至滿二十一歲為止……」；將感化教育之執行一項，予以刪除。

(三)特定刑事案件，應由少年法院管轄之修正規定

原第六十八條規定之應由少年法院管轄之刑事案件，包括 1.第八十五條第一項之案件。2.兒童福利法刑事案件。3.兒童及少年性交易防制條例刑事案件。4.依刑事訴訟法第七條第一款、第二款、第四款規定與少年刑事案件相牽連之一般刑事案件。此次修正為 1.對兒童及少年有違反兒童福利法或少年福利法之行為，並觸犯刑罰法律之刑事案件。2.對兒童及少年犯兒童及少年性交易防制條例刑事案件，顯見條文之規定，大不相同。

(四)增訂對於少年不得強制工作之規定

原第七十八條之條文，僅規定「對於少年不得宣告褫奪公權……」，此次修正為「對於少年不得宣告褫奪公權及強制工作……」的規定。

七、第七次修正

少年之有觸犯刑罰法律之行為，或有觸犯刑罰法律之虞之行為，大多因失教失養所致，故本法第八十四條第一項有「少年之法定代理人或監護人，因忽視教養，致少年有觸犯刑罰法律之行為，或有第三條第二款觸犯刑罰法律之虞之行為，而受保護處分或刑之宣告，少年法院得裁定命其接受八小時以上五十小時以下之親職教育輔導」，以加強其親職教育理念，課其教養責任。

為防止少年之法定代理人或監護人，於接獲少年法院所為接受親職教育之裁定通知書後，拒不理會，本條第二項又有「拒不接受前項親職教育輔導或時數不足者，處新臺幣三千元以上一萬元以下罰鍰；經再通知仍不接受者，得按次連續處罰，至其接受為止」之規定。唯因所處之罰鍰甚輕，即使按次連續處罰，恐仍未能警戒少年之法定代理人或監護人，並促其接受親職教育，故民國九十一年六月五日總統令修正公布本法第八十四條，而於第二項之後，增補「其經連續處罰三次以上者，少年法院並得裁定公

告法定代理人或監護人之姓名」，以示炯戒。

八、第八次修正

　　民國九十一年六月五日才修正公布第八十四條條文，即因實務上之必要，又於民國九十四年五月十八日修正公布第二十四條、第二十九條、第四十二條、第六十一條、第八十四條之條文，並刪除第六十八條之條文。茲將修正之具體內容，列舉如下：

(一)增訂證據保全之規定

　　前本法第二十四條之條文，原規定：「刑事訴訟法關於人證、鑑定、通譯、勘驗、搜索及扣押之規定，於少年保護事件性質不相違反者，準用之」。上開條文，並無證據保全之明文規定，甚為不妥，為防範觸法證據之被湮滅、被偽造、被變造、被隱匿或……等情事之發生，以確保證據之安全，自得對證據之持有人，命其繳交法庭，俾作為認定觸法事實之依據，故本次修正公布之第二十四條條文，明定：「刑事訴訟法關於人證、鑑定、通譯、勘驗、證據保全、搜索及扣押之規定，於少年保護事件性質不相違反者，準用之」。則於本條文中，增列證據保全一項。

(二)將慰撫金修正為損害賠償

　　前本法第二十九條第三項第三款「向被害人支付相當數額之慰撫金」一節，修正為「對被害人之損害負賠償責任」。同時，命少年為： 1.向被害人道歉。 2.立悔過書。 3.對被害人之損害負賠償責任時，得斟酌情形，經少年、少年之法定代理人及被害人等有關方面之同意，與前僅經被害人之同意者，不同。

(三)增訂少年法院為保護處分之裁定時準用第二十九條第三項、第四項之規定，命少年為特定之行為

　　在過去，本法第四十二條第一項僅規定，少年法院審理事件，應對少年以裁定諭知下列之保護處分， 1.訓誡，並得予以假日生活輔導。 2.交付保護管束，並得命為勞動服務。3.交付安置於適當之福利或教養機構輔導。 4.令入感化教育處所施以感化教育……。本次之修正，增訂第四項條文，

即「第二十九條第三項、第四項之規定，於少年法院依第一項為保護處分之裁定情形準用之」。換言之，少年法院審理事件，除應對少年以裁定諭知本條第一項種種（擇一）之保護處分外，準用第二十九條第三項、第四項之規定，命少年為下列各款事項：1.向被害人道歉。2.立悔過書。3.對被害人之損害負賠償責任。同時，少年之法定代理人應負連帶賠償之責任，並得為民事強制執行之名義。

(四)增列得提起抗告之裁定

前本法第六十一條條文，僅明定「少年、少年之法定代理人、現在保護少年之人或輔佐人，對於少年法院所為下列之裁定有不服者，得提起抗告。……」，所謂下列之裁定，亦僅列舉七種之裁定及處分。本次之修正，則列舉以下十二款（種）得提起抗告之裁定及處分：1.第二十六條第一款交付少年調查官為適當輔導之裁定。2.第二十六條第二款命收容之裁定。3.第二十六條之二第一項延長收容之裁定。4.第二十七條第一項、第二項之裁定。5.第二十九條第一項之裁定。6.第四十條之裁定。7.第四十二條之處分。8.第五十五條第三項、第五十五條之三留置觀察之裁定及第五十五條第四項之撤銷保護管束執行感化教育之處分。9.第五十五條之二第三項延長安置輔導期間之裁定，第五項撤銷安置輔導執行感化教育之處分。10.駁回第五十六條第一項聲請免除或停止感化教育之裁定。11.第五十六條第四項命繼續執行感化教育之處分。12.第六十條命負擔教養費用之裁定。以上，1. 2. 3. 6. 10.等五種得提起抗告之裁定，係本次修正法規條文所增列。

(五)刪除少年法院管轄之特定刑事案件

前本法第六十八條條文為：左列刑事案件，應由少年法院管轄：1.對兒童及少年有違反兒童福利法或少年福利法之行為，並觸犯刑罰法律之刑事案件。2.對兒童及少年犯兒童及少年性交易防制條例刑事案件。為因應實務上之必要，本次之修正，乃刪除第六十八條之規定，將普通或上述特定之刑事案件，劃歸地方法院管轄。

第四章　少年事件處理法之特徵

　　少年事件處理法係以刑法及刑事訴訟法為母法，所制定之另一種新體系的法律，因其僅適用於特定之觸法少年或虞犯少年之處理，而不適用於一般犯罪成人，故其性質不同於刑法及刑事訴訟法。雖然刑法及刑事訴訟法之若干規定，間或適用於少年保護事件及少年刑事案件之處理，惟須在不違反保護少年政策之情形下，始有其適用或準用之必要。且少年事件處理法之規定，不論是否與刑法或刑事訴訟法之規定相牴觸，少年事件處理法均有優先適用之效力。少年事件處理法，既為刑法及刑事訴訟法之特別法，自與刑法及刑事訴訟法之性質不同，且其體制及政策自亦不同，此乃少年事件處理法之特徵所在，茲分述之：

(一)少年事件規定由專設之機構處理

　　少年事件應由何種機構處理，各國之法制不同。日本 (Japan) 由家庭裁判所專門受理少年事件。美國 (America) 因各州之法制不同，少年事件有由專設之少年法院審理；有由普通刑事法院審理；有由家庭法院審理；有在普通刑事法院中，專設少年法庭審理少年事件❶。我國之少年法制，類多仿效美、日之法制，故初創少年法草案之時，曾規定少年之犯罪及非行，由少年法院依該法處理之，但制定後之少年事件處理法，起初規定少年事件，由地方法院少年法庭處理之。唯修正後之現行法制，又回歸少年法院依法處理。此與一般成人之犯罪案件，由地方法院管轄及審判之制度，迥不相同。

(二)虞犯行為列入少年法院處理之範圍

　　少年之有觸犯刑罰法律之行為，固應由少年法院基於管轄權之所在，

---

❶　參考自劉日安著，《少年事件處理法論》，五十六年五月，著作者發行，第六五至六八頁。

依法予以處理；即少年僅有犯罪傾向之虞犯行為，而尚未實際觸犯刑罰法律，諸如經常與有犯罪習性之人交往，經常出入少年不當進入之場所，經常逃學或逃家，參加不良組織，無正當理由經常攜帶刀械，吸食或施打煙毒或麻醉藥品以外之迷幻物品等等，少年事件處理法亦將其列入少年法院處理之範圍❷。此與刑法僅將犯罪者列入審判之範圍，自不相同。

㈢保護事件之調查注重少年個案資料之蒐集

少年之有觸犯刑罰法律之行為，或有犯罪傾向之虞犯行為，經任何人之報告，或檢察官、司法警察官或法院於執行職務時所為之移送，暨對少年有監督權人或少年肄業學校之請求等等事由，少年法院應即予以受理，並就少年與事件有關之行為，其人之品格、經歷、身心狀況、家庭情形、社會環境、教育程度以及其他必要之事項，為審理前之調查。其調查係由少年法院之少年調查官（過去是觀護人）基於職權為之，調查之目的無非在蒐集少年之個案資料，俾作為法官審酌審理與否，及如何處遇少年之依據。一般刑事案件之偵查，固由檢察官基於職權為之，唯偵查之目的，僅在蒐集犯罪證據，發見犯罪事實，俾作為起訴之有利依據，故刑事訴訟法上之偵查與少年事件處理法上之調查，無論其目的、範圍與方法，均有所不同。此為少年事件處理法之特徵❸。

㈣審理之程序採取不公開制度

法院之審判，有公開與不公開之制度。採取公開之制度者，則凡法院於踐行審判程序之際，許公眾自由旁聽，不加以制止。採取不公開之制度者，則於法院踐行審判之程序，不許公眾自由旁聽。目前我國之刑事訴訟法，採取公開主義，法院開庭審判之際，許公眾自由旁聽，其目的在防止法官之擅專，並使一般公眾認識裁判之公正，提高其對裁判之信賴❹。少年事件處理法因其適用於特定之觸法或虞犯少年，為防止少年懍於法庭之

---

❷　見少年事件處理法第三條第二款。

❸　參閱少年事件處理法第十七、十八及十九條暨蔡墩銘著，《刑事訴訟法概要》，五十八年九月，三民書局印行，第一四三至一五五頁。

❹　參閱蔡墩銘著，《刑事訴訟法概要》，五十八年九月，三民書局印行，第一八頁。

森嚴，懾於法官之威嚴，懼於公眾之旁聽，致於法官訊問之際，不據實稟告，不告知實情，甚或故逞英雄之勇不低頭認錯，且審理公開，易損少年之自尊及名譽，故少年事件處理法特別規定，審理不公開，開庭不拘形式，法官及書記官出庭時，得不穿著制服，審理時應以和藹懇切之態度行之，訊問少年時，應與少年或少年之法定代理人、現在保護少年之人及輔佐人以陳述意見之機會，不採言詞辯論制度，且審訊採取隔離方式，少年為陳述時，不令少年以外之人在場；少年以外之人為陳述時，不令少年在場❺。

㈤注重少年保護處分之個別處遇政策

凡年滿十八歲以上之成人，觸犯刑罰法律，構成犯罪之嫌疑者，因其不適用少年事件處理法之規定，故應由檢察官先踐行偵查、起訴之程序，而後由法院開庭審判，而依其犯罪情節之輕重，科處適當之刑罰，以示儆戒。至於未滿十八歲之少年，苟有觸犯刑罰法律或有犯罪傾向之虞犯行為者，得適用少年事件處理法之規定，由少年法院依法踐行調查及審理程序，並於審理程序踐行終結後，依據少年觸法或虞犯情節之輕重，及少年個別處遇之需要，諭知保護處分，其保護處分如訓誡、並得予以假日生活輔導、保護管束、並得命勞動服務，以及安置輔導、感化教育、禁戒、治療等，以矯正少年之不良行為。此項保護處分之諭知，應由少年法院審酌少年之個別需要，予以適當之處遇。至於少年法院對於少年宜否為保護處分或應為何種保護處分，尚在猶豫狀態時，得先諭知觀察處分，由少年法院之少年調查官在相當期間內予以觀察，並根據觀察之結果，向少年法院提出報告，並附具處置之建議，少年法院則參酌少年調查官之觀察報告及處置意見，裁定應否為保護處分。少年之保護處分，為少年事件處理法之核心，蓋少年為國家應保護之人，而非應懲罰之人，除非少年之觸法情節較重，以刑事處分為適當者外，否則，均以保護處分個別處遇少年為原則。此為少年事件處理法以教育代替刑罰、以保護處分代替刑事處分之政策❻。

---

❺　參考少年事件處理法第三十四至三十六、三十八、七十二及七十三條。

❻　見少年事件處理法第四十一、四十二、四十四、及五十至五十八條等。

㈥少年之刑事處分採取減輕制度

少年事件處理法雖以保護處分為前提，但倘若少年之觸法情節較重❼，以刑事處分為宜者，少年法院應將該少年事件移送於有管轄權之法院檢察署檢察官，由檢察官基於職權踐行偵查及起訴程序，並由少年法院予以審判；審判終結後，依據少年之個案資料，觸法之動機、目的、手段及觸法情節之輕重、觸法後之態度等等予以審酌，而科處少年以相當之刑事處分。少年之刑事處分，一律採取減輕制度。譬如少年犯罪應科刑者，除觸犯殺直系血親尊親屬之罪外，不得處死刑或無期徒刑。本刑為死刑或無期徒刑者，減輕其刑。對於少年不得宣告褫奪公權及強制工作❽。少年法院審理少年刑事案件❾，對少年犯最重本刑為十年以下有期徒刑之罪，如顯可憫恕，認為依刑法第五十九條之規定，減輕其刑仍嫌過重者，得免除其刑，並諭知適合個別需要之保護處分❿。其次少年受三年以下有期徒刑、拘役或罰金之宣告，合於刑法第七十四條第一、二款之規定，認為以暫不執行為適當者，得宣告緩刑⓫。少年受徒刑之執行，而有悛悔實據者，無期徒刑逾七年後，有期徒刑逾執行期三分之一後，得予假釋⓬等等，均為減輕之條例。

㈦整個法制以保護少年為政策

少年之淪於犯罪，或習染有犯罪傾向之虞犯行為，乃極為不幸之事，應加以矯正、治療及保護，而非加以懲罰。少年事件處理法之所以將虞犯事件，列入少年法院處理之範圍，乃在於防止少年之行為逐漸惡化，而及早予以矯正、治療及輔導。少年事件處理法之所以將觸法或虞犯之少年，列入調查之對象，乃在於蒐集少年之個案資料，診斷少年不良行為之形成

---

❼　見少年事件處理法第二十七條。

❽　見少年事件處理法第七十八條。

❾　指少年事件處理法第二十七條所列罪情。

❿　見少年事件處理法第七十四條。

⓫　見少年事件處理法第七十九條。

⓬　見少年事件處理法第八十一條。

原因，俾能對症下藥，諭知適當之保護處分，以矯正、治療及輔導少年改變行為。少年事件處理法之所以規定審理不公開，乃在於保護少年之名譽及自尊。少年保護處分之所以採取個別處遇政策，少年刑事處分之所以採取減輕制度等等亦在於保護少年。甚至於少年之有觸犯刑罰法律之行為，或有犯罪傾向之虞犯行為，報章雜誌不得任意刊登其姓名，且任何人不得於媒體、資訊或以其他公示方式揭示有關少年保護事件或少年刑事案件之記事或照片；又少年受刑之宣告，經執行完畢或赦免後，適用關於公權資格之法令時，視為未曾犯罪；少年受第二十九條第一項之轉介處分執行完畢二年後，或受保護處分或刑之執行完畢或赦免三年後，……視為未曾受各該宣告……。總之，整個少年法制，無不以保護少年為依歸，故少年事件處理法堪稱為保護少年之法律。

第五章　少年事件處理法之效力

少年事件處理法既為法律之一，自亦有適用效力之範圍，茲依人、地、時等項目分述之。

一、關於人之效力

少年事件處理法適用於國內特定之人。所謂特定之人，乃指少年而言，並非汎指所有人民。少年事件處理法所稱之少年，乃指十二歲以上，十八歲未滿之人❶。但少年事件處理法第八十五條之一復規定：「七歲以上未滿十二歲之人，有觸犯刑罰法律之行為者，由少年法院適用少年保護事件之規定處理之」。依此規定之條文析之，凡七歲以上未滿十八歲之兒童及少年，居住於我中華民國領域內，不問其國籍何屬，苟有觸犯刑罰法律之行為，以及有犯罪傾向之虞犯行為者，均受少年事件處理法之拘束及支配，而負責處理少年事件之審理機構——少年法院，自得依法予以繫屬及受理，並依少年事件處理法之規定，踐行調查及審理程序，酌定適當之處遇。此乃少年事件處理法對於人之效力，僅適用於七歲以上未滿十八歲而有觸法及虞犯之少年；但一般未曾觸法或未曾習染虞犯行為之少年，則僅受其拘束而已。

少年事件處理法對於人之效力，因受國際法之影響，及少年事件處理法及其輔助法規之特別規定，而有下開之例外：

(一)應受軍事審判之少年

少年事件處理法之立法精神，雖以保護少年為政策，但如少年具有軍人或準軍人（官校或士官預校學生）身分，且有觸犯陸海空軍刑法之罪者，依法應由軍事審判機關予以審判處理，惟本法第四條有「少年犯罪依法應

❶ 見少年事件處理法第二條。

受軍事審判者，得由少年法院依本法處理之」之規定，故少年法院對於觸犯中華民國刑法，應受軍事審判之少年，仍有其調查、審判權。

㈡享有治外法權之少年

依國際法之規定，下開之人享有治外法權。

1.外國元首之家屬。

2.外國使節之家屬。

3.經承諾而入本國之外國軍隊、軍艦、軍用飛機等。

依此規定，凡外國元首家屬及外國使節家屬中之少年，以及經承諾而入本國之外國軍隊或外國軍艦之少年兵，均享有治外法權，不受我國少年事件處理法之拘束與支配❷。

㈢例外受理保護之年長少年

少年觸犯刑罰法律，於滿十八歲後，始經報告、移送或請求少年法院處理之事件，在過去，應由少年法院依法移送有管轄權之地方法院檢察署檢察官偵查、追訴；而現在，少年事件處理法施行細則第三條之一則增訂：仍由少年法院依中華民國八十九年二月四日修正生效之少年事件處理法第三章之規定處理。但事件繫屬後已滿二十歲者，少年法院應以裁定移送有管轄權之法院檢察署檢察官。此為例外保護十八歲以上二十歲未滿之年長少年之措施。

二、關於地之效力

刑法關於地之效力，依其拘束力所及之領域範圍，得歸納為屬地主義、屬人主義、保護主義、世界主義及折衷主義等五種。我刑法係採取折衷主義，以屬地主義為原則，而兼採其他主義之長以補充之。舉凡在本國領域內犯罪者，不問犯罪人與被害人之國籍何屬，皆依本國刑法制裁之，即屬地主義也。本國人在領域外犯較重大之罪者，亦適用本國刑法處罰之，則兼採屬人主義也。外國人在領域外對本國或本國人犯重大之罪者，亦適用本國刑法制裁之，即兼採保護主義也。至於妨害共同利益之犯罪，不問其

❷ 參閱劉日安著，《少年事件處理法論》，五十六年五月，第二二至二三頁。

犯罪地何在，犯人之國籍何屬，亦適用本國刑法制裁之，即兼採世界主義也 ❸。我少年事件處理法係刑法之特別法，故凡在中華民國領域內 ❹ 觸犯我國刑罰法律，及有犯罪傾向之虞犯少年，不問其國籍何屬，少年事件處理法皆有其適用之效力，少年法院得有管轄權予以審理處置。唯享有治外法權之少年，則例外排除適用。

三、關於時之效力

　　法律之效力，始於施行，終於廢止。是故每一種法律，原則上應於施行之日發生效力，有其拘束作用。施行前所發生之事實不適用之，此為法律不溯既往之原則。惟施行中，亦有規定發生溯及之效力者，是為例外。

　　我少年事件處理法既於民國五十一年一月三十一日總統令公布、民國六十年七月一日施行，則其拘束的效力，應自民國六十年七月一日起生效。唯少年事件處理法有「本法修正條文自公布日施行」之明文規定，故民國八十六年十月二十九日大幅度修正公布之條文，以及民國八十九年二月二日、民國九十一年六月五日部分修正公布之條文均自公布日開始施行，因此，舉凡少年之有觸犯刑罰法律之行為，或有觸犯刑罰法律之虞之行為，少年法院（或少年法庭）均得依法繫屬、受理，並得依後續修正之少年事件處理法法規予以處理，此為少年事件處理法所涉及的時之效力。❺

---

❸　參閱周冶平著，《刑法概要》，五十七年一月，三民書局印行，第一六至一八頁。

❹　所謂領域，以實際上之領域而言，包括領土、領海、領空等三項；以想像上之領域而言，包括在中華民國領域外之中華民國船艦或航空機及中華民國駐外使館之區域，以及戰時中華民國軍隊占領或駐紮之區域。

❺　參考自何孝元著，《民法概要》，五十八年五月，三民書局印行，第二頁。以及鄭玉波著，《法學緒論》，五十七年一月，三民書局印行，第三八至五一頁。

第二編 本 論

第一章 總 則

　　中華民國之少年事件處理法（以下簡稱本法），是以刑法及刑事訴訟法為母法，所制定之另一種新體系之特別法律，兼具程序法與實體法之體制，適用於國內特定年齡範圍內之少年。舉凡少年有觸犯刑罰法律之行為，抑或有觸犯刑罰法律之虞之行為，本法有優先適用之效力，處理少年事件之司法機構（少年法院或少年法庭），應即依本法之規定，予以踐行處理程序，並依個別之情狀予以不同之處置；刑法、刑事訴訟法以及其他法律，則僅在本法未規定之情況下，以不違背本法之立法精神為原則，始有適用或準用之必要。本章擬就制定本法之意旨、少年事件適用之法律、本法所稱少年之年齡、暨少年法院處理之事件等概述之。

第一節　制定本法之意旨

　　本法自民國五十一年一月三十一日公布以來，雖然歷經多次之修正，但均無規定制定本法之意旨。民國八十六年十月二十九日修正公布之本法，則於第一條明定「為保障少年健全之自我成長，調整其成長環境，並矯治其性格，特制定本法」。茲依條文之含義說明之。

壹、保障少年健全之自我成長

　　未滿十八歲之少年，容或精神狀態正常，身體發育良好；但心智尚未成熟，意志薄弱，易衝動，情緒不穩定，模仿性強，雖然尚能了解法律，辨別是非善惡，但易受不良社會環境之污染、不良朋儕之連累、不良電影雜誌之誘惑，致觸犯刑罰法律，或習染有犯罪傾向之虞犯行為。少年誤觸

刑罰法律，或習染有犯罪危險性之虞犯行為，乃極為不幸之事，必須妥善保護，借助教育、輔導、治療之方法，以矯正其行為，改善其品行，使其能自我尊重、自我約束、自我檢討反省、自我成長，並非借助懲罰之手段，所能奏功。故保障少年健全之自我成長，乃本法之制定意旨，也是本法所欲達成之目標。

貳、調整少年之成長環境

少年之成長環境，不外家庭、學校與社會。家庭環境嘈雜，空間窄狹，房間污穢，空氣不潔；或者床舖窄小，父母子女擠身一處；或者父母有犯罪習性，管教不嚴……等等，少年甚易離家外宿，或觸犯刑罰法律，或習染有犯罪傾向之虞犯行為。學校雖然是經過選擇的環境，但課業壓力較大，少數心智遲鈍之少年，挫折感較高，易因畏怯學習活動而逃學、輟學；倘缺乏教育與督促，長期遊蕩在外，易濫交朋友，受不良朋儕之引誘、蠱惑，而觸犯刑罰法律或習染有犯罪傾向之虞犯行為；又學校之訓導措施，寬嚴不一，優劣互見，倘過分鬆懈，易養成在學之少年，目無尊長、狂妄自大、我行我素之劣習。社會是大眾生活之空間，所謂染於蒼則蒼、染於黃則黃，倘社會風氣敗壞，社會道德淪亡，色情泛濫，盜竊橫行，爾虞我詐，怯惡欺善，少年耳濡目染，亦易習染惡習。少年宜教不宜罰，苟有觸犯刑罰法律或習染虞犯行為，應即探究行為之形成原因，調整其成長環境，或交付安置於適當之福利或教養機構輔導，或令入感化處所施以感化教育，俾保障少年健全之身心發展，促成健全之自我成長。

參、矯治少年之性格

觸犯刑罰法律或有觸犯刑罰法律之虞之少年，大多有不為社會所贊同、容許與接納的性格，例如好勇鬥狠、狂妄自大、桀驁不馴、殘酷、兇惡、冷漠、蠻橫、偏激、頑固、狡詐、陰險、心胸窄狹……等等。本法因採保護優先主義，故主張對於觸法或虞犯少年，經諭知適當之保護處分後，應由專人運用輔導與治療之手段，矯正少年之不當性格，俾其能改善性行，重新做人。

第二節　少年事件適用之法律

少年事件係指少年所為之觸犯刑罰法律之觸法事件，以及有觸犯刑罰法律之虞之虞犯事件而言。少年之觸法事件及虞犯事件，究應由普通法院繫屬、審理，抑或應由專設之少年法院繫屬、審理，不能無明文規定。日本之少年事件，由專設之家庭裁判所審理；美國之少年事件，因各州間之法律不一，故有由專設之少年法院審理；有由普通刑事法院審理；有將少年案件與家庭案件合併，由家庭法院審理；有在普通刑事法院中，專設少年法庭審理。我國之少年法制係擷取美、日及其他國家少年法制之長，於各直轄市、縣（市）地區設少年法院，依本法之規定，處理少年事件。

少年事件之處理，暨少年保護處分及少年刑事處分之執行，應適用何種法律，有何例外之規定，茲依據本法之規定概述之。

壹、適用本法所規定之法律

少年事件，從其法律之觀點而言，有觸法案件及虞犯事件之別；從其事件之性質而言，有保護事件及刑事案件之別；從其處分之類別而言，有保護處分及刑事處分之別；少年之行為，無論係觸犯刑罰法律，或僅有觸犯刑罰法律之虞之事件，依本法之規定，各直轄市、縣（市）地區所設之少年法院，均有處理之權責；惟須在管轄權之範圍內始得據以受理。倘少年法院受理之少年事件無管轄權，應即裁定移送於有管轄權之少年法院。

少年法院受理少年事件後，應適用本法所規定之法律，依法踐行處理程序，舉凡對於少年之調查、事件之審理、保護處分之裁定與執行、刑事處分之酌科與處遇……等等，均須依據本法之規定，且應保障少年之權益，維護少年之人格，貫徹保護少年之立法意旨，不得以嚴刑苛罰、威嚇少年；或怒斥、鞭笞少年之身體；是故本法第一條之一有「少年保護事件及少年刑事案件之處理，依本法之規定；本法未規定者，適用其他法律」之規定。

所謂「少年保護事件及少年刑事案件之處理，依本法之規定」者，係指少年保護事件之調查及審理程序，少年保護處分之諭知及執行，例如訓誡並得予以假日生活輔導、交付保護管束、交付安置輔導、令入感化教育處所施以感化教育、以及一併諭知之禁戒及治療……等處分之諭知及執行；暨少年刑事案件之移送、偵查、審判及處分之處理程序……等等，均依本法之規定，而不適用本法以外之其他法律，例如刑法、刑事訴訟法、陸海空軍刑法、軍事審判法等是。

基於此，凡本法所規定，及依本法之規定而制定之法律，如少年觀護所設置及實施通則、少年矯正學校設置及教育實施通則……，暨依本法之規定而制頒之命令，如本法施行細則、少年保護事件審理細則、少年及兒童保護事件執行辦法等等，而與少年保護處分及少年刑事案件之處理有相當之關係者，均應優先適用，而排斥其他法律之競合適用。至於本法各章則或各條文之間，明文規定應互相適用或準用者亦同。

貳、本法未規定者適用其他法律

法律係社會生活之規範，用以拘束人類之行為，保障個人之權益，維護社會之安全，增進人民之幸福為目的，故通常由國家以公權力強制人民遵守。舉凡人民有不安分守己而作奸犯科者，自應依據法律之規定予以制裁。

法律有國內法與國際法、成文法與不成文法、公法與私法、強行法與任意法、普通法與特別法、司法法與行政法、刑事法與民事法、程序法與實體法……等之區別；本法依其制定之體系及適用之性質而言，係國內法、成文法、公法、強行法、刑事法、特別法、及司法法兼行政法、實體法與程序法之一體。

法律從另一個角度而言，又有經立法機關之審議通過或制定，而由國家元首依法定程序公布之法規上所稱之法律；有由行政機關或其他機關制定，而未經完成立法程序之法規上所稱之命令，包括規程、細則、規則、辦法……；不論是法規上所稱之法律，或者是法規上所稱之命令，均有拘束特定人之效力，故凡國內特定之人皆有遵守其法律所規定之事項之義務。

　　法律在適用上，特別法應優先於普通法，蓋因特別法常為因應特別之需要而制定，用以補充普通法之不足，是故特別法與普通法競合適用時，特別法應優先適用，至於特別法所未規定者，始得適用普通法。此為適用法律必須堅守之原則。

　　本法既為刑法及刑事訴訟法之特別法，則少年之有觸犯刑罰法律或有觸犯刑罰法律之虞之行為，自應適用本法之規定，由少年法院予以繫屬、受理，並依本法之規定，踐行調查及審理之程序，同時就該少年保護事件為應否付保護處分之裁定；而凡應受刑事處分或以受刑事處分為適當之少年事件，應即依法移送於有管轄權之地方法院檢察署檢察官，由其依職權踐行偵查程序，並決定是否提起公訴等等；舉凡有關少年之保護事件及少年刑事案件之處理，均適用本法之規定，依據本法規定之法律辦理，而不能適用本法以外之其他法律，如刑法、刑事訴訟法、軍事審判法……等是。但有適用上之例外規定，則本法第一條之一之後段所規定：「本法未規定者，適用其他法律」。

　　基於此，凡少年之保護事件及少年刑事案件之處理，應遵循本法之規定，適用本法所規定之法律，而排斥其他法律之競合適用；倘本法未規定之事項，始得例外允許適用本法以外之其他相關法律，此乃適用本法原則之例外。

　　本法所稱之其他法律，有經立法院審議通過或制定，而由總統依法公布者，如刑法、刑事訴訟法、保安處分執行法、監獄行刑法……等；有非由立法院審議通過或制定，經總統令公布，而由行政、司法、考試……等機關制定發布之所謂法規上之命令，例如兒童及少年性交易防制條例施行細則、少年法院調查性侵害事件減少被害人重複陳述注意事項、少年法院辦理少年尿液採驗應行注意事項、少年法院處理少年事件扣押物沒收物應行注意事項……等等，只要與少年之保護事件及少年刑事案件之處理，有相當之關係，且與本法之立法精神不相悖而性質又相容者，得在本法未規定之情形下適用之。

參、特殊觸法案件適用法律之規定

少年之觸法案件,隨著社會結構之改變,社會文明之蠱惑,社會環境之刺激,不良風氣之污染,不良友朋之引誘,致日形嚴重,舉凡成人所能觸犯之案件,少年亦能仿效為之,且其觸法形態之複雜,觸法手段之殘酷,並不遜於成人之犯罪,令人觸目震驚。

少年之有觸犯刑罰法律之行為,依據本法之規定,應由處理少年事件之少年法院,基於管轄權之所在,予以繫屬、受理;唯倘若少年之現在身分係準現役軍人,且其所觸犯之案件,性質又特殊,究應如何解決其管轄權及審理權,不能無明文規定。關於此項性質特殊之少年觸法事件,本法第四條有「少年犯罪依法應受軍事審判者,得由少年法院依本法處理之」之規定。

按中華民國憲法第九條有「人民除現役軍人外,不受軍事審判」之規定,且軍事審判法第一條第二項亦有「非現役軍人不受軍事審判……」之規定,因此,前開本法第四條「少年犯罪依法應受軍事審判者……」之少年,乃指未滿十八歲之準現役軍人,如現今中正預校之學生……等是。

在過去,少年之觸法事件,如屬於觸犯懲治叛亂條例、或觸犯戡亂時期檢肅匪諜條例之罪者,在戒嚴時期之戒嚴區域,不論其身分是否為軍人,應由軍事審判機關追訴審判(見懲治叛亂條例第十條)。唯在解嚴後,上開懲治叛亂條例、戡亂時期檢肅匪諜條例等法律,已陸續宣布廢止不用❶。

至於具有軍人身分之少年,如觸犯陸海空軍刑法或其他法律之罪者,依法應由軍事審判機關審判❷,唯少年宜教不宜罰,為貫徹保護少年之意旨,本法第四條乃有「少年犯罪依法應受軍事審判者,得由少年法院依本法處理之」之規定。

---

❶ 民國七十六年七月十四日總統令宣布解嚴,民國八十年五月一日總統令宣布動員戡亂時期終止,其後懲治叛亂條例、戡亂時期檢肅匪諜條例等相關法律,相繼廢止適用。

❷ 軍事審判法第一條第一項有「現役軍人犯陸海空軍刑法或其特別法之罪,依本法之規定追訴審判之」之規定。

第三節　本法所稱少年之年齡

　　年齡係指一個人自出生以後，迄至現在，在生存之活動空間所累積或經歷過之歲數。年齡與人之權利義務有甚為密切之關係，例如憲法第十七條規定：「人民有選舉、罷免、創制、複決之權」，但選舉權之獲得，必先其人已達成年。而民法第十二條規定：「滿二十歲為成年」，故年滿二十歲者，才有依法參與選舉之權；年滿二十三歲者，才有依法被選舉之權（見憲一三〇）。又例如憲法第二十條規定，「人民有依法律服兵役之義務」，惟服兵役應有年齡之限制，故現行兵役法第三條規定：「男子年滿十八歲之翌年一月一日起役，至屆滿三十六歲之年十二月三十一日除役……但軍官、士官、志願士兵除役年齡，不在此限」。

　　年齡與人之行為能力、責任能力亦有相當之關係；就人之行為能力而言，民法第十二條規定：「滿二十歲為成年」；既已成年，則在法律上能為完全有效之法律行為，並能獨立依其法律行為享受法律所設定之權利，履行法律所設定之義務。民法第十三條又規定：「未滿七歲之未成年人，無行為能力。滿七歲以上之未成年人，有限制行為能力」；無行為能力，則在法律上絕對不能為有效之法律行為，亦不能就行為之後果強制其負擔責任；至於限制行為能力，因其法律行為能力受有限制，尚不能獨立行使有效之法律行為，故為法律行為時，原則上須得法定代理人之允許。其次就責任能力而言，刑法第十八條第一項規定：「未滿十四歲人之行為不罰」，蓋因未滿十四歲之人，尚無完全行為能力，知識幼稚，精神發育未臻成熟，無健全之理解能力，且無刑罰之適用性，故其觸法之行為不罰；但得付保安處分（見刑八六條Ⅰ項）。又刑法第十八條第二項規定：「十四歲以上未滿十八歲人之行為，得減輕其刑」，蓋因此等年齡範圍內之人，知識雖較未滿十四歲之人為高，然閱歷未深，尚無充分理解規範之能力，故得斟酌情形，就其觸法行為減輕其刑。至於年滿十八歲者，因其具備完全行為能力，有

理解規範及辨別是非之知識，苟其精神狀態正常者，應對其所為之違法行為，擔負法律上之責任。

年齡應如何計算，我中華民國之民法採周年計算法，即自出生之日起算，以滿足一年為一歲，若出生之月日無從確定時，法律上設有擬制之規定，推定其為七月一日出生。至於知其出生之月而不知其出生之日者，則推定其為該月十五日出生。此僅為推定，苟有反證時，自當另行認定之（見民一二四）。

壹、本法規定少年之年齡範圍

「少年」一詞，係指一個人在生長發育之過程中所達到之年齡階段之概稱。一般行為科學專家或學者，為了說明上之方便，常將人之生長順序，分為嬰兒期、幼兒期、兒童期、青年期、成年期、及老年期等階段；每一個生長期，皆有一定之年齡範圍，並有一定之特徵，雖然生長發育及成熟之快緩，個別之差異甚大，但每一個人自出生以後，在生長發育之過程中，均必須經過上述之生長順序。「少年」在生長之順序中，介於「兒童期」與「成年期」之間，有一定之年齡範圍，心理學上常稱之為「青春期」，約自十一、二歲至十七、八歲之年齡階段，在此一時期，心理上常有兒童期之幼稚，生理上卻有成年期之成熟，因身心常不能保持平衡，理智常不能控制感情，且好奇心特別強烈，故最容易濡染不良習癖，並觸犯刑罰法律。

本法為貫徹保護少年之立法意旨，維護少年之前途與福祉，特設定應受保護之少年年齡範圍，如本法第二條所規定：「本法稱少年者，謂十二歲以上十八歲未滿之人。」故凡本國內十二歲以上十八歲未滿之少年，有觸犯刑罰法律之行為，或有觸犯刑罰法律之虞之事件，應受本法之拘束與保護；換言之，處理少年事件之司法機構——少年法院，應就該事件予以繫屬、受理，並依本法之規定處理之、保護之。

貳、觸法兒童依本法之規定處理

　　十二歲以上十八歲未滿之少年，苟有觸犯刑罰法律或有觸犯刑罰法律之虞之行為，少年法院自應適用本法之規定，予以繫屬、受理，並即踐行事件之處理。唯近幾十年來，由於社會結構不斷改變，社會環境不斷變遷，社會文化不斷演進，娛樂場所不斷增加，傳播媒體不斷渲染，情慾影片不斷誘惑，致觸法之少年年齡已有向下延展之勢，對於此等未滿十二歲之兒童，苟有觸犯刑罰法律之行為，如不予以適當之保護，而任其肆無忌憚，胡作非為，殊為不當；非但無以改變其惡習，轉移其氣質，革除其非行，培養其品德，抑且促其更加蠻橫、惡劣，終至無藥可救。本法為避免對於未滿十二歲之觸法兒童過於姑息、寬容，並為貫徹保護少年、兒童之福利政策，特別以明文規定：「七歲以上未滿十二歲之人，有觸犯刑罰法律之行為者，由少年法院適用少年保護事件之規定處理之。」（見少年事件八五之一）

參、受處分少年得例外延長年限

　　本法所稱之少年，為十二歲以上十八歲未滿之人。十二歲以上為最低限度，俱連本數計算；十八歲未滿為最高限度，不包含本數，故一經年滿十八歲，則非本法所稱之少年，無本法之適用。

　　依本法之規定，少年之有觸犯刑罰法律或有觸犯刑罰法律之虞之行為者，少年法院倘有管轄權應據以繫屬、受理，惟觸犯刑罰法律之少年，在事件繫屬中已滿二十歲者，因其已非本法所稱之少年，少年法院無權審理該事件，故應即裁定移送於有管轄權之地方法院檢察署檢察官，由其依法偵查起訴。至於未滿十八歲之觸法或虞犯少年，經少年法院踐行保護事件之調查及審理程序，並諭知付保護處分之裁定後，在執行保護處分開始前或執行中，少年之年齡倘已滿十八歲者，究應如何處理不能無明文規定。關於此一問題之解決，本法第五十四條第一項有：「少年轉介輔導處分及保護處分之執行，至多執行至滿二十一歲為止」之規定。又本法第五十八條第一項亦有：禁戒及治療之處分，「以戒絕治癒或至滿二十歲為止」之規定，

故受保護處分之少年，在執行保護處分開始前或執行中，已滿十八歲者，得例外延長其執行之年齡至滿二十歲或二十一歲為止，而不受本法第二條之限制。

肆、外國少年法制之少年年齡

外國少年法制對於少年年齡之規定互有出入，有規定最高限度及最低限度之年齡者，如英國 (U.K.) 於西元一九三三年所頒布之兒童及少年法，規定八歲以上十七歲未滿之人為少年是。有僅規定少年之最高限度年齡而不規定最低限度年齡者，如日本 (Japan) 少年法規定未滿二十歲之未成年人為少年是。亦有將少年之年齡依年齡階層分別規定者，如德國 (Germany) 於西元一九五三年所頒布之少年法院法，規定「本法稱少年者乃行為時十四歲以上十八歲未滿之人。稱年長少年者，乃行為時十八歲以上二十一歲未滿之人」是。

少年之年齡，為少年法制適用之依據，有特別規定之必要；惟各國之地理環境、氣候、人種、文化、國情、風俗習慣及少年之身心發育成熟狀況、少年之犯罪趨勢……等，各國間之情形不同，因此各國之少年法制所規定之少年年齡，仍無法趨向一致。少年之年齡究以多少歲階層最為適當，實難以遽下論斷；若根據現今各國少年法制之規定而言，最高限度之年齡為二十一歲，如芬蘭 (Finland)、義大利 (Italy)、盧森堡 (Luxembourg) 及美國 (U.S.A.) 之加利福尼亞州 (California) 等是；最低限度之年齡為七歲，如加拿大 (Canada)、南非聯邦 (South Africa) 等是；近代由於社會結構之變遷，時代潮流之演進，少年法制之思想亦深受影響，因此少年之年齡有逐漸提高之趨勢。

我中華民國之少年法制，係擷取歐美先進國家少年法制之長，參酌本國之國情而制定；故本法所規定之少年年齡，亦深受其影響，茲就日本、德國及美國為例，介紹其少年法制所規定之少年年齡如下：

一、日本少年法所稱之少年年齡

日本少年法第二條第一項前段有：「本法稱少年者，指未滿二十歲之人

……」之規定，故凡未滿二十歲之人，均屬於少年法所稱之少年，此係就少年之最高限度年齡為概括之規定。未滿二十歲之人，既為少年法所稱之少年，則少年之有犯罪、觸法（未滿十四歲者）或虞犯行為，自應依少年法之規定，由家庭裁判所予以審判，並予以特別之保護。惟該法第二十條規定，對於應處死刑、懲役、或禁錮之犯罪事件，調查結果，認為依其罪質或情狀，以受刑事處分為宜者，應以決定，送致於管轄地方裁判所對應之檢察廳檢察官；但對於未滿十六歲少年之犯罪事件，不得移送，而仍由家庭裁判所依保護事件予以審判處遇。

　　日本少年法雖未規定最低限度之少年年齡，但該法第三條第一項則規定：「下列各種少年應交家庭裁判所審判：一、犯罪之少年。二、十四歲未滿而有觸犯刑罰法令行為之少年。三、具有下列各款事由，由其性格或環境觀察，將來有觸犯刑罰法令之虞之少年：㈠有不服保護人正當監督之性癖者。㈡無正當理由而不居住於家庭者。㈢與有犯罪性之人或不道德之人交際或時常出入不良場所者。㈣有危害自己或他人德性行為之性癖者。」由此條文析之，少年年齡之最低限度似為十四歲以上；十四歲以上之犯罪或有觸犯刑罰法令之虞之少年，除應受家庭裁判所之審判外，未滿十四歲而有觸犯刑罰法令行為之少年，亦應受家庭裁判所之審判❸。

二、德國少年法院法所稱之少年年齡

　　德國於西元一九二三年一月十六日公布少年法院法，規定少年之年齡為十二歲以上至十八歲未滿。第二次大戰後，西德於西元一九五三年八月四日將舊少年法院法加予修正，而頒布新少年法院法。該法第一條第二款規定：「本法稱少年者，乃行為時十四歲以上十八歲未滿之人。稱年長少年者，乃行為時十八歲以上二十一歲未滿之人。」將行為人分為「少年」及「年長少年」。少年之有觸法行為，少年法院自可依法科以感化處分、懲戒處分或刑罰處分。而年長少年之觸法行為，少年法院必須審酌當事人之一切情

---

❸　參考自林紀東著，《少年法概論》，六十一年十月，國立編譯館出版，第五九至七二頁。

狀而定其應受之處分，例如年長少年犯罪時，倘若其精神狀態，智慮之發育，倫理道德之觀念，仍滯留於少年之幼稚階段，且其犯罪之動機及手段，猶帶有少年之犯罪狀態者，始可以「少年」犯罪案件之性質予以處理，否則，即依「年長少年」之犯罪案件科處刑罰。

西德少年法院法之所以將行為人分為「少年」及「年長少年」，乃因人類之天賦厚薄不齊，後天之教育環境迴異，同是年齡相同之少年，一長自農村，一生在都市，時日一久，其知識、其思想、其觀念，差別甚大，故有雖滿十八歲之成年人，其智慮發育卻仍未臻於成熟，其思想觀念卻仍滯留於少年之幼稚狀態，因此以十四歲以上十八歲未滿之行為人為少年，以十八歲以上二十一歲未滿之人為年長少年，而年長少年苟有觸法行為，倘若符合一定之條件時，即可依「少年」之案件處理，否則即依「年長少年」之案件處理。惟其審酌權，畀於法官，此為西德新少年法院法之主要精神所在，其立法意旨頗值仿效❹。

三、美國少年法院法所稱之少年年齡

美國因各州法律由各州自訂，因此少年法院法所規定之少年年齡及其內容，各州不盡相同。首先頒行少年法院法者，為美國伊利諾州 (Illinois)，於西元一八九九年制定頒布，並在該州芝加哥市 (Chicago City) 柯克地區成立歷史上第一所少年法院。其後各州相繼制定少年法院法，並成立少年法院。伊利諾州頒行之少年法院法，規定少年之年齡其最高限度為男性十七歲以下，女性十八歲以下，按性別分別規定其適法之年齡，且女性之適法年齡較男性高出一歲。該法指明少年法院所審理之權限，包括少年違反刑事法律之事件及失教失養與孤貧無依之少年保護事件，對於違法之少年以保護處分代替刑罰；對於失教失養孤貧無依之少年，應居於監護人之地位，盡其保護教養之責。環觀美國各州自訂之少年法院法，有規定少年之最高年齡限度為十六歲以下者，如喬治亞州 (Georgia)、阿拉巴馬州 (Alabama) 等

---

❹ 參考自劉日安著，《少年事件處理法論》，五十六年五月，著作者發行，三民書局總經銷，第六九至七五頁。

是；有規定少年之最高年齡限度為十八歲以下者，如亞歷桑那州 (Arizona)、佛羅里達州 (Florida) 等是；有規定少年之最高年齡限度為二十一歲以下者，如加利福尼亞州 (California)、阿肯色州 (Arkansas) 等是；復有按少年之性別分別規定其最高年齡限度，且女性之適法年齡較男性之適法年齡為高者，如奧克拉荷馬州 (Oklahoma) 規定少年之年齡，男性在十六歲以下女性在十八歲以下；德克薩斯州 (Texas) 規定少年之年齡，男性在十七歲以下女性在十八歲以下，懷俄明州 (Wyoming) 規定少年之年齡，男性在十九歲以下女性在二十一歲以下……等等，而以十八歲以下為少年之最高年齡限度者較為普遍❺。

第四節　少年法院處理之事件

　　少年法院為處理少年保護事件或少年刑事案件之專設機構。在過去，少年法院統稱為少年法庭，附設於各地區之地方法院；新修正之本法，則將少年法庭改稱為少年法院，並於第五條之條文規定：直轄市設少年法院，其他縣（市）得視其地理環境及案件多寡分別設少年法院。尚未設少年法院地區，於地方法院設少年法庭。可見現時少年事件處理之機構，雖然改稱少年法院，但仍容許於地方法院設少年法庭。少年法院處理之少年事件，究係何種性質之事件，茲依本法第三條之規定概述之。

壹、觸犯刑罰法律之事件

　　少年因年歲尚輕，閱歷尚淺，且心智尚未成熟，是非辨別力尚未練達，故行為常滯留於幼稚之狀態，苟有觸犯刑罰法律之非行，則由管轄法院依刑法之規定，科以刑罰，囚於囹圄，實無以保護少年之人格，維護少年之前途，因之應由特設之少年法院，依本法之規定，踐行其處理程序，並以適當之處分處遇之、保護之，以貫徹本法保護少年之立法美意。

❺　同❹前揭書，第六九至七五頁。

少年法院所處理之事件，第一為有觸犯刑罰法律之行為，如本法第三條所規定：「左列事件，由少年法院（少年法庭）依本法處理之：㈠少年有觸犯刑罰法律之行為者。……」是。惟少年倘有觸犯刑罰法律之行為，而不為他人所發見；或雖為他人所發見，而無他人之報告，則少年法院無由據以受理；故本法第十七條有「不論何人知有第三條第一款（少年有觸犯刑罰法律之行為）之事件者，得向該管少年法院報告」。其報告之人既係不論何人，則少年行為之被害者，少年行為之目擊者，少年之同伴友朋，少年之親戚家屬，少年之師長、同學，少年行為之被害者之親屬，執行勤務之警察……等等均得為報告。且其所報告之觸法行為，或由於親身目睹，或由於他人之告知，或由於本人是少年行為之被害者……等等，均在所不論。少年之觸法行為，既經任何人之報告，則少年法院應即據以繫屬、受理。其次，檢察官、司法警察官或法院於執行職務時，發覺少年有觸犯刑罰法律之行為者，亦應依本法第十八條第一項之規定，移送於有管轄權之少年法院；而受移送之少年法院自應就該觸法事件，為調查或審理之程序。

少年之有觸犯刑罰法律之行為者，乃指少年觸犯有刑罰規定之法律而言。法律係由立法機關制定通過，而由總統公布者，其有刑罰之規定者，例如刑法、陸海空軍刑法、貪污治罪條例、懲治走私條例……等等皆是。

少年既有觸犯刑罰法律之行為，則不問其係觸犯何種刑罰法律，少年法院應即依法予以繫屬、受理，並即踐行調查及審理之程序，惟民法第十三條規定：「未滿七歲之未成年人，無行為能力。滿七歲以上之未成年人，有限制行為能力」，而刑法第十八條第一項則規定：「未滿十四歲人之行為不罰」，是故假若有未滿十二歲之未成年人觸犯刑罰法律者，是否因其行為不罰，而毋須受本法之處理？至於十二歲以上十四歲未滿之少年，有觸犯刑罰法律之行為者，其觸法行為又當如何？再者十四歲以上十八歲未滿之少年，苟有觸犯刑罰法律者，其觸法事件又當如何處理？茲依本法之規定析言之。

未滿十二歲之人雖尚無完全行為能力，且其所為之觸法行為不罰，惟苟有觸犯刑罰法律之行為，若不予以適當之保護，難以改善其品德，來日

勢必為害公眾，故本法第八十五條之一有「七歲以上未滿十二歲之人，有觸犯刑罰法律之行為者，由少年法院適用少年保護事件之規定處理之」之規定，足見其觸法之行為仍受本法之拘束。而十二歲以上十四歲未滿之人，為本法所稱之少年，自應受本法之拘束；雖然其行為不罰，毋須承擔刑事責任，但有觸犯刑罰法律之行為者，少年法院應即依保護事件之性質予以調查及審理，並依本法之規定諭知適合個別需要之保護處分處遇之、保護之；至於十四歲以上十八歲未滿之人，雖亦為本法所稱之少年，受本法之拘束，唯苟有觸犯刑罰法律之行為者，縱有阻卻責任事由，亦應由少年法院以保護事件之性質予以調查及審理；倘觸法之少年應受刑事處分、或以受刑事處分為適當者，少年法院自應依本法之規定，將該案件移送於有管轄權之地方法院檢察署檢察官，由其依少年刑事案件之性質偵查之、起訴之。

貳、有觸犯刑罰法律之虞之事件

少年之行為，除法律所容許者，不受本法之干涉者外，舉凡有觸犯刑罰法律之行為，或有觸犯刑罰法律之虞之行為者，均受本法之拘束，少年法院應即據以受理。

所謂有觸犯刑罰法律之行為者，乃指實際上已構成觸法之行為，為法律所不容許者，如觸犯公共危險罪、觸犯傷害罪……等是。所謂有觸犯刑罰法律之虞之行為者，乃指行為已具有觸法之傾向，有觸法之堪虞，有觸法之可能，惟尚未實際觸犯刑罰法律所明文規定之禁止行為，故又稱為「虞犯」。而有犯罪之虞之少年，則稱之為「虞犯少年」，有犯罪之虞之不良行為，則稱之為「虞犯行為」或「虞犯事件」。

刑法上對於有犯罪傾向之成年人，並無科處刑罰之規定，故普通法院對之並無審判權，惟僅在行為人犯罪後，附帶染有吸食毒品、酗酒之惡癖；或有犯罪之習慣；或以犯罪為生計；或有遊蕩之惡習；或有懶惰之習性等等；法院始得依法繫屬、審判、處罰並賦予相當期間之保安處分。

本法為刑法之特別法，與刑法之規定不盡相同，故對於不良少年之有觸犯刑罰法律之虞之行為，亦列入本法之處理範圍，少年法院有權據以受

理，並得依本法之規定，踐行調查及審理程序，而以適當之保護處分處遇之、保護之。茲依本法之規定，就有觸犯刑罰法律之虞之具體事件列舉說明之。

一、經常與有犯罪習性之人交往者

少年因年歲尚輕，閱歷尚淺，是非善惡之辨別力薄弱，交往之朋友，但憑一己之偏愛，毫無選擇之標準。假定少年所交往之朋友，品行良好，操守廉潔，氣質斯文，心地善良，家教嚴謹，勤奮好學，努力向上，無不良嗜好，行為光明正大者，少年可以獲致良好之薰陶、激勵，在潛移默化之影響下，產生所謂表同作用，自然獲益匪淺，不必擔憂其會誤入歧途；但是，倘若少年所交往之朋友，品行頑劣，操守不正，行動粗暴，氣質魯鈍，家教鬆懈，懶惰好玩，不求上進，有不良嗜好暨不良朋友者，少年難免受其影響，日漸墮落而不自知，所謂「染於蒼則蒼，染於黃則黃」，「近朱者赤，近墨者黑」即為最好之寫照。

少年一旦與不良友朋相交往，難免與其結伴相聚，或遊蕩街頭，或出入不良場所，或攜帶刀械嬉玩，或亂搞同性戀關係，或吸食迷幻物品，或逃學逃家，或夥同犯罪……等等，倘若父母親對於少年之交遊情形不加過問、不加干涉，則少年難免受損友之引誘而誤入歧途，尤以經常與有犯罪習性之不良朋友交往者為然，蓋此等有犯罪習性之人，類多品行惡劣、操守不正、行動放肆、生活浪漫、失學失業、遊手好閒、且有犯罪之習癖，以及有危害社會安全之危險性，與之經常交往、接觸，容易受其引誘、嗾使、利用而觸犯刑罰法律，為防止少年誤入歧途，對於經常與有犯罪習性之人交往之少年，少年法院自應及早予以處理，俾適切保護少年之前途，免少年為損友所誤。

二、經常出入少年不當進入之場所者

時代愈進步，社會愈文明，舉凡有關文化之建設，如科學館、博物館、圖書館、文物紀念館、文化中心……等，暨有關康樂之建設，如體育場、

網球場、游泳池、公園、名勝、動物園、植物園……等，均由國家策劃興建，並不斷擴充；至於有關娛樂性之建設，如電影院、兒童樂園、保齡球館、溜冰場、高爾夫球場、撞球場……乃至酒家、餐廳、歌廳、舞廳、咖啡廳、冰果室、妓女院、色情茶室……等，則由私人或私人團體經營。少年倘若為追求真知，增廣見聞，涉足科學館、博物館、圖書館、文物紀念館、文化中心……等場所；或為消遣娛樂，調劑生活，涉足電影院、兒童樂園、溜冰場、保齡球館、公園、游泳池、體育場……等場所，因為此類場所對於少年身心之發育、人格之發展並無害處，故不必過分干涉。但少年若是為滿足好奇心，或是尋找色情刺激，而涉足酒家、舞廳、色情茶室、妓女院、地下咖啡室、黃色歌廳、黃色理髮廳……等場所，則不應容許，因為此類場所充滿色情之誘惑，極易迷惑少年之心智，驅使少年陷入色情之漩渦，致一而再、再而三陸續涉足其間，苟無金錢供其揮霍，則難免走向賭博、偷竊、搶劫之歧路，而自毀其前途，故有經常出入少年不當進入之場所之少年，少年法院應及早予以處理，俾能在少年犯罪之前適時加予保護。

三、經常逃學或逃家者

未滿十八歲之少年，大多仍在學校求學，失學、輟學之少年並不多見；此乃因各人之志願提昇，或者家庭環境改善之故。少年倘若在學校求學求知，自應遵守校規，敦品勵學，尊敬師長，服從教誨，友愛同學、勤奮向上，不能動輒逃學，荒廢學業；家庭為少年休憩、生活之場所，少年在家庭自應接受父母及長輩之教養，在求學、做人、做事及交友等各方面，隨時遵從父母及長輩之訓誨，不能頂撞、反抗，更不能動輒逃家。少年苟有逃學或逃家之行為，因逃學或逃家之後，常遊蕩街頭，到處遊玩，乏人管教，父母鞭長莫及，致少年行動放肆，濫交友朋，自暴自棄，易濡染惡習，或竟而為非作歹、觸犯刑罰法律；故經常逃學逃家者，少年法院在其尚未觸犯刑罰法律之前，應及早加予保護，訓誨之、教導之，以免少年誤入歧途。

四、參加不良組織者

少年之體力充沛，有好群之傾向，喜歡三五成群，結伴遊玩，更喜歡與志趣相投、談話投機之朋友，組織一個小集團，經常相聚一處。倘若少年所參與之小集團，分子良好，皆為心地善良，無不良嗜好之少年，且此一小集團僅是聯絡感情，溝通思想，切磋砥礪，共研學問之小組織，並無犯罪之企圖或舉動，則毋須加予干涉。因為少年亦享有憲法准許之結社及組黨之自由權。若是少年不慎而加入不良組織，一來組織內之組成分子，良莠不齊，少年置身其間，難免濡染不良之習癖。二來組織之成規和約束，必然相當嚴密，參與組織之少年，其思想、行動無自主之餘地，必定受其牽制，不能自便。三來組織內必有領導分子；組織之行動，常受其指揮，任其擺布，倘若領導分子與他人有摩擦、衝突之怨恨，難免仗恃組織之力量，私下報復，因此糾眾械鬥、相互砍殺之慘事，必然不可避免。四來組織之目的，倘不在相互砥礪，共行善事，而在報復私怨，逞強鬥狠，或竟以犯罪為企圖，則擾亂社會治安，威脅大眾生命之安全，必然不可避免。由於參加不良組織之少年，其思想、行動常受組織之控制，即使少年心地善良、品德良好，一經加入組織，則難免濡染惡習，傾向犯罪之危險邊緣，故少年法院對於參加不良組織之少年，應依法處理之、保護之，俾及時挽救少年之前途。

五、無正當理由經常攜帶刀械者

少年血氣方剛，好勝心強，喜歡逞強鬥狠，表現英雄本色，因此身邊攜帶有武士刀、短劍、扁鑽、手槍、土製手榴彈或炸藥……等刀械、武器者，大有人在。一方面固然在防身、保護自己，最重要者無非想藉機逞強、尋釁、報復或誇耀……。本來，少年倘若在學校求學，應當循規蹈矩，努力向學，專心學業，力求上進，不能經常攜帶刀械在身，動輒與人鬥毆逞強，破壞校規；況學校為求學、求知之場所，並非尋釁、械鬥之競技場，故應嚴加防止攜帶刀械到校。少年假使已就職就業，自應奉公守法，專心

事業，勤勞服務，力爭上游，不必經常攜帶刀械在身，動輒與人吵鬧、鬥毆，自毀前途與名譽。少年倘若遭遇失學失業之波折，其處境確實令人同情，但少年不能因此而自暴自棄，經常攜帶刀械遊蕩街頭，惹是生非。攜帶刀械在身，雖然尚未實際觸犯刑罰法律，但容易受外界之刺激，而拔出刀械傷人或殺人，致闖下滔天大禍。因此無正當理由經常攜帶刀械之少年，少年法院應及時予以處理、保護。

六、吸食或施打煙毒或麻醉藥品以外之迷幻物品者

吸食或施打煙毒之勾當，為法律所不容許。因此刑法第八十八條第一項明文規定，凡「施用毒品成癮者，於刑之執行前令入相當處所，施以禁戒」。而本法第四十二條第二項第一款則有「少年染有煙毒或吸用麻醉、迷幻物品成癮……者，令入相當處所實施禁戒」之規定。少年因為性喜刺激，又善模仿成人，故吸煙、吸毒之事，常可目見；近來少年又熱中於吸食搖頭丸、安非他命、施打速賜康等麻醉迷幻物品，常見少年於吸食搖頭丸、安非他命或施打速賜康之後，精神過度興奮而失去理智，或寬衣解褲裸奔於廣場，或手舞足蹈高聲喊叫以引人注目，擾亂社會之安寧至鉅，故對於有吸食或施打煙毒以外之麻醉或迷幻物品之少年，少年法院應及早予以處理、保護，俾矯正其不當之習癖，免少年越陷越深，染患煙毒之癮癖。

七、有預備犯罪或犯罪未遂而為法所不罰之行為者

少年之成長環境，個別之情況，極為不同。就家庭經濟而言，有的少年出生於富裕的家庭，有的少年出生於小康的家庭，有的少年出生於貧窮的家庭；就家庭背景而言，有的少年其父母親均受過良好教育，有的少年其父母親稍受過普通教育，有的少年其父母親未曾受教育；就家庭結構而言，有的少年成長於單親家庭（父母一方死亡），有的少年成長於破碎家庭（父母分居、離婚），有的少年成長於美滿家庭；就家庭倫理而言，有的少年其父母親感情融洽，對子女管教有方；有的少年其父母親感情不睦，對子女管教鬆弛；有的少年其父母親缺乏倫理觀念，對子女動輒斥罵、摑打；

就家庭生計而言，有的少年其父母親均有適當的職業，有的少年其父母親缺乏一技之長，無謀生技能，有犯罪習性，或以犯罪為生計……；就家庭環境而言，有的少年成長於健康的家庭，有的少年成長於犯罪的家庭，有的少年成長於嘈雜的家庭……等等。一般來說，少年成長於貧窮的家庭、破碎的家庭、犯罪的家庭、缺乏倫理的家庭、管教不當的家庭，較易傾向犯罪或觸犯刑罰法律。少年倘有預備犯罪之行為，如受他人嘲笑、污衊、侮辱、欺壓，心有不甘，而攜帶刀械，準備殺害、報復，則顯示已有犯罪之意念，且已有預備犯罪之行為。又少年倘若已預備犯罪，且已有著手實行之舉動，但因外界之障礙（如有警察在場），或己意之中止（如自覺不應該而作罷），致犯罪行為之實行，未達預期之目的，則為犯罪未遂之狀態。本法為保護少年，明定少年之「預備犯」或「未遂犯」，只要「法所不罰之行為」者，亦受少年法院之繫屬、管轄，由少年法院依本法之規定處理之、保護之。

第二章　少年法院

　　少年之有觸犯刑罰法律之行為者；或者有觸犯刑罰法律之虞之行為，如本法第三條第二款所列舉之情形之一者，因其有適用本法之規定，予以調查及審理之權限，故必須有專設之司法機構以司其事。我中華民國掌理民、刑事之審判機關，依其審級可分為最高法院、高等法院及地方法院等三級，舉凡人民有作姦犯科之違法行為，則先由第一審之地方法院繫屬、管轄並審判之。惟少年之有觸犯刑罰法律或有觸犯刑罰法律之虞之行為者，因其年歲尚輕，閱歷尚淺，理解規範之能力尚不完全，無行為之完全責任能力，且少年為應保護、教養之人，不應由普通第一審之地方法院繫屬、管轄並審判，故特由少年法院或地方法院附設之少年法庭或少年及家事法院所設之少年法庭處理之。茲就我國少年法院之設立、少年法院之組織體系、少年法院之編制人員、執行職務人員之迴避、少年事件之管轄等分節概述之。

第一節　我國少年法院之設立

　　少年之犯罪事件，是否須專設機構審理，歐美各國間之情形極為不同；以日本而言，日本法院之組織，分為最高裁判所、高等裁判所、地方裁判所、簡易裁判所、家庭裁判所等；而少年之犯罪事件，則與家庭事件合併，由家庭裁判所審理。

　　以英國而言，英國法院之組織，分為民事與刑事等二個系統，民事法院方面，設有郡法院、高等法院、上訴法院等；而刑事法院方面，則分為簡易法院、婚姻法院、少年法院、巡迴法院、季審法院、高等法院、刑事

上訴法院等；少年之犯罪事件，則由少年法院專門負責處理。

以德國而言，德國之法院組織，分為區法院、參審法院、地方法院、陪審法院、勞動法院、行政法院、高等法院、聯邦法院、憲法法院等，並無專設之司法機構，處理少年之犯罪事件；唯僅在區法院設有少年法官一人，處理較輕微之少年犯罪事件；在參審法院設有少年參審員二人，會同少年法官審理少年犯罪事件；並在地方法院設有少年刑事庭，一面審理少年第一審案件，一面受理對區法院和參審法院之少年案件不服之控訴。

以美國而言，美國之法院組織，分為兩個系統，一是聯邦系統，如最高法院、上訴法院、海關法院等；一是各州系統。由於美國各州間之法律極不一致，因此各州之法院組織亦不盡相同；例如紐約州 (New York) 設有上訴法院、高等法院、郡法院、郡議事法院、市法院、市議事法院、市政法院、兒童法院、家事法院、區法院、日間婦女法院、夜間男子法院、交通法院、重罪法院、青年法院……等等，其中兒童法院係受理十六歲以下之少年事件、監護人之選任、養子之許可等；青年法院則受理十六歲至十八歲之少年，否認罪狀事件。總括而言，美國因各州之法律制度不同，少年犯罪案件之審理機構，約可分成下列四種不同之類型：1.少年犯罪事件由專設之少年法院審理。2.少年犯罪事件由普通刑事法院審理。3.將少年犯罪事件與家庭事件合併由家庭法院審理。4.在普通刑事法院中專設少年法庭以審理少年犯罪事件❶。

關於少年之非行事件，究竟應由何種機構審理較為適當，各學者間之意見頗不一致，主張應由普通刑事法院審理較為適當者，則認為少年之非行事件，本係刑事訴訟案件之一部分，雖然其適用之法律不同，但其性質本屬一體，似不必另行籌設法院，以免人力財力兩相耗費。主張應由家事法院兼審少年非行案件較為適當者，則認為少年之所以傾向非行，或由於家境貧困；或由於父母不睦；或由於家庭破碎；或由於父母管教不當，其間無一不與家庭有關，故成立家事法院以審理少年非行事件，實為最恰當

❶　參錄自劉日安著，《少年事件處理法論》，五十六年五月，著作者發行，三民書局總經銷，第六九至七五頁。

之方策。主張設立獨立機構審理少年事件較為適當者，則認為少年之非行事件，因其處理之方式特殊，適用之法律特別，配置之人員不同，為避免普通法院之嚴肅氣氛，自以設立獨立之機構以審理少年非行事件為宜❷。

　　我中華民國之少年法制，係參酌美、德、日等國之少年法制，衡量本國之國情與社會之需要，採納專家與學者之意見，除制定本法以及本法之輔助法規之外，並於直轄市或縣（市）地區，規畫設置少年法院，專司少年非行事件之審理，故本法第五條有「直轄市設少年法院。其他縣（市）得視其地理環境及案件多寡分別設少年法院。尚未設少年法院地區，於地方法院設少年法庭。……高等法院及其分院設少年法庭」之規定。唯直轄市地區，僅高雄市設有少年法院，且最近又與高雄地方法院家事法庭合併，改設少年及家事法院，由設置之少年法庭審理第一審之少年事件；其餘直轄市或縣（市）地區則仍於地方法院設置少年法庭。

第二節　少年法院之組織體系

　　少年法院是處理少年非行事件之特設機構，亦為實施個別處遇謀求少年福祉之司法機關，與普通地方法院一樣，具有法定之組織體系，茲就少年法院之隸屬關係、少年法院之內部組織等分別概述之。

壹、少年法院之隸屬關係

　　普通法院依其審級之不同，得分為地方法院、高等法院、最高法院等三級，有其隸屬關係。而直轄市、縣（市）所設立之少年法院，與地方法院同等級，且與地方法院之直接上級機關，如高等法院及最高法院，亦有司法上之隸屬關係，例如少年法院所審理之少年非行事件，有少年保護事件與少年刑事案件之別。以少年保護事件而言，少年法院所為之種種裁定，如不付審理之裁定、不付保護處分之裁定等等，少年行為之被害人如有不

❷　同❶。

服者，得向少年法院提出抗告書狀聲明不服，並請求直接上級法院，以裁定撤銷原為裁定之少年法院，所為不當之裁定以謀救濟，此法院之直接上級法院，乃高等法院。抗告，既以少年法院之直接上級法院為管轄法院（見少年事件六三條Ⅰ項），則少年法院與其直接上級法院之高等法院，在司法層級上實有隸屬之關係。以少年刑事案件而言，其審判之方式雖與普通刑事案件大異其趣，但其審判等級亦採三級三審制，例外採三級二審制，例如少年、少年之法定代理人、現在保護少年之人或其選任之輔佐人，對於少年法院（或少年法庭）判決之刑事處分不服者，得上訴於少年法院之直接上級法院，即高等法院；又對於高等法院所為之判決亦不服者，仍得再上訴於最高法院。可見少年法院與其直接上級法院之高等法院、最高法院，在縱的組織體系方面，確有相當密切之隸屬關係（高雄少年及家事法院亦隸屬於台灣高等法院高雄分院以及最高法院）。

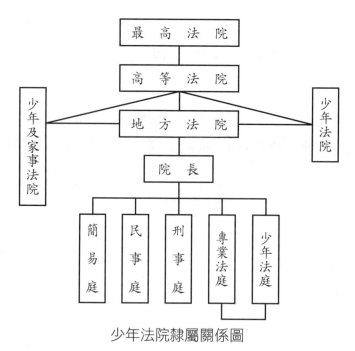

少年法院隸屬關係圖

貳、少年法院之內部組織

　　直轄市、縣（市）設立之少年法院，其內部組織，如本法第五條之一「少年法院分設刑事庭、保護庭、調查保護處、公設輔佐人室……」，之二「少年法院之組織，除本法有特別規定者外，準用法院組織法有關地方法院之規定」，之三「心理測驗員、心理輔導員及佐理員配置於調查保護處」……等之規定。又本法第七條「少年法院院長、庭長及法官、高等法院及其分院少年法庭庭長及法官、公設輔佐人，除須具有一般之資格外，應遴選具有少年保護之學識、經驗及熱忱者充之」。又本法第十條「調查保護處置處長一人，由少年調查官或少年保護官兼任，綜理及分配少年調查及保護事務；其人數合計在六人以上者，應分組辦事，各組並以一人兼任組長，襄助處長」等之規定。

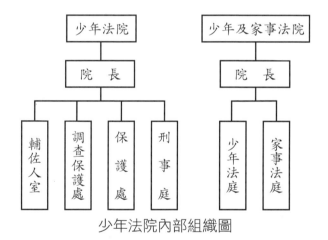

少年法院內部組織圖

　　綜上所述，可見少年法院之首長，為院長。刑事庭及保護庭，各設庭長、法官、書記官、司法警察官、司法警察、執達員等人員。調查保護處置處長、組長、少年調查官、少年保護官、心理測驗員、心理輔導員、佐理員等人員。公設輔佐人室，設輔佐人……等等，每一成員，不論其職位之高低，皆分擔某一角色行為，各依法定之職權，執行其職掌之事項，此為少年法院之內部組織體系（參閱少年法院內部組織圖）。

至於本法修正前之少年法庭組織，雖擬擴大編制，唯本法第五條第二項仍有「尚未設少年法院地區，於地方法院設少年法庭。但得視實際情形，其職務由地方法院原編制內人員兼任，依本法執行之」之規定，又「高等法院及其分院設少年法庭」。可見少年法院在尚未能普遍設立之前，本法仍容許未設立少年法院地區，於地方法院設少年法庭，處理少年保護事件及少年刑事案件，其庭長、法官、書記官……等職務，由地方法院原編制內人員兼任之。

又依少年及家事法院組織法之規範而設立之少年及家事法院，除設有院長一人綜理院務外，並設有少年法庭及家事法庭，少年法庭得分保護庭及刑事庭，各庭除設庭長及法官外，另設調查保護室，置少年調查官、少年保護官、心理測驗員、心理輔導員、佐理員……等等。

第三節　少年法院之編制人員

少年法院之編制人員，依本法之規定，有下列職位不同之人員，每一種職位皆有其法定之任用資格，亦有其法定之職掌事項，茲分別概述之。

壹、院　長

少年法院設院長一人，由法官兼任，簡任第十職等至第十二職等，綜理全院行政事務；但直轄市少年法院兼任院長之法官，簡任第十一職等至第十三職等。少年法院院長，除須具有一般之資格外，應遴選具有少年保護之學識、經驗及熱忱者充之。其遴選辦法，由司法院定之（少年及家事法院不包括在內）。

貳、庭長及法官

少年法院之刑事庭及保護庭，各設庭長一人，法官若干人。庭長除由兼任院長之法官兼任者外，得由其他法官兼任，簡任第十職等至第十一職

等或薦任第九職等，監督各該庭事務。少年法院配置之法官，薦任第八職等至第九職等或簡任第十職等至第十一職等，掌理少年保護事件及少年刑事案件之調查及審理（審判）。庭長及法官之遴選，除須具有一般之資格外，尚須具有少年保護之學識、經驗及熱忱者，始可予以充任（見少年事件七），其遴選之辦法，由司法院定之（少年及家事法院有關之庭長及長官不包括在內）。

參、處長及組長

少年法院之調查保護處，置處長一人，由少年調查官或少年保護官兼任，綜理及分配少年調查及保護事務；其人數合計在六人以上者，應分組辦事，各組並以一人兼任組長，襄助處長。少年法院兼任處長或組長之少年調查官、少年保護官薦任第九職等或簡任第十職等（少年及家事法院不包括在內）。

肆、少年調查官及少年保護官

少年法院調查保護處配置之少年調查官、少年保護官，除兼任處長、組長者外，其餘少年調查官、少年保護官薦任第七職等至第九職等。高等法院及其分院少年法庭之少年調查官薦任第八職等至第九職等或簡任第十職等。少年調查官、少年保護官之任用資格，依民國九十九年十二月八日總統令制定公布之少年及家事法院組織法第二十一條之規定，具有下列資格之一者，得任用之：

　　1.經公務人員高等考試或公務人員特種考試司法人員考試相當等級之少年調查官、少年保護官、觀護人考試及格。

　　2.具有法官、檢察官任用資格。

　　3.曾任少年調查官、少年保護官、觀護人，經銓敘合格。

　　4.曾在公立或經立案之私立大學、獨立學院社會、社會工作、心理、教育、輔導、法律、犯罪防治、青少年兒童福利或其他與少年調查保護業務相關學系、研究所畢業，具有薦任職任用資格。

少年調查官、少年保護官之職務，本法第九條有如此之規定：

㈠少年調查官職務如左：

1.調查、蒐集關於少年保護事件之資料。

2.對於少年觀護所少年之調查事項。

3.對於責付、收容少年之調查、輔導。

4.法律所定之其他事務。

所謂「法律所定之其他事務」者，乃指散見於本法所規定之條文中，與少年調查官業務有關之其他事務而言，茲列舉如下：

1.執行少年保護事件之個案資料調查後，向少年法院法官提出報告，並附具建議。

2.請求少年法院法官發同行書，強制少年、少年之法定代理人或現在保護少年之人到場。

3.將尋獲之少年護送至應到之處所。

4.將受責付之少年，於事件終結前，為適當之輔導。

5.將不付審理之少年，轉介兒童或少年福利或教養機構為適當之輔導。

6.將不付審理之少年，交付兒童或少年之法定代理人或現在保護少年之人嚴加管教。

7.將不付審理之少年，嚴加告誡。

8.於少年保護事件審理期日，出庭陳述調查及處理之意見。

9.對於宜否為保護處分或應為何種保護處分，在法官尚未決定時，將少年為六月以內期間之觀察，並將觀察結果，附具建議提出報告。

10.請求少年法院法官，變更觀察期間或停止觀察。

㈡少年保護官職務如左：

1.掌理由少年保護官執行之保護處分。

2.法律所定之其他事務。

所謂「法律所定之其他事務」者，乃指散見於本法所規定之條文中，

與少年保護官業務有關之其他事務而言，茲列舉如下：

1.於假日期間，對於諭知訓誡，並得予以假日生活輔導之受保護少年，為三次至十次之假日生活輔導，並得命為勞動服務。

2.聲請少年法院同意，將諭知假日生活輔導之受保護少年，交付適當之機關、團體或個人為假日生活輔導，並受少年保護官之指導。

3.掌理少年之保護管束，並得命為勞動服務。

4.與少年之法定代理人或現在保護少年之人，為保護少年之必要洽商。

5.聲請少年法院同意，將少年交付適當之福利或教養機構、慈善團體、少年之最近親屬或其他適當之人保護管束，受少年保護官之指導。

6.檢具事證，聲請少年法院以裁定，將著有成效之受保護管束少年，免除其執行。

7.聲請少年法院以裁定，將在保護管束期間，違反應遵守之事項，情節重大之少年，留置於少年觀護所中，予以五日以內之觀察。

8.聲請少年法院以裁定，將保護管束難收效果之少年，撤銷原執行之保護管束，令入感化處所施以感化教育。

9.檢具事證，聲請少年法院以裁定，將受安置輔導之少年，免除其執行。

10.聲請少年法院以裁定，延長受保護少年之安置輔導期間。或檢具事證、敘明理由，聲請少年法院以裁定，變更少年之安置輔導機關。

11.檢具事證，聲請少年法院以裁定，將安置輔導難收效果之受保護少年，令入感化處所施以感化教育。

12.檢具事證，聲請少年法院以裁定，將無繼續執行感化教育必要之少年，予以免除或停止其執行。

其他未列舉之事項仍多，不及一一詳列。

伍、心理測驗員、心理輔導員及佐理員

心理測驗員、心理輔導員及佐理員配置於調查保護處。心理測驗員、心理輔導員，委任第五職等至薦任第八職等，其任用資格，依少年及家事

法院組織法第二十四條之規定，須：㈠經公務人員高等考試或公務人員特種考試司法人員考試相當等級之心理測驗員、心理輔導員考試及格。㈡曾在公立或經立案之私立大學、獨立學院心理、社會、社會工作、教育、輔導或其他與心理測驗或輔導業務相關學系、研究所畢業，具有薦任職任用資格。心理測驗員應服從法官、司法事務官、少年調查官、少年保護官之監督，執行下列職務：㈠對所交付個案進行心理測驗、解釋及分析，並製作書面報告等事項。㈡其他法令所定之事務。心理輔導員應服從法官、司法事務官、少年調查官、少年保護官之監督，執行下列職務：㈠對所交付個案進行心理輔導、轉介心理諮商或治療之先期評估，並製作書面報告等事項。㈡其他法令所定之事務。至於佐理員，委任第三職等至薦任第六職等，包括觀護佐理員及檢驗佐理員等兩類，前者之約僱資格，須具有公立或立案之私立專科以上學校畢業，並曾修習法律、行政、教育、社會、心理、犯罪防治輔導、青少年兒童福利等科目達八個學分以上者。後者之約僱資格，須具有公立或立案之私立高中（職）以上學校醫學、護理、檢驗、藥劑、化學、生物等相關科系畢業，或高中（職）以上學校畢業，並具有一年以上採尿工作經驗者。前者之職掌工作，大致在協助少年調查官、少年保護官處理一般調查保護行政工作；後者之職掌工作，大致在佐理採驗尿液有關之種種行政瑣務（佐理員之任用資格，本法及少年及家事法院組織法未規定，故目前僅能採約僱遴用）。

陸、書記官長及書記官

少年法院設書記處，置書記官長一人，薦任第九職等或簡任第十職等，承院長之命處理行政事務。書記官若干人，委任第三職等至第五職等或薦任第六職等至第八職等，分掌記錄、文書、研究考核、總務、資料及其他事務。並得視業務需要分科辦事，各科科長由薦任書記官兼任。直轄市少年法院書記處各科，並得視業務需要分股辦事，各股股長由書記官兼任。書記官隨同少年調查官或少年保護官執行職務者，應服從其監督。

柒、公設輔佐人

少年法院公設輔佐人室，置公設輔佐人，薦任第七職等至第九職等；其公設輔佐人在二人以上者，置主任公設輔佐人，薦任第九職等或簡任第十職等至第十一職等。公設輔佐人，除須具有一般之資格外，應遴選具有少年保護之學識、經驗及熱忱者充之。輔佐人除保障少年於程序上之權利外，應協助少年法院促成少年之健全成長。

捌、執達員、司法警察官及司法警察

少年法院配置執達員、司法警察官、司法警察。執達員委任第二職等至第四職等或僱用，其職責在送達文件，或同行書之執行。司法警察官委任第四職等至第五職等或薦任第六職等；司法警察委任第二職等至第四職等或僱用，其職責如同行書之執行，協尋少年並將尋獲之少年護送至應到之處所，及其他有關司法警察之事務。

第四節　執行職務人員之迴避

法官、少年調查官、書記官為少年法院編制內之公務員。通譯，雖非少年法院編制內之公務員，但少年法院於調查或審理事件時，認有必要，得傳喚通譯為通譯之任務。

少年法院於調查或審理事件時，應力求客觀、公正、確實，所蒐集之證據及資料，應有可靠性、可信性，對於少年所為之裁定及處分，應合情、合理，適合少年個別處遇之需要；不能有偏頗、祖護之態度及作為。是故法官、少年調查官、書記官、通譯於執行職務時，遇有不得執行職務之原因者，應自行迴避，不執行職務，此乃刑事訴訟法上之迴避制度。

壹、法官之迴避

　　法官於踐行審理刑事案件時，倘遇有刑事訴訟法第十七條規定情形之一者，應自行迴避，不得執行職務。唯少年非法事件之審理程序，不同於一般刑事案件之審判程序，故刑事訴訟法第十七條有若干款之條文，不適用於少年法院法官執行職務之迴避，茲依照其條文酌加修正如下：

㈠**法官為少年行為之被害人者**

　　原條文為「推事為被害人者」。

㈡**法官現為或曾為少年或少年行為之被害人之配偶、八親等內之血親、五親等內之姻親或家長、家屬者**

　　原條文為「推事現為或曾為被告或被害人之配偶、八親等內之血親、五親等內之姻親或家長、家屬者」。

㈢**法官與少年或少年行為之被害人訂有婚約者**

　　原條文為「推事與被告或被害人訂有婚約者」。

㈣**法官現為或曾為少年或少年行為之被害人之法定代理人者**

　　原條文為「推事現為或曾為被告或被害人之法定代理人者」。

㈤**法官曾為少年之輔佐人者**

　　原條文為「推事曾為被告之代理人、辯護人、輔佐人或曾為自訴人、附帶民事訴訟當事人之代理人、輔佐人者」。

㈥**法官曾為本事件之報告人、請求人、證人或鑑定人者**

　　原條文為「推事曾為告訴人、告發人、證人或鑑定人者」。

㈦**法官曾參與前審之審理裁定者**

　　原條文為「推事曾參與前審之裁判者」。至於刑事訴訟法第十七條第七款「推事曾執行檢察官或司法警察官之職務者」之規定，因不適用少年非法事件之調查與審理，故予以刪除。

　　法官於執行少年非法事件之調查與審理程序時，遇有上開情形之一者，應自行迴避，不得執行其職務。倘若法官遇有上開情形之一，而不自行迴避，或有上開情形以外，足認為法官於執行職務有偏袒少年行為之被害人

之虞者，如少年行為之被害人與法官有同僚或同學之誼，難免對少年為不利之處分等情形，少年之法定代理人、現在保護少年之人或少年之輔佐人，得為少年之利益聲請執行職務之法官迴避之。

貳、少年調查官之迴避

調查、蒐集關於少年保護事件之資料，為少年調查官職責之一。故少年調查官調查本法第十九條所指少年與事件有關之行為，其人之品格、經歷、身心狀況、家庭情形、社會環境、教育程度以及其他必要之事項之資料時，應力求確實、公正、客觀，不能有任何偏袒或不利於少年之行為，俾免其記載之資料失實，因而影響及少年法院處理事件之公平。因之少年調查官調查保護事件之少年背景之際；或於著手執行調查少年個案資料之時，如發覺有刑事訴訟法第十七條法官應自行迴避，不得執行職務之情形之一者，得比照其規定，自行向少年法院聲請許可迴避之。唯刑事訴訟法第十七條有若干款之條文，不適用於少年調查官之迴避，茲仿照其規定之條文，試為修正如下：

1.少年調查官為少年行為之被害人者。

2.少年調查官現為或曾為少年或少年行為之被害人之配偶、八親等內之血親、五親等內之姻親或家長、家屬者。

3.少年調查官與少年或少年行為之被害人訂有婚約者。

4.少年調查官現為或曾為少年或少年行為之被害人之法定代理人者。

5.少年調查官曾為少年之輔佐人者。

6.少年調查官曾為本事件之報告人、請求人、證人或鑑定人者。

少年調查官於受命執行少年事件之調查時，遇有上開應迴避情形之一者，應向少年法院聲請許可迴避，不執行其職務。倘若少年調查官於執行職務時，遇有上開應迴避情形之一，而不聲請迴避；或有上開情形以外，足認為執行其職務有偏袒少年行為之被害人之虞者，如少年行為之被害人與少年調查官有同僚或同學之誼，難免對少年為不實之調查報告等情形，少年之法定代理人或現在保護少年之人，得向少年法院為聲請少年調查官

應迴避之程序（少年保護官執行職務應迴避之理由，與少年調查官類同）。

參、書記官之迴避

　　書記官之職務，雖非調查及審理少年非法事件；但少年法院之法官，於踐行少年非法事件之調查及審理程序時，書記官應陪同出席，並製作調查及審理筆錄。

　　書記官製作之筆錄，應翔實、正確，不可有偏頗之行為，致影響及少年法院處理事件之公正，故於執行職務時，遇有法官或少年調查官應迴避之情形之一者，應即向少年法院聲請許可迴避，不執行其職務（少年調查官、少年保護官、心理測驗員、心理輔導員之迴避，準用刑事訴訟法有關書記官迴避之規定）。

肆、通譯之迴避

　　通譯，雖非少年法院編制內之公務員，但少年法院於執行少年非法事件之調查或審理時，認有必要，得傳喚通譯到場，命其為通譯之使命。

　　通譯，係憑其專門之學識與經驗，為語言之譯述，意思之傳達，以及外國文字之翻譯，其傳譯之正確與否，直接影響及少年法院處理事件之公正，故通譯於受命為通譯之使命時，倘遇有法官、少年調查官應迴避情形之一者，得向少年法院聲請許可迴避，不執行其職務。

第五節　少年事件之管轄

　　少年事件之管轄，係指少年行為人所為之觸法案件或虞犯事件，究應由何種性質之司法機構予以受理、繫屬；同時，在何種情形下，該司法機構始得有權就少年行為人所為之事件，為調查及審理之程序而言；簡言之，所謂少年事件之管轄者，乃指處理少年事件之權限劃分者也。

　　依據本法之規定，少年所為之觸法案件或虞犯事件，少年法院有權得

予審理，而普通地方法院無權審理，此為少年法院擁有之少年事件審理權；唯少年行為人所為之觸法案件及虞犯事件，並非所有少年法院均有審理之權，而是須在其得以行使審理權之情形下，始得行使少年事件之調查及審理，此為少年法院擁有之管轄權。

審理權與管轄權不同；審理權為審理案件之權限，凡少年事件，少年法院均有審理權。管轄權為受理、繫屬案件之權限，凡少年事件，各少年法院雖擁有審理權，惟須具有管轄權之少年法院，始得據以審理。無管轄權之少年法院，雖擁有審理權，但因對該事件，在某種情形之限制下，無管轄權，故不得逕行受理、調查及審理。倘若受理無管轄權之少年事件，非但不能逕行審理，尚須依法以裁定移送於有管轄權之少年法院。故少年事件之管轄，以有審理權之存在為前提，且審理權之是否可以行使，端視其有無管轄權而定。

少年事件之管轄，有以年齡之高低為管轄之分界者，如：「年齡管轄」。有以事件之性質為管轄之分界者，如：「事件管轄」。有以少年行為人之行為地、住居所、所在地之實際情形為管轄之分界者，如：「土地管轄」。有以案件之移送而獲得管轄權之權限者，如：「移送管轄」。有以事件繫屬之先後情形為管轄權限之所在者，如：「競合管轄」。有以解決牽連事件之管轄權限，避免管轄權之重複者，如：「牽連管轄」。茲分別概述之。

壹、年齡管轄

年齡管轄，係以年齡之界限為管轄之分界而言；換言之，少年之年齡，最低限度在幾歲以上，最高限度在幾歲以下，少年法院對之有管轄權。

關於年齡管轄之問題，在歐美各國，因為思想背景之不同，各國對於少年之年齡管轄之規定，參差不一，就最高度而言，日本 (Japan) 規定為二十歲，德國 (Germany) 規定為十八歲，芬蘭 (Finland)、義大利 (Italy)、盧森堡 (Luxembourg) 等國規定為二十一歲。就最低度而言，以加拿大 (Canada)、南非聯邦 (South Africa) 之七歲以上為最低 ❸。

---

❸　引自劉日安著，《少年事件處理法論》，五十六年五月，著作者發行，第六九至七

　　我國之少年法制，係參酌歐美現行之少年法制而制定；故關於年齡管轄方面，本法第二條有「本法稱少年者，謂十二歲以上十八歲未滿之人」之規定，因此凡少年之年齡在十二歲以上十八歲未滿之範圍內，只要有觸犯本法第三條所稱之刑罰法律或虞犯行為者，少年法院皆對之有管轄權。而七歲以上十二歲以下之兒童，雖無完全責任能力，又無刑罰之適用性，唯倘若有本法第三條第一款觸犯刑罰法律之行為，不予以適切之保護或處置，恐兒童之行狀，不免日趨放肆；品德不免日漸惡劣；觸法之習性無以改善，故本法例外准許將此等觸法之七歲以上未滿十二歲兒童，劃歸少年法院管轄，由少年法院依法予以處理，並保護之（見少年事件八五之一）。至於少年觸犯刑罰法律之際，年齡已滿二十歲者，因少年法院年齡管轄之最高界限為十八歲未滿（現例外為二十歲未滿），已無管轄權，自應以裁定移送於有管轄權之地方法院檢察署，由其依普通刑事案件之性質踐行偵查或起訴。由上述可知，觸法者之年齡，在十八歲以上（現例外在二十歲以上）者，由普通地方法院管轄，在十八歲以下（現例外在二十歲以下）者，則由少年法院管轄，此為年齡管轄之分界標準。唯十八歲以上、二十歲未滿之犯罪年長少年，之所以仍得由少年法院繫屬、審理，乃保護年長少年之例外措施。

貳、事件管轄

　　事件管轄，係以事件之性質為管轄之分界而言；換言之，少年行為人所為之觸法事件或虞犯行為，在何種性質之案情下，少年法院有管轄權，得予以受理、繫屬；在何種性質之案情下，少年法院無管轄權，不得予以受理、繫屬。

　　事件管轄，刑事訴訟法上稱之為「事物管轄」，即以事件之輕重、案件之繁簡、審判之難易而定其管轄，本法因與刑事訴訟法有別，故不稱「事物管轄」而稱之為「事件管轄」。

　　關於事件之管轄，本法第三條及第四條之條文，有極具體而詳盡之規五頁。

定，茲列舉之。

(一)下列事件，由少年法院依本法處理之：

1.少年有觸犯刑罰法律之行為者。

2.少年有下列情形之一，依其性格及環境，而有觸犯刑罰法律之虞者：

(1)經常與有犯罪習性之人交往者。

(2)經常出入少年不當進入之場所者。

(3)經常逃學或逃家者。

(4)參加不良組織者。

(5)無正當理由經常攜帶刀械者。

(6)吸食或施打煙毒或麻醉藥品以外之迷幻物品者。

(7)有預備犯罪或犯罪未遂而為法所不罰之行為者。

(二)少年犯罪依法應受軍事審判者，得由少年法院依本法處理之。

　　從上述之條文析之，少年之有觸犯刑罰法律之行為，如非應受軍事審判者，少年法院有管轄權，得據以繫屬、受理；而僅具有觸犯刑罰法律之虞之行為，本法亦將其列入少年法院之管轄範圍，使其得據以受理、處置。至於少年犯罪，依法應受軍事審判者，本應由軍事審判機關審判處理，但為貫徹保護少年之立法意旨，得由少年法院依本法處理之。所謂少年犯罪，依法應受軍事審判者，乃指犯罪之少年，或具準現役軍人身分（如陸海空軍所屬之在校學員學生是），且其所犯之罪，係觸犯陸海空軍刑法以及其他法律而言。

　　可見少年之觸法事件，有應受少年法院管轄、審理者，有應受軍事審判機關管轄、審判者，端視觸法之少年是否具軍人身分及其所觸犯之法律性質而定❹。

---

❹　在過去，少年如果觸犯懲治叛亂條例，或戡亂時期檢肅匪諜條例之罪，依法應受軍事審判。唯自懲治判亂條例及戡亂時期檢肅匪諜條例之法規相繼廢止不用後，少年犯罪，如依法應受軍事審判者，得由少年法院依法繫屬處理之。

參、土地管轄

　　土地管轄，係以土地區域與事件之關係為管轄之分界而言；換言之，少年之有觸犯刑罰法律或有觸犯刑罰法律之虞之行為，以少年之行為地、住居所或所在地之實際情形，為土地管轄之劃分標準。

　　少年所為之事件，應由何地之少年法院審理，不能無取決之方法；其以土地區域定其管轄之劃分標準者，如日本家庭裁判所，明定對於少年之保護事件，以少年之行為地、少年之住所地、少年之居所地及少年之現在地為管轄之劃分標準（見日本少年法第五條）。本法第十四條亦有：「少年保護事件由行為地或少年之住所、居所或所在地之少年法院管轄」之規定，可見我國少年保護事件之土地管轄，與日本少年法制相同。茲就少年之行為地、住居所及所在地之情形概述之。

(一)少年之行為地

　　少年之觸犯刑罰法律，常有其行為地或結果地。所謂行為地，乃實施觸法行為之地點，例如少年在桃園某地區行竊盜，為司法警察所逮獲，則桃園所在地之少年法院，對於該少年所為之竊盜事件，擁有土地管轄權，得據以受理、處置。唯觸法行為，複雜萬端，有必須行為發生實際之危害結果，始構成觸法之事實者，如殺人、傷害、縱火、性侵害等罪，故所謂行為地應包括結果地。且行為違法之狀態，倘有連續性、繼續性、結合性、牽連性，致跨連於數少年法院之管轄區域，或觸法之行為地與結果地異其少年法院管轄之區域，則各該觸法（或稱犯罪）行為之行為地與結果地所屬區域之少年法院，皆有管轄權。

(二)少年之住居所

　　少年之住居所，乃指少年之住所及居所而言。住所及居所為住宿及生活之場所，對少年人格之發展，品德之薰陶，生活之維繫，生命之延續，關係相當密切。

　　住所，依民法第二十條之解釋，凡依一定之事實足認為以久住之意思，住於一定之區域者，則為設定其住所於該地。少年因尚未成年，故其住所

常以父母或其他監護人之住所為住所。如民法第二十一條：「無行為能力人及限制行為能力人，以其法定代理人之住所為住所」。又民法第一千零六十條：「未成年之子女，以其父母之住所為住所」是。

居所，謂無久住之意思，而暫時居住於某一處所也，如少年負笈臺北，租屋而居，此一居室，乃少年之居所。

少年之住居所，既為少年現在住宿及生活之場所，則少年苟有觸犯刑罰法律，或有觸犯刑罰法律之虞之行為，該住居所所在地之少年法院，有土地管轄權，得據以受理、處置。

(三)少年現在所在地

少年現在所在地，係指少年現時身體所在之處所而言。如少年現時赴地下咖啡室，在地下咖啡室與人爭奪女友，致相互毆打，造成意外傷害，則該地下咖啡室所在之地點，應為少年現在所在地，當地之少年法院，自有土地管轄權，得據以受理、處置。

肆、移送管轄

移送管轄，係指事件因移送，而移轉管轄之權限也。就移送事件之機構而言，移送管轄，乃管轄權之脫離與喪失；就事件受移送之機構而言，移送管轄，乃管轄權之移轉與取得。

少年法院對於已繫屬之少年事件，必須有管轄權，始得據以審理；倘無管轄權，應即將事件移送於有管轄權之特定機構——如地方法院檢察署，或其他地區之少年法院。倘有管轄權，但因法律上或事實上之原因，不應或不宜行使其審理權者，自應斟酌情形為事件之移送、或管轄權之移轉；茲以少年法院為主體，將移送管轄之事件或受移送管轄之事件，就本法之規定列舉之。

(一)移送管轄之事件

移送管轄之事件，係因少年法院所繫屬之事件，在法律上或事實上，有不應或不宜審理之原因，而將該事件移送於有關之機構，如地方法院檢察署檢察官或其他地區之少年法院是。

1.少年法院依調查之結果，認為少年犯最輕本刑為五年以上有期徒刑之罪者，應以裁定移送於有管轄權之地方法院檢察署檢察官（見少年事件二七條 I 項 1 款）。少年法院之所以應將事件移送於有管轄權之地方法院檢察署檢察官者，乃因該事件情節較嚴重，且少年之年齡已滿十四歲，不宜付保護處分，故應即移送於該管地方法院檢察署檢察官，由其以少年刑事案件之性質，予以偵查並起訴，此為事件之移送及管轄權移轉之一例。

2.少年法院依調查之結果，認為少年犯罪情節重大，參酌其品行、性格、經歷等情狀，以受刑事處分為適當者，得以裁定移送於有管轄權之地方法院檢察署檢察官（見少年事件二七條 II 項）。此乃因為觸法之少年已滿十四歲，且其觸法之情節以及品行、性格、經歷等情狀，以受刑事處分為適當，故少年法院得將該事件移送於該管地方法院檢察署檢察官，由其以少年刑事案件之性質，予以偵查並起訴，此為事件之移送及管轄權移轉之另一例。

3.少年法院依審理之結果，認為事件有第二十七條第一項之情形者，應為移送之裁定（見少年事件四〇）。所謂第二十七條之情形者，乃上述第 1 款或第 2 款所指之情形；少年既已滿十四歲，且從其觸法之情節，以及個人之品行、性格、經歷等情狀而論，既以受刑事處分為適當，自應移送於有管轄權之地方法院檢察署檢察官，由其以少年刑事案件之性質，予以偵查並起訴。此又為事件之移送及管轄權移轉之一例。

4.少年法院於調查或審理程序中，發覺少年之年齡已滿二十歲或事件繫屬後已滿二十歲者，應即以裁定移送於有管轄權之地方法院檢察署檢察官（見少年事件二七條 I 項 2 款）。少年法院之所以將年滿二十歲或事件繫屬後已滿二十歲之少年，為移送之裁定，乃因該少年已無少年法制之適用性，且少年法院對之已無審理權，故應即將事件移送於該管地方法院檢察署檢察官，由其依一般刑事案件之性質，予以偵查並起訴，此又為事件之移送及管轄權移轉之一例。

5.少年法院就繫屬中之事件，經調查後認為以由其他有管轄權之少年法院處理，可使少年受更適當之保護者，得以裁定移送於該管少年法院（見

少年事件一五）。唯受移送事件之少年法院不得再為移送之裁定。移送事件之原因，在使少年受更適當之保護，故少年法院認為有必要者，得將事件移送於該管少年法院，此為少年法院相互間移送事件及轉移管轄權之一例。

　　6.少年法院對於不屬其管轄之少年事件，應以裁定移送於有管轄權之少年法院。此為無管轄權之少年法院與有管轄權之少年法院，相互間移送事件、移轉管轄權限之一例，受移送事件之少年法院，因而取得繫屬事件之管轄權。

　　7.少年法院對於少年事件無審理權者，得以裁定移送於有審理權之機關，如已滿十八歲少年（具準軍人身分）觸犯陸海空軍刑法之罪，依法應受軍事審判，少年法院無權審理，得移送於有審判權之軍事審判機關審理，此為無審理權之少年法院與有審判權之軍事審判機關，相互間移送事件、移轉管轄之另一例。

㈡受移送管轄之事件

　　受移送管轄之事件，係指少年法院對於某一少年事件，本無管轄權之原因存在，但由於其他司法機構，如法院、檢察官、司法警察官或其他地區之少年法院等之移送，而取得其管轄權，有據以審理之權責。茲以少年法院為主體，將受移送管轄之事件，依本法之規定列舉之。

　　1.檢察官、司法警察官或法院於執行職務時，知有第三條之事件者，應移送該管少年法院（見少年事件一八）。所謂第三條之事件者，係指少年之觸法行為及虞犯行為而言。檢察官、司法警察官或法院之所以移送該事件，乃因對於該事件無審理權及管轄權；事件既經移送，則管轄權限亦隨之移轉，故受移送事件之少年法院，應即據以審理。此為因事件之受移送，而取得其審理權、管轄權之一例。

　　2.檢察官依偵查之結果，對於少年犯最重本刑為五年以下有期徒刑之罪，參酌刑法第五十七條有關規定，認為以不起訴而受保護處分為適當者，得為不起訴處分，移送少年法院依少年保護事件審理（見少年事件六七條Ⅰ項）。檢察官之所以就不起訴處分之案件，移送於少年法院，乃因少年之犯罪情節輕微，顯可憫恕，不宜予以起訴，故移送少年法院付以保護處分，

藉資保護；事件既經移送，則受移送事件之少年法院，因而取得其審理權及管轄權，應據以審理。

3.少年法院就繫屬中之事件，認為以由其他有管轄權之少年法院審理，可使少年受更適當之保護者，得裁定移送於該管少年法院（少年事件一五）。此為少年法院相互間，基於事實上之必要所為之移送事件、轉移管轄之裁定；移送事件之原因，在使少年受更適當之保護，故受移送之少年法院不得再行移送。

伍、競合管轄

競合管轄，係指同一少年事件，先後或同時繫屬於有管轄權之數少年法院，致數少年法院對該事件，分別取得審理權，遂發生同一事件有數個審理權，同一事件有數個管轄權，而相互競合之狀態，此種現象稱為競合管轄。

競合管轄之發生，常由於少年之觸法行為，帶有連續性或牽連性；例如某一少年，先後在基隆、臺北、臺中等地強暴婦女，先後為被害者，向當地少年法院報告，則此一少年事件，基隆、臺北、臺中等地之少年法院，均有管轄權，得據以受理。但同一少年事件，由基隆、臺北、臺中等地之少年法院，分別各自予以審理，究非良策，自應有妥善之法制，據以適用，俾免各地之少年法院，為審理同一少年事件，而有所爭議。

我少年法制，為避免一事兩理，重複行使其審理權，乃規定凡有競合管轄之問題發生，則準用刑事訴訟法第八條前段之規定以資解決。故同一少年事件，繫屬於有管轄權之數少年法院者，由繫屬在先之少年法院審理之。但繫屬在後之少年法院，並不因此而喪失管轄權。從而先後繫屬同一少年事件之各地少年法院，倘已知悉其他已繫屬該事件之少年法院，已就該事件為實體上之終結裁定確定者，其餘對該事件已繫屬而未審理終結之少年法院，應分別就該事件諭知不付審理之裁定。倘同一少年事件，繫屬於不同之少年法院，且經各該少年法院審理終結，而為實體上之裁定後，始發覺其有管轄競合之情形者，應依下列之原則處置：

　　1.發覺管轄競合時，各少年法院就同一少年事件所為之實體上裁定均未確定者，應對繫屬在後之少年法院所為之裁定，依法提起抗告；由該繫屬在後之少年法院自行更正其裁定，諭知原裁定撤銷。或由抗告法院以裁定撤銷原裁定。

　　2.發覺管轄競合時，各少年法院就同一少年事件所為實體上之裁定均已確定者，以確定在先之裁定有效，而不以繫屬在先之少年法院所為之裁定為有效。

陸、牽連管轄

　　牽連管轄，係指一個或數個少年事件，繫屬於不同地區之少年法院，致各少年法院對於該少年事件均擁有管轄權；但因各少年法院管轄之少年事件，有相牽連之關係，遂發生管轄權之歸屬問題。此種現象稱之為：「牽連管轄」。

　　一個或數個少年事件，繫屬於不同地區之少年法院，並非不可各別予以審理；但為求少年事件迅速審理終結，並為避免審理權之分割，法律遂准許合併於一少年法院管轄。少年法院之相牽連事件，參照刑事訴訟法第七條之規定，大致有下列四種形態：　1.少年觸犯數個事件。　2.數少年共為一個事件或數個事件。　3.數少年同時在同一處所各別犯各事件。　4.為與事件有關係之藏匿人犯、湮滅證據、偽證、贓物等各事件。

　　關於相牽連事件之管轄，因本法第十六條有：「刑事訴訟法第六條第一項、第二項及第七條……之規定，於少年保護事件準用之」之規定，故數少年法院管轄之事件相牽連者，得合併由其中一少年法院管轄；倘各事件已繫屬於數少年法院，而經各該少年法院之同意，得以裁定將其事件移送於其中一少年法院審理之；如各該少年法院不同意或無法協調者，得依準用刑事訴訟法第六條第二項之規定，由其所屬直接上級法院裁定之。

第三章 少年保護事件

第一節 少年保護事件之受理

　　少年保護事件之處理程序，第一步驟係事件之受理，第二步驟係事件之調查，第三步驟係事件之審理，第四步驟係處分之執行。

　　事件之受理，為少年保護事件之接受、繫屬及處理之程序，亦即事件調查前所應踐行之程序，是事件處理之開端，也是事件處理之依據。

　　少年法院，雖有處理少年保護事件之權限，但對於少年所為之觸法事件及虞犯行為，並不主動予以受理、調查及審理，而須具有本法第十七、十八條所規定之報告、移送、請求及抗告法院之發回重新調查或審理等程序，少年法院始得據以受理、繫屬，並進而踐行事件之調查及審理，此與地方法院檢察署檢察官之主動偵查犯罪之情形，自有不同。茲將少年保護事件受理之依據或原因概述之。

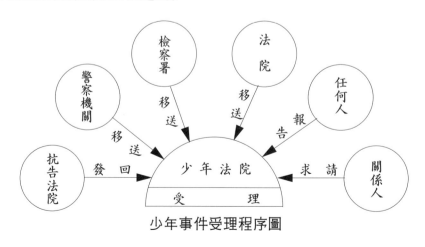

少年事件受理程序圖

壹、報　告

報告，係少年法院受理少年保護事件必要之依據。少年苟有觸犯刑罰法律之行為，而無任何人向少年法院為報告，則少年法院無以據以受理，故報告通常是少年法院受理少年保護事件之原因。

報告之提起，依本法第十七條之規定：「不論何人知有第三條第一款之事件者，得向該管少年法院報告」。可知少年之有本法第三條第一款所指之觸犯刑罰法律之行為者，不論何人知悉、發覺、親自目睹、或傳聞得知，基於保護少年之必要，均可向有管轄權之少年法院為報告之程序。

報告，得以書面為之；亦得以言詞為之，由書記官製作筆錄，交報告人簽名或按指印。

少年法院為受理言詞報告，得設置適當之報告處所，並印製報告表俾供備用。

報告，不論以言詞或書面為之，其內容應包括下列各項：

1.少年之姓名、年齡、出生地、職業、住居所，及其他足資辨別之特徵。

2.少年之法定代理人或現在保護少年之人之姓名。

3.少年觸犯刑罰法律之事實。

4.有關證據及可供參考之資料。

少年保護事件之報告，與普通刑事案件之告訴、告發、自訴、自首等制度截然不同，不可混淆。少年保護事件之報告，任何知悉少年有觸犯刑罰法律之行為之人，皆有權提出，並不限於有告訴權之特定人；且其所為之報告，並不以追究處罰為目的，而是就其所知悉之少年觸法事件為事實之陳述，俾供少年法院為實施保護之依據。

貳、移　送

移送者，係由無審理權之司法機構——如地方法院之檢察署，將受理之少年事件移轉至有審理權之司法機構——如該管少年法院；或有管轄權

之司法機構——如該管少年法院，因在法律上或事實上，不應或不宜行使其審理權，而將該受理之少年事件，移轉至其他有審理權之司法機構——如少年法院，此稱之為移送。移送為少年保護事件受理之必要依據，故受移送之少年法院，應即就移送之少年保護事件，為調查或審理之程序，不得再為移送之裁定，俾免其所繫屬之少年保護事件，因反覆移送而拖延時日。

少年保護事件之移送，由無審理權之司法機構，移送於有審理權之少年法院者，如本法第十八條第一項：「檢察官、司法警察官或法院於執行職務時，知有第三條之事件者，應移送該管少年法院。」

按檢察官係代表國家偵查或追訴犯罪之人，為偵查機關之公務員。司法警察官，則為輔助偵查機關偵查犯罪之司法人員，亦為公務員之一。而法院係實際行使審判權之司法機關。檢察官、司法警察官或法院於執行職務時，發見有未滿十八歲之少年，具有本法第三條所規定之事件者，即觸犯刑罰法律之行為，或有觸犯刑罰法律之虞之行為，因無審理權，故應移送於有管轄權及審理權之少年法院。移送之方式，應以書面為之，並應載明少年之姓名、年齡、出生地、職業、住居所、足資辨別之特徵、觸犯刑罰法律或虞犯之事實、有關之證據、少年法定代理人或現在保護少年之人姓名等。

少年法院受理之少年保護事件，除確有審理權，又具有管轄權之情形下，得據以繫屬、處理、調查或審理外，倘無管轄權，應即裁定移送於有管轄權之少年法院，倘無審理權，如少年已滿二十歲，應即裁定移送於有管轄權之地方法院檢察署，由其檢察官依法予以偵查追訴。

少年保護事件之移送，由有管轄權之少年法院，基於事實上之必要，移送於其他有審理權之少年法院者，如本法第十五條：「少年法院就繫屬中之事件，……認為以由其他有管轄權之少年法院處理，可使少年受更適當之保護者，得以裁定移送於該管少年法院；受移送之少年法院，不得再行移送。」移送之原因，在使少年能受更適當之保護，移送與受移送之機關，皆為處理少年保護事件之少年法院。行移送時，應隨函檢附移送裁定書，及有關之卷證。

參、請　求

　　請求者，乃具有請求權之特定人，在知悉少年有觸犯刑罰法律之虞之不良行為後，為防止其日漸墮落、自暴自棄或執迷不悟，並使其能及時獲得保護、管束、輔導與矯正，自動向該管少年法院請託並懇求其受理之法制也。為少年法院受理少年保護事件之另一途徑。

　　少年之有觸犯刑罰法律之虞之不良行為，如經常與有犯罪習性之人交往、經常出入少年不當進入之場所、經常逃學逃家、參加不良組織、無正當理由經常攜帶刀械、預備犯罪或犯罪未遂、吸食或施打麻醉迷幻物品……等等，因尚未實際觸犯刑罰法律，本不應受理處置，但少年法制，為使此等有觸犯刑罰法律之危險性少年，能及時獲得保護、管束、輔導與矯正起見，以明文規定，除由特定之司法機構，如地方法院檢察署之檢察官、司法警察官或法院等，於執行職務時，因無審理權，所為之移送處理外，倘對少年負有監督之職責之人，或少年肄業學校之教師，請求該管少年法院處理者，少年法院得接受其請求，並予以繫屬、受理。故本法第十八條第二項有：「對於少年有監督權人、少年之肄業學校或從事少年保護事業之機構，發現少年有第三條第二款之事件者，亦得請求少年法院處理之」之規定。

　　對於少年有監督權人者，乃指少年之法定代理人、現在保護少年之人或其他實際負有監護少年之責之人。所謂本法第三條第二款之事件者，乃上述有觸犯刑罰法律之虞之不良行為，又簡稱之為虞犯事件，為少年保護事件處理之一部分。

　　請求，得以書面或言詞為之，與報告之得行書面或口頭報告相同。請求之文書，應記載：1.少年之姓名、性別、年齡、出生地、職業、住居所，及其他足資辨別之特徵。2.少年之法定代理人，或現在保護少年之人之姓名。3.少年虞犯之事實。4.有關證據及可供參考之資料。

少年法院少年事件報告書

少年姓名	性別	年齡	出生 年	月	日	出生地	職業	住居所	特徵	監督權人 姓名	關係	住居所

少年觸犯刑罰法律之事實	

有關證據及可供參考資料	

報告人　　　　　　簽章

身分證字號

住址

中　華　民　國　　　　年　　　　月　　　　日

少年事件移送書

發文	日期	中華民國　年　月　日
	文號	字第　　　號

少年	姓名		
	性別		
	年齡		
	出生 年 月 日		
	出生地		
	職業		
	身分證統一編號		
	特徵		
	監護權人 姓名 關係		
	住居所		
	附記		

關係人	姓名	
	性別	
	年齡	
	出生地	
	職業	
	何種關係	
	住居所	
	附記	

右少年因涉少年事件處理法第三條所列事件，依法應予移送　貴院處理，茲詳開各項於後：

行為時間		到案原因	
行為地點		到案時地	
少年觸犯刑罰法律或虞犯之事實			
證據及贓證			
所犯法條			
對本案之意見			
附送			

此致
少年法院

機關首長

副本收受機關

（本表係臺南市警察局第五分局所採用之格式）

少年虞犯事件請求處理書

少年	姓名	性別	年齡	出生年月日	出生地	職業	住居所	特徵	監督權人		住居所
				年　月　日					姓名	關係	

少年虞犯之事實	

有關證據及可供參考資料	

右列虞犯少年請求 貴院處理
此致
少年法院

請求人　　　　　　　簽章
身分證字號
住址

中　華　民　國　　　　年　　　月　　　日

肆、抗告法院之發回

本法所指之抗告法院，乃指少年法院之直接上級法院，即高等法院是也。

少年保護事件，經少年法院為本法第二十七條之移送裁定，或第二十八條及第二十九條第一項之不付審理之裁定，或為本法第四十一條之不付保護處分之裁定，或第四十二條之諭知保護處分之裁定，則該事件已處理終結，應即脫離少年法院之繫屬。唯少年或少年行為之被害人，對於該少年法院所為不當之裁定，如不付審理之裁定、不付保護處分之裁定，諭知保護處分之裁定等等，有不服之情事時，得依本法第六十一條及第六十二條之規定，提起抗告。

抗告之事件，經抗告法院認為抗告有理由者，得依本法第六十四條之規定，撤銷原裁定，並為發回原裁定之少年法院再行調查或審理之程序。此項發回之裁定，即促使該事件再次繫屬於該少年法院，有重新調查或審理之必要，故為受理依據之一。

第二節　處理事件之強制處分

少年法院為進行少年事件之調查及審理，必要時得就少年行為人、少年之法定代理人、現在保護少年之人、少年之輔佐人、少年行為之被害人……等有關之人為處理事件之強制處分，俾利處理程序之踐行。

所謂強制處分係指少年法院，為踐行事件之調查及審理，俾貫徹保護少年之立法意旨，對於事件有關之人，如前述之少年、少年之法定代理人、現在保護少年之人、少年之輔佐人、少年行為之被害人……等；以強制之方式行使身體自由之限制及財物之搜查沒收之處分也。如對少年之傳喚、同行、協尋以及贓物之扣押等是。

強制處分，依其處分之客體而言，有對人之強制處分與對物之強制處

分，前者如對少年之傳喚、同行、協尋、責付、收容等是，後者如對少年
所持有而應沒收之物，所為之扣押；對少年之住宅所為之搜索等是。本節
擬就傳喚、同行、協尋、責付、收容、搜索、扣押等處理事件之強制處分
概述之。

<h1 style="text-align:center">壹、傳　喚</h1>

傳喚者，乃指少年法院於少年事件之調查、審理及執行之程序中，為
使事件有關之人，在一定之日時，親赴指定之處所，以通知書通知其準時
到達，所為具有強制力之對人處分也❶。

少年事件，依本法之規定，應由有管轄權之少年法院處理；而少年法
院處理少年事件，通常採取直接審理主義，就少年行為人所為之觸法事件
或虞犯行為，直接踐行審理程序；故少年法院為處理少年事件，必要時得
傳喚少年行為人，及與少年有關之人到場應訊。

一、傳喚之對象

少年法院為進行調查或審理之程序，對於事件有關之人，有權得以行
使傳喚，故本法第二十一條第一項有：「少年法院法官或少年調查官對於事
件之調查，必要時得傳喚少年、少年之法定代理人或現在保護少年之人到
場」之規定。同時第三十二條第一項亦有審理期日應傳喚之規定。可知少
年法院對於事件之調查或審理，認為有必要時，得傳喚少年、少年之法定
代理人或現在保護少年之人到場，其他與事件有關之人，如少年之輔佐人、
暨少年行為之被害人……等，亦得斟酌情形於審理程序時傳喚之。茲將少
年法院於事件之調查或審理程序中，得傳喚之對象列舉如下：
(一)少年行為人

少年為觸法事件或虞犯事件之行為主體，少年法院法官為踐行事件之

---

❶　不論是少年保護事件之調查或審理，或是少年刑事案件之偵查或審判，法官或檢
　　察官均得視實務上之必要，傳喚少年、少年之法定代理人、現在保護少年之人、
　　少年之輔佐人、少年行為之被害人……等等有關之人，以踐行事件之處理。

調查及審理之程序，俾確定少年是否應付保護處分，於處理程序中自得以傳喚之，以訊問其所為之事件，並從其行為之動機、誘因、情節、品行、經歷、改善之可能性等加以考慮，而予以適當之處遇，俾確切保護少年之人格與前途。

(二)少年之法定代理人

少年之法定代理人，係指法律所設定，得以代理少年行使或負擔權利與義務之特定人，例如少年之父母或其監護人是。少年之法定代理人，平日與少年接觸之機會甚多，親情之關係甚密，少年之人格、個性、嗜好、興趣、操守、品德、言行、思想、生活態度與習慣等，知之甚稔；故少年法院為事件之調查及審理，得傳喚少年之法定代理人，使其到場陳述少年平日之所作所為，或為保護少年為有利於少年之言詞陳述，俾供少年法院加深了解少年之品德、性格、經歷等情形，作為處遇少年之依據。

(三)現在保護少年之人

現在保護少年之人，係指少年之法定代理人以外，現在對少年擔負監護之責，且仍在繼續執行監護責任者，例如少年告別父母負笈臺北，住宿於舅父母家，則其舅父母自為現在保護少年之人。現在保護少年之人，既經常與少年相聚一處，共同生活，則少年之人格、個性、嗜好、興趣、操守、品德、言行、思想、態度、生活習慣等，現在保護少年之人必然其了解較他人為深刻，傳喚其到場應訊，必有助於事件之處理，故少年法院為踐行事件之調查及審理，得傳喚之。

(四)少年之輔佐人

少年之輔佐人，乃指少年、少年之法定代理人或現在保護少年之人，於少年事件開始審理後，所選任之特定人，用以保護少年之個人權益，並輔助少年陳述意見，俾少年法院能確切保護少年。少年之輔佐人，與少年行為人，既有契約之關係，則少年之觸法或虞犯行為之事實，少年之輔佐人必然了解深刻、知之甚稔；為保護少年之人格與前途，自應於事件審理期日到庭陳述意見。少年法院為踐行事件之審理程序，並使少年行為人能維護個人權益，充分陳述意見，除得傳喚少年、少年之法定代理人或現在

保護少年之人外，得一併傳喚少年之輔佐人，俾少年能獲致輔佐人之協助陳述，保障個人之權利或利益。

㈤少年行為之被害人

少年行為之被害人，乃因少年之觸法行為，致權益直接受侵害之特定人。少年法院為確切明瞭少年行為之事實，於事件審理期日，自得傳喚少年行為之被害人，俾供其指述少年行為當時之情形，揭露其行為事實與經過，作為處遇少年之依據。

㈥證人、鑑定人、通譯

證人、鑑定人、通譯等特定人，在刑事訴訟程序上，常為法院傳喚之人。證人之任務，係在法院就某一特定對象、特定事項、特定行為為舉證之義務；鑑定人之任務，係在法院就委託之特定物體，為物證之檢驗；通譯之任務，係在法院就囑託之特定事項，為傳譯語言、信號或文字之媒介工作。少年法院於事件之審理程序，如確有必要，得傳喚證人、鑑定人或通譯❷。

二、傳喚之程式

傳喚，在刑事訴訟之程序上，係採用傳票之程式行之。少年保護事件之調查或審理，因不同於一般刑事案件之審判，故在處理事件之程序上，有傳喚之必要時，應摒除刑事色彩，不用傳票，而以通知書行之。傳喚通知書，依本法第二十一條第三項之規定，由法官或者是少年調查官簽名，並記載下列事項：

1. 被傳喚人之姓名、性別、年齡、出生地及住居所。
2. 事由。
3. 應到場之日、時及處所。
4. 無正當理由而不到場者，得強制其同行。

---

❷ 不論是少年保護事件之調查或審理，或是少年刑事案件之偵查或審判，法官或檢察官均得視實務上之需要，傳喚證人為舉證，傳喚鑑定人為鑑定，傳喚通譯為傳譯語言、信號、文字之媒介工作。

　　傳喚通知書，應送達於被傳喚人（少年事件二一條IV項）。被傳喚人有數人者，應分別作成通知書為送達。以一通知書記載數被傳喚人，而僅向其中一被傳喚人為送達之執行，則對其他未受送達之被傳喚人不生效力。第一次審理期日之傳喚通知書，應於期日前五日或七日送達。通知書之送達，由執達員為之，其送達之方法，依本法第四十九條之規定辦理。對於到場之被傳喚人，經面告以下次應到之日、時、處所及如不到場得命同行，並記明筆錄者，與送達傳喚通知書有相同之效力。至於被傳喚人以書狀陳明屆期到場者亦同。

三、傳喚之效力

　　傳喚之目的，在使被傳喚人到場，以便訊問。被傳喚人因傳喚而到場者，除確有不得已之事故外，應即時訊問之。被傳喚人無正當理由而不到場者，得強制其同行（少年事件二一條III項4款）。倘被傳喚人經合法之傳喚後，確因罹患重病或交通阻絕等正當理由而無法到場者，即應延期再行傳喚，無須強制其同行。傳喚，既經由少年法院以通知書送達於被傳喚人，則被傳喚人除非有正當理由不能到場，否則，自應遵照傳喚之日、時及處所到場應訊。

貳、同　行

　　同行者，係指少年法院，為踐行事件之處理，對於經合法傳喚，而無正當理由不到場；或認為須強制其到場之特定人，於一定之時間內，拘束其身體之自由，使之偕同執行人，赴指定之處所，所為具有強制力之對人處分也。

　　執行同行之對象，依本法第二十二條第一項前段之規定，為少年、少年之法定代理人或現在保護少年之人；其執行之目的，無非在使應同行人到場應訊，以調查少年行為之真相，蒐集證據或有關之資料，以作為是否應付保護處分之依據。同行，與刑事訴訟程序上之拘提性質相同，唯同行以同行書行之，拘提以拘票為之，此為兩者間不同之處❸。

一、同行之原因

同行，對於應同行之人之身體自由拘束特大，倘無法定之原因，則不可濫用；依本法之規定，執行同行之原因為下列二項：

㈠應同行人經合法傳喚，無正當理由不到場者

少年、少年之法定代理人或現在保護少年之人，經合法傳喚，而無正當理由不到場者，少年法院得發同行書，強制其到場（少年事件二二條Ⅰ項）。倘應同行人確有正當理由無法到場者，例如罹患重病或因交通阻絕或因發生其他意外事故……等等，少年法院則應另行擇期傳喚，而毋須強制其同行。

㈡應同行人犯罪嫌疑重大，有刑事訴訟法第七十六條所列各款情形之一，並認為必要時，得不經傳喚，逕發同行書強制其到場

少年倘若犯罪嫌疑重大，有刑事訴訟法第七十六條所列各款情形之一，如 1.無一定之住、居所。 2.逃亡或有事實足認為有逃亡之虞。 3.有事實足認為有湮滅、偽造、變造證據或勾串共犯或證人之虞。 4.所犯為死刑、無期徒刑或最輕本刑為五年以上有期徒刑之罪者……等等，少年法院斟酌情況，認為必要時，得不經傳喚，而逕發同行書強制其到場，此乃權宜之措施，其目的在防止少年逃匿、隱藏或湮滅、偽造、變造證據，或勾串共犯及證人，使少年事件之處理，能把握時效，達到不姑息、不寬縱之境地。

二、同行之程式

同行，以同行書行之。同行書應記載下列之事項，由少年法院之法官簽名：

1.應同行人姓名、性別、年齡、出生地、國民身分證字號、住居所及其他足資辨別之特徵。但年齡、出生地、國民身分證字號或住居所不明者，

---

❸ 不論是少年保護事件之調查或審理，或是少年刑事案件之偵查或審判，法官或檢察官均得視實務上之必要，對於經傳喚而無正當理由不到場者，為同行之強制處分。

得免記載。

　　2.事由。

　　3.應與執行人同行到達之處所。

　　4.執行同行之期限（少年事件二二條II項）。

　　應同行人，依本法第二十二條第一項之規定，為少年、少年之法定代理人或現在保護少年之人；至於少年之輔佐人，少年行為之被害人等，是否可以執行同行，本法無明文規定。

　　同行書應備三聯，執行同行時，應各以一聯交應同行人或其家屬（少年事件二三條II項）。執行同行後，應於同行書內記載執行之處所及年、月、日；如不能執行者，記載其情形，由執行人簽名，提出於少年法院（少年事件二三條III項）。

三、同行之執行

　　同行，以同行書為之；同行書由少年法院之法官簽名，故執行同行之指揮，由少年法院之法官為之。

　　少年法院之法官為踐行少年事件（少年保護事件及少年刑事案件均包括在內）之處理程序，對於經合法傳喚而無正當理由不到場之被傳喚人；或少年行為人犯罪嫌疑重大，有刑事訴訟法第七十六條所列各款情形之一，經少年法院之法官認為有執行同行之必要者……等情形，少年法院之法官得逕發同行書，強制其到場應訊。

　　同行書，由執達員、司法警察官或司法警察執行之（見少年事件二三條I項）。

　　執達員、司法警察官、司法警察……等人員，於執行同行時，應將同行書各一聯交應同行人或其指定之親友，並偕同應同行人赴少年法院指定之處所。

　　執行同行後，應於同行書內記載執行之處所，及執行之年、月、日；倘不能執行者，應記載其不能執行之情形，由執行人簽名，並提出於少年法院。

同行之執行，無非在使應同行人到達一定之處所，故應同行人倘有抗拒同行之情事，執行同行人得使用強制力，強制其同行，但不得逾必要之程度，同時應注意應同行人之身體及名譽（見少年事件二三條II項）。

應同行人，倘無抗拒同行，或無企圖脫逃同行之情事，執行同行之人，自無使用強制力之必要。

執行同行之時，於必要者，雖可檢查應同行人之身體，但檢查婦女之身體，應由婦女行之。

為維護同行之安全，及防止應同行人之抗拒、脫逃同行之執行，必要時雖可使用械具，惟應儘量避免，且同行之時，應循幽徑前往指定到達之處所，以免招搖過市，惹起路人注意，致傷及應同行人之自尊，毀其名譽。此乃執行同行之限制，亦為保障應同行人之身體及名譽之權益。

四、同行之效力

執行同行之人，既依法定之程序，將同行書送達應同行人或其指定之親友，則應同行人應即隨同執行人赴指定到達之處所，不得抗拒或企圖脫逃。此乃使用強制力，強制同行所發生之效力。

應同行人經執行人偕同同行到場後，少年法院之法官，應即時訊問，並查驗其人有無錯誤；倘有不得已之情形，無法即時訊問者，至遲不得逾二十四小時。

訊問後，除少年行為人有責付或收容之必要者外，均應即時釋回，以保障少年之身體自由權益。

參、協　尋

協尋者，係指少年法院，為使行蹤不明之少年，能到場應訊，不分區域，以協尋書通知各地區少年法院、地方法院檢察署檢察官、司法警察機關協助查尋，並將尋獲之少年，由專人護送至指定之處所，俾便訊問或進行事件之處理，所為之對人強制處分也。

少年觸法或虞犯事件之處理，著重保護少年，對於少年之不良行為，

主張藉保護處分予以矯正、輔導，期能改善其行狀，轉移其氣質，與一般刑事案件之追訴處罰有別，故在處理事件之程序上，本法不採刑事訴訟法上之通緝制度，而採協尋制度，無論其名稱及其實施方式均有所不同。

一、協尋之原因

　　依本法第二十三條之一第一項規定：「少年行蹤不明者，少年法院得通知各地區少年法院、（地方法院檢察署）檢察官、司法警察機關協尋之。」可知協尋之原因，係由於觸犯刑罰法律或有觸犯刑罰法律之虞之少年，行蹤不明，少年法院無法使其到場應訊，亦無法就其所為之觸法事件或虞犯事件為處理之程序，故必須通知各地區少年法院、地方法院檢察署檢察官、司法警察機關協助查尋，並將尋獲之少年護送至應到達之場所，俾利事件之處理。

　　少年行蹤不明者，係指少年不在監護人設定之住居所，其現時住居所或身體之所在或其行蹤去向，為少年法院，或其少年之法定代理人及現在保護少年之人所不知悉之意思。

　　少年之所以行蹤不明，或由於離家出走，與親屬斷絕連絡；或由於觸犯刑罰法律，畏罪逃匿；或由於少年法院執行傳喚或同行，心存畏怯，趁機脫逃；或由於逃避處分，受他人藏匿、庇護……等等，其原因不一。

　　少年之行蹤、去向及現時身體之所在，少年法院既不知悉、不清楚，唯為使其到場應訊，俾利事件之處理，自應依本法之規定，通知各地區少年法院、地方法院檢察署檢察官、司法警察機關協尋之❹。

二、協尋之程式

　　少年行蹤不明，無法執行傳喚及同行，使其到庭應訊者，應協尋之。協尋少年，應採用協尋書，由有管轄權之少年法院製作協尋書，通知各地

---

❹　不論是少年保護事件之調查或審理，或是少年刑事案件之偵查或審判，法官或檢察官均得視實務上之必要，對於行蹤不明之少年，為協尋之通知，以利事件之處理。

區少年法院、地方法院檢察署檢察官、司法警察機關協助查尋。

協尋書由少年法院之法官簽名，並應記載下列事項：

1.少年之姓名、性別、年齡、出生地、國民身分證字號、住居所及其他足資辨別之特徵。但年齡、出生地、國民身分證字號或住居所不明者，得免記載。

2.事件之內容。

3.協尋之理由。

4.應護送之處所。

協尋少年，不得公告或登載報紙或以其他方法公開之，以維護少年之名譽（少年事件二三條之一Ⅰ項）。

三、協尋之效力

協尋，經由少年法院以協尋書，分別通知各地區少年法院、地方法院檢察署檢察官、司法警察機關之後，協尋即發生效力，各地區少年法院、地方法院檢察署檢察官、司法警察機關於接獲協尋書後，應即據以協尋。

協尋之少年，經尋獲後，應由少年調查官、檢察官、司法警察官或司法警察逕行護送至應到之處所（見少年事件二三條之一Ⅲ項）。

護送時，應注意少年之身體及名譽，非有必要不得使用械具或行使強制力。

尋獲之少年，經護送至應到之處所後，少年法院法官應即訊問少年，並查驗其有無人別錯誤，至遲不得逾二十四小時始予以訊問。訊問後，除有應責付或收容之必要者外，應即將該少年予以釋回。

四、協尋之撤銷

依本法第二十三條之一第四項之規定，協尋於其原因消滅或顯無必要時，應即撤銷。換言之，撤銷協尋之原因有二，一則協尋之原因消滅，二則協尋已顯無必要。

協尋之原因消滅，係指協尋書經少年法院發出後，被協尋之少年已尋

獲，並已護送到場；或者被協尋之少年，經少年之法定代理人或現在保護少年之人護送到場應訊……等等情形，而無再協尋之必要，且協尋之原因亦已不存在，故應撤銷之。

所謂協尋已顯無必要者，乃指被協尋之少年已證明其確已死亡；或者被協尋之少年，行蹤已明；或者被協尋之少年已收容於少年觀護所……等等情形，已顯無協尋之必要，故應即撤銷之。

撤銷協尋，以撤銷協尋書為之。撤銷協尋書通知，準用本法第二十三條之一之第一項之規定，向各地區少年法院、地方法院檢察署檢察官、司法警察機關為之。但不得行公告或登載報紙或以其他方法公開之。

五、協尋與通緝之不同

少年法院對於行蹤不明之少年所為之協尋通知，與普通地方法院對於逃匿之犯罪嫌疑人所為之通緝公告，在性質上雖有相似之處，例如同是對人之強制處分，但是方法上仍有不同之處，茲將協尋與通緝之不同列舉之：

1.協尋適用於少年保護事件或少年刑事案件，協尋之對象為行蹤不明之少年。通緝適用於一般刑事案件，通緝之對象為逃匿之被告。

2.協尋以協尋書為之，撤銷協尋以撤銷協尋書為之。而通緝以通緝書為之，撤銷通緝以撤銷通緝書為之，法定之程式不盡相同。

3.協尋書由少年法院之法官簽發。通緝書在偵查中由法院檢察署檢察長簽發，在審判中則由法院院長簽發。

4.協尋以通知之方式為之，將協尋書分別通知各地區少年法院、地方法院檢察署檢察官、司法警察機關協尋之，不公告，不登載報紙，並不以其他方法公開之。通緝則以通緝書通知附近或各級地方法院檢察署檢察官、司法警察機關外，並得登載報紙或以其他方法公告之。

5.協尋於通知後，僅少年調查官、檢察官、司法警察官及司法警察得將尋獲之少年，護送至應到之處所。通緝於通知或公告後，僅檢察官及司法警察官得拘捕通緝犯，其他之人無拘提或逮捕通緝犯之權限。

6.協尋撤銷之原因，與通緝撤銷之原因不同。協尋因協尋原因消滅或

協尋已顯無必要而撤銷；通緝則因案經赦免，或撤回告訴、起訴或自訴等原因而撤銷❺。

肆、責　付

責付者，乃指少年法院於處理事件之程序中，將毋須收容之少年，以裁定交付其法定代理人、家長、最近親屬、現在保護少年之人、或其他適當之機關、團體或個人，並囑其於受交付之期間內，善盡保護少年之責，俾少年不致再濡染惡習，所為之不限制身體自由之保護少年處分。

責付，亦為少年法院對於少年所施之保護處置，其目的在使少年於受責付之期間內，能獲得妥善之管教、保護與養育，俾能改過遷善，重新做人。

一、責付之原因

觸法或虞犯之少年，所以必須為責付之處置，乃因該少年所為之觸法或虞犯行為，情節輕微，且其品德、素行尚無惡劣之跡象，無收容於少年觀護所之必要。

二、責付之對象

依本法第二十六條第一款之規定，少年法院於必要時，對於少年得以裁定：「責付於少年之法定代理人、家長、最近親屬、現在保護少年之人或其他適當之機關、團體或個人。」故受責付之人為少年之法定代理人、家長、最近親屬、現在保護少年之人或其他適當之機關、團體或個人。

少年之法定代理人，乃指法律所設定，得以代理少年行使或擔負權利與義務之特定人，如少年之父母或其監護人等是。

家長，乃指一個有親屬關係之家庭中，可以代表所有家屬之成員，行使或擔負權利與義務之特定人，如少年之祖父母、父母及其兄姊，均可為

❺　參考自朱勝群著，《少年事件處理法新論》，六十五年三月，著作者發行，第一○○頁及第一○一頁。

少年之家長。

最近親屬，乃指少年之法定代理人、家長之外，與少年之親屬關係最為密切之人。民法親屬編對於親屬關係之遠近，常以親等之層次為衡量標準，少年之最近親屬，不外是一親等之父母、二親等之祖父母或兄姊、三親等之伯叔父或姑母……等。

現在保護少年之人，乃指現在實際擔負監護少年之責之特定人，且仍在繼續執行之期間內者，如少年寄居伯父家，則伯父為現在保護少年之人。

所謂其他適當之機關、團體或個人，乃指少年之法定代理人、家長、最近親屬、現在保護少年之人之外，適宜受責付之對象而言，如慈善機關、教養機關、少年之師長、仁愛之家等是。

少年法院對於少年為責付之裁定，應審酌責付於何人較為適宜，不必依少年之法定代理人、家長、最近親屬、現在保護少年之人等之順序為責付之依據，例如少年之父母有吸毒及偷竊惡習，則責付於少年之父母甚為不當，理應審酌情況，責付於最適當之對象，俾能善盡保護少年之責。

三、責付之程式

責付，應以裁定為之，不必製作責付書。

少年法院就少年所為之觸犯刑罰法律之事件，或有觸犯刑罰法律之虞之行為為訊問後，倘認為有必要者，得以裁定將少年責付於少年之法定代理人、家長、最近親屬、現在保護少年之人，或其他適當之機關、團體或個人。

受責付之人，應即出具保證書，載明如經傳喚，必令少年到庭，並於受交付之期間內，對少年嚴加管教、監督，善盡保護、調教之責，俾少年不致因年幼無知，誤入歧途。

責付之裁定，依本法之規定，不得提起抗告。

四、責付之效力

責付之處置，經少年法院為實際之交付手續後，受責付人應即擔負責

任，對少年嚴加管教、監督及愛護，俾少年之身心能獲致正常之發展。

責付後事件終結前，受責付之少年，仍得交付少年調查官為適當之輔導（見少年事件二六條 1 款），以防止其再犯。輔導之方法，準用保護管束執行之制度。

伍、收　容

收容者，係指少年法院於保護事件之處理程序中，將不能責付或以責付為不適當，而需收容之少年，容留於一定之處所，而加以保護，俾免其在外受害，或濡染惡習，並進一步對少年為個案調查及身心狀況之鑑別，以作為矯正、治療與輔導少年之品德與行為之實施依據，所為之限制身體自由之對人強制處分。

少年法院對於保護事件之少年，不論係由於傳喚、同行或協尋到場者，皆應即時予以訊問；訊問後，如認為少年有責付之必要者，應為責付之裁定，並將少年交付最適當之人予以保護。倘認為不能責付，或以責付為不適當，而需收容者，少年法院應即以裁定，命收容於少年觀護所。

一、收容之原因

依本法第二十六條第二款之規定，少年法院於必要時，對於少年得以裁定，「命收容於少年觀護所。但以不能責付或以責付為顯不適當，而需收容者為限」。據此規定，可知收容之原因有兩種必要之情形，第一種必要之情形是不能責付，而需收容。第二種必要之情形是以責付為顯不適當，而需收容。茲就收容之二種原因概述之：

(一)不能責付而需收容

不能責付而需收容者，乃指觸犯刑罰法律之少年，具有刑事訴訟法第七十六條所列情形之一，如 1.無一定之住、居所者。 2.逃亡或有事實足認為有逃亡之虞者。 3.有事實足認為有湮滅、偽造、變造證據或勾串共犯或證人之虞者。 4.所犯為死刑、無期徒刑或最輕本刑為五年以上有期徒刑之罪者……等等，確實不能責付於少年之法定代理人、家長、最近親屬、現

在保護少年之人，或其他適當之機關、團體或個人，而需收容於少年觀護所，俾便保護少年，或進一步對少年為個案調查及身心狀況之鑑別，以瞭解少年之品德、性格、經歷等情狀，提供少年法院作為處遇少年之依據，免少年因受責付之處置，而逃匿、隱藏，或湮滅、偽造、變造證據或勾串共犯或證人，或再次觸犯刑罰法律。

(二)以責付為顯不適當而需收容

少年之責付於少年之法定代理人、家長、最近親屬、現在保護少年之人或其他適當之機關、團體或個人是否適當，關係少年之前途至大，故審酌時應依客觀之事實認定之。倘少年受責付處置後，有可能再為不良組織所利用，而再為觸犯刑罰法律之行為；或少年受責付處置後，有可能再吸食迷幻物品、安非他命或施打速賜康，或繼續與有犯罪習性之人交往……等等，即不適宜為責付之處置。故以責付為顯不適當而需收容之少年，少年法院應即命收容於少年觀護所，俾確切保護少年，以免少年在責付處置期間濡染惡習；同時可就近對少年為個案調查及身心狀況之鑑別，並個別實施輔導與治療，以矯正其不良行為，改變其不良習性，發展健全之人格。

少年收容於少年觀護所之後，在收容期間內之品德、性格、行為等表現，亦作為少年法院處遇少年之依據。

二、收容之程序

少年法院對於不能責付或以責付為顯不適當，而需收容之少年，應以裁定命收容於少年觀護所。收容少年應用收容書，由少年法院之法官簽名。收容書應記載下列事項：

1. 少年之姓名、性別、年齡、出生地、國民身分證字號、住居所及其他足資辨別之特徵。但年齡、出生地、國民身分證字號或住居所不明者，得免記載。

2. 事件之內容。

3. 收容之理由。

4. 應收容之處所。

5.應否依少年事件處理法第十九條第一項規定提出調查報告並附具建議。

6.簽發收容書之年、月、日。

少年經諭知收容者，應由執達員、司法警察官或司法警察，持法官簽發之收容書，偕同少年至少年觀護所。

少年入所後，應由少年觀護所即時查驗身分證件及檢查身體（見少年觀護所設置及實施通則第二十條）。

三、收容之期間

關於少年觀護所收容少年之期間，本法第二十六條之二第一項有如此之規定：「少年觀護所收容少年之期間，調查或審理中均不得逾二月。但有繼續收容之必要者，得於期間未滿前，由少年法院裁定延長之；延長收容期間不得逾一月，以一次為限。……」

收容，雖在保護少年之身心與前途，俾免其在外受責付處置時，再濡染惡習、再觸犯刑罰法律、再與惡少為朋等；並便利對少年為個案調查與身心鑑別，俾矯正、治療與輔導少年之不正當思想與行為，貫徹少年保護制度之立法意旨；唯收容對少年身體之自由權益限制太大，不能不有一定之收容期間以資保障，故本法以明文規定，少年觀護所收容少年之期間，在事件調查或審理中，均不得逾二個月。但有繼續收容之必要者，得於期間未滿前，由少年法院裁定延長之，其延長收容之期間不得逾一個月，且以一次為限。

四、收容之效力

少年法院既將不能責付或以責付為顯不適當之少年以裁定，命收容於少年觀護所，同時已由法官簽發收容書，交付執達員、司法警察官或司法警察等公務員，則收容之強制處分已生效，上開人員應即持法官所簽發之收容書，偕同少年至應到之少年觀護所報到。

少年觀護所接獲法官所簽發之收容書後，應查驗少年之身分證件並檢

查身體，然後將少年收容於少年觀護所。

少年在收容期間，得與外人接見或通信，收受書籍或物品。且收容之期間，可折抵刑期或罰金數額。亦可折抵感化教育之期間。

五、收容之撤銷

依本法第二十六條之二第一項後段之規定：「收容之原因消滅時，少年法院應將命收容之裁定撤銷之」。所謂收容之原因消滅，係指已無本法第二十六條第二款之情形存在，即不能責付或以責付為顯不適當而需收容之事實；抑或少年之保護事件經少年法院調查或審理後，已依本法第二十八、二十九條之規定為不付審理之裁定，或依本法第四十一條之規定為不付保護處分之裁定，或依本法第四十二條之規定諭知保護處分後已交付執行或已執行完畢（如訓誡之處分）……等等，均視為收容之原因消滅，故收容於少年觀護所之少年，經諭知不付審理、或不付保護處分或訓誡者，視為撤銷收容。但抗告期間得命責付或限制住居。至於諭知交付保護管束之處分者，實務上亦應視為撤銷收容。

少年既已無收容之必要，少年法院應即撤銷收容，釋放少年。

撤銷收容應以裁定為之，但不限於書面。可當庭諭知釋放，惟應通知少年觀護所（見少年觀護所設置及實施通則第二十二條）。亦得簽發釋放通知書，通知少年觀護所執行釋放。

六、收容之處所

收容少年之處所，係少年觀護所。

少年觀護所隸屬於所在地之高等法院檢察署（少年觀護所設置及實施通則第二條第一項）。

少年觀護所以協助調查依法收容少年之品行、經歷、身心狀況、教育程度、家庭情形、社會環境及其他必要之事項，供處理時之參考，並以矯治被收容少年之身心，使其適於社會正常生活為目的（見少年觀護所設置及實施通則第三條）。

關於少年保護事件少年之收容及少年刑事案件審理中少年之羈押事項，少年觀護所，並受法院之督導（見少年觀護所設置及實施通則第二條第二項）。

七、收容與羈押之不同

收容與羈押極易混淆不清，實則兩者雖同為對人身之強制處分，但性質不同，異處甚多，茲舉其要者分別比較之：

1.收容以保護事件之少年為對象。羈押以刑事案件之被告（少年刑事案件之被告亦包括在內）為對象。

2.為收容裁定之機關為該管少年法院之法官。為羈押裁定之機關在偵查中或審判中為地方法院（或少年法院）之法官。

3.收容以從事少年身心鑑別與個案調查,供少年法院處理事件之參考，並矯正少年之身心，使其適於社會正常生活為目的。羈押則以防止犯罪嫌疑重大之被告逃亡，或湮滅、偽造、變造證據或勾串共犯或證人、以保全證據，並便利案件之審判與刑罰之執行為目的。

4.收容用收容書，收容之期間不得逾二個月，延長收容之期間不得逾一個月，且以一次為限。羈押用押票，羈押之期間，在審判中不得逾三月（偵查中不得逾二月），必要時得裁定延長，每次延長羈押期間不得逾二月（偵查中以延長一次為限）。如所犯最重本刑為十年以下有期徒刑之刑者，審判中第一審、第二審以三次為限。第三審以一次為限。

5.收容之原因，限於不能責付或以責付為顯不適當而需收容之情形為原則。羈押之原因，以有刑事訴訟法第一百零一條第一項或第一百零一條之一第一項各款所列情形之一，且為必要者。

6.收容雖得折抵刑期，但不得聲請冤獄賠償。羈押不但可折抵刑期，且可聲請冤獄賠償。

7.收容僅因撤銷收容時，得命責付或限制住居，不因具保而停止收容。羈押得因具保、責付或限制住居而停止羈押。

8.收容之裁定不得抗告。羈押之裁定得抗告。

9.收容之處所為少年觀護所。羈押之處所為看守所。惟少年刑事被告，在少年法院判決確定前或上訴前，依法令之規定仍容留少年觀護所。

陸、搜　索

搜索者，乃指少年法院於事件處理程序中，為發見少年觸法行為之事實，或蒐集證據物件及應扣押之物，對於少年行為人之身體、物件、住宅或其他處所，所為之搜查、檢索之強制處分也。

少年法院為處理少年保護事件，必要時固得以傳喚、同行或協尋之方法，使少年到場應訊，並得於訊問後斟酌情況，對少年為責付或收容之裁定；唯為蒐集證據物件，進一步發見少年觸法行為之事實，必要時亦得為搜索之處分❻。

一、搜索之原因

搜索之原因，無非在發見少年觸法行為之事實、或搜尋犯罪之證據物件及應扣押之物。其對人之身體，所為之搜索，為對人之強制處分；其對物件、住宅或其他處所，所為之搜索，為對物之強制處分。

本法第二十四條因有：「刑事訴訟法關於……搜索及扣押之規定，於少年保護事件性質不相違反者，準用之」之規定，故搜索非但於少年刑事案件之處理有其必要，於少年保護事件之處理，亦仍有其準用之必要。

二、搜索之程式

搜索須符合法定之程式，不合法之搜索，被搜索者得拒絕之。關於合法之搜索，應注意下列之程式：

---

❻　本法第二十四條因有「刑事訴訟法關於……搜索及扣押之規定，於少年保護事件性質不相違反者，準用之」之規定，故少年保護事件之調查或審理，法官在實務上認為有必要者，得親自搜索；即使少年刑事案件之偵查或審判，檢察官或法官亦得視實務上之需要，親自搜索，或命司法警察官、司法警察為之。

㈠執行搜索者應持有搜索通知書

搜索應用搜索通知書。搜索通知書應記載下列事項：

1. 案由。

2. 應搜索之少年被告、犯罪嫌疑人或應扣押之物。

3. 應加搜索之處所、身體、物件或電磁記錄。

4. 有效期間，逾期不得執行搜索及搜索後應將搜索通知書交還之意旨。

搜索通知書，於少年保護事件之調查程序中，由少年法院之法官簽名。於少年刑事案件之偵查程序中，得由地方法院檢察署之檢察官聲請該管少年法院法官簽名核發；與前刑事訴訟法第一百二十八條之規定不同。

㈡證明書之付與

經搜索而未發見應扣押之物者，應付與證明書於受搜索人（見刑訴一二五）。

㈢應經允許之搜索

軍事上應秘密之處所，非得該管長官之允許，不得搜索（見刑訴一二七）❼。

三、搜索之執行

搜索，除由法官或檢察官親自實施外，亦得由檢察事務官、司法警察官或司法警察執行（見刑訴一二八之二）。檢察事務官為執行搜索，必要時，得請求司法警察官或司法警察輔助。

搜索，應保守秘密，並應注意受搜索人之名譽（見刑訴一二四）。抗拒搜索者，得用強制力搜索之。但不得逾必要之程度（見刑訴一三二）。茲就身體、住宅及物件之搜索分述如次：

㈠身體之搜索

對於少年行為人之身體，在必要之情形下，隨時可以搜索。但對於第三人之身體，須有相當理由可信為應扣押之物存在時，始可加以搜索。搜索婦女之身體，應命婦女行之。但不能由婦女行之者，不在此限（見刑訴一二三）。

---

❼　參考自蔡墩銘著，《刑事訴訟法概要》，五十八年九月，三民書局印行，第一〇三頁。

㈡住宅之搜索

對於少年之住宅，或其他處所，少年法院之法官或地方法院檢察署之檢察官認為必要時，得執行搜索，但對於公署、軍艦、或軍事上應祕密之處所實施搜索時，應先徵得該管長官之許可，否則不得搜索。搜索時應通知該管長官或可為其代表之人在場。為保障居、住所之安寧，在夜間實施搜索時，應受限制。惟依刑事訴訟法之規定，下開處所，雖在夜間亦得入內搜索：

1.無人居住或看守之住宅及其他處所。

2.經住居人、看守人或可為其代表之人承諾者。

3.有急迫情形者。

4.日間已開始搜索，繼續至夜間者。

5.假釋人住居或使用之處所。

6.旅店、飲食店或其他於夜間公眾可以出入之處所，仍在公開時間內者。

7.常用為賭博、妨害性自主或妨害風化行為之處所者。

搜索有人住居或看守之住宅或其他處所者，應命住居人、看守人或可為其代表之人在場。如無此等人可在場，得命鄰居之人或就近自治團體之職員在場。

因實施搜索，得開啟鎖扃或封緘或其他必要之措施。

行搜索之日期及處所亦應通知得在場之人。但有急迫情形時，不在此限。

㈢物件之搜索

對於少年所有之物件，於必要時，得隨時搜索之。但對於第三人所有之物件，必須具備相當理由可信應為扣押之物在其中時，始得行搜索之處分。

至於公署或公務員所持有或保管之文書或其他物件，應先請求其交付。非有必要時，不得逕行扣押。如其所持有或保管之文書及其他物件，屬其職務上應守之祕密者，應取得該管監督公署或公務員之允許。

柒、扣　押

扣押者，係指少年法院於處理少年事件之程序中，為保全證據，對於發見之證據物、或得沒收之物，強行取得持有或暫時為之保管之處分也。

對於犯罪之證據物、或得沒收之物之扣押，通常少年法院之法官或地方法院檢察署之檢察官得親自搜索，但亦得對於應扣押物之所有人、持有人或保管人命其提出或交付（見刑訴一三三條Ⅱ項）。政府機關或公務員所持有或保管之文書及其他物件應扣押者，應請求其交付。但必要時得搜索之（刑訴一二六）❽。

一、扣押之目的

扣押之目的，一則在保全證據，以防遭受湮滅；一則在保全得以沒收之物，以利事件之處理。

扣押之執行，既在於保全證據及沒收之物，則不論其物為動產或不動產，如偷竊得來之金錢、衣服、戒指，或殺人之刀槍、兇器等，只須有相當理由可信其與本事件有關者，均得以之為扣押之對象。

扣押之權，在於少年法院之法官；惟檢察官在執行少年刑事案件之偵查時，亦得親自實施搜索，並將可為證據之物或可得沒收之物予以扣押。

由於本法第二十四條有：「刑事訴訟法關於……搜索及扣押之規定，於少年保護事件性質不相違反者，準用之」之規定，故扣押在保護事件之處理程序上，亦有適用之必要。

二、扣押之程式

扣押應符合法定之程式，不合法之扣押得拒絕之。故執行扣押時，應

❽　本法第二十四條因有「刑事訴訟法關於……搜索及扣押之規定，於少年保護事件性質不相違反者，準用之」之規定，故少年保護事件之調查或審理，法官在實務上認為有必要者，得親自搜索並扣押；即使少年刑事案件之偵查或審判，檢察官或法官亦得視實務上之需要，親自搜索、扣押，並得命司法警察或司法警察官為之。

注意下列之程式：

(一)應扣押之物須記載於搜索通知書

應扣押物之名目，原則上以搜索通知書（刑事訴訟法上稱為搜索票）上所記載者為限（刑訴一二八）。但檢察官、檢察事務官、司法警察官或司法警察行搜索或扣押時，發見本案應扣押之物為搜索通知書所未記載者，亦得扣押之（見刑訴一三七）。

(二)收據之付與

扣押應製作收據，詳記扣押物之名目，付與所有人、持有人或保管人。扣押物，應加封緘或其他標識，由扣押之機關或公務員蓋印（見刑訴一三九）。

(三)應經允許之扣押

政府機關、公務員或曾為公務員之人，所持有或保管之文書及其他物件，如為其職務上應守之祕密者，非經該管監督機關或公務員之允許，不得扣押。除有妨害國家之利益外，該管監督機關或公務員，對於執行扣押人之請求搜索扣押，不得拒絕（見刑訴一三四）。

郵政或電信機關，或執行郵電事務之人員所持有或保管之郵件、電報，有下列情形之一者，得扣押之：

1.有相當理由可信其與本案有關係者，如書信、包裹、電報等，就客觀之事實衡量，認定其確有可助本事件事實之發現或可供作證據之用。

2.為少年所發或寄交少年之郵件、電報，得予以扣押。但少年與輔佐人往來之郵件、電報，以可認為犯罪證據或有湮滅、偽造、變造證據或勾串共犯或證人之虞，或少年已逃亡者為限，始可扣押（見刑訴一三五條Ⅰ項1、2款）。

為前項扣押者，應通知郵件、電報之發送人或收受人（見刑訴一三五條Ⅱ項）❾。

三、扣押之執行

扣押，於少年保護事件之調查或審理程序，得由少年法院之法官親自

---

❾ 參考自❼前揭書，第一〇六頁。

實施；於少年刑事案件之偵查程序，得由地方法院檢察署之檢察官親自實施，於少年刑事案件之審判程序，得由少年法院之法官親自實施。

　　扣押，除由法官或檢察官親自實施外，得命檢察事務官、司法警察官或司法警察執行。命檢察事務官、司法警察官或司法警察執行扣押者，應於交與之搜索通知書內，記載其事由（見刑訴一三六）。

　　扣押，應由執行人製作收據，詳細記載扣押物之名目，付與所有人、持有人或保管人，以昭信用。不論扣押物之所有人、持有人或保管人有無請求，均應交付。

　　扣押物應加封緘或其他標識，由扣押之機關或公務員蓋印，以防散失或調換。

　　在案情必要時，對郵政或電信機關，或執行郵電事務之人員，所持有或保管之郵件、電報，為扣押者，應即通知郵件或電報之發送人或收受人，使其知悉被扣押之事實，以免有所指責。但如與事件之處理有妨害者，應有例外。

　　至於因扣押之執行，而須開啟鎖扃封緘者，得封鎖現場或為其他必要之處分（見刑訴一四四）。

四、扣押物品之處置及保管

　　扣押之物，為防其喪失或毀損，自應由少年法院為適當之處置及保管。凡不便搬運或保管之扣押物，得命人看守，或命所有人或其他適當之人保管。易生危險之扣押物，得毀棄之（見刑訴一四〇條 I 、II 或 III 項）。

　　得沒收之扣押物，有喪失毀損之虞或不便保管者，得拍賣之，保管其價金（見刑訴一四一）。

　　扣押物若無留存之必要者，應不待案件終結發還之。其係贓物而無第三人主張權利者，應發還被害人。扣押物因所有人、持有人或保管人之請求，得命其負擔保管之責，而暫時發還（見刑訴一四二）。

　　被告、犯罪嫌疑人或第三人遺留在犯罪現場之物，或所有人、持有人或保管人任意提出或交付之物經留存者，準用前述之種種規定（見刑訴一四三）。

五、扣押物之發還

扣押之物，不論係贓物或兇器，除應沒收者之外，均應發還所有人、持有人或保管人。其發還之條件及其程序，刑事訴訟法第一百四十二、三百十七條及民法第九百四十九、九百五十一條等均有詳細之明文規定，茲列舉之：

1.少年經以裁定諭知不付審理者，其扣押物若無留存之必要，應發還之。但應沒收，或為調查其他保護事件或發見其他少年之觸法行為所必要而應留存者，不在此限。

2.扣押物未諭知沒收者，應即發還。但抗告期間，遇有必要情形，得繼續扣押之。

3.扣押物若非沒收物，且無留存作為證據之必要者，應發還之。

4.扣押物因所有人、持有人或保管人之請求，得命其負保管之責，暫行發還。

5.所扣押之贓物，如無第三人主張權利者，應發還被害人。

第三節　證據之蒐集

少年法院對於少年保護事件，在調查程序中，應依法定之程序蒐集、調查證據或資料，以發見少年行為之事實真相，作為對少年應否付審理之裁定依據。

同樣的，少年法院對於少年保護事件，在審理程序中，亦應依法定之程序，調查證據或資料，以發見少年行為之事實真相，作為對少年應否諭知保護處分之裁定依據。

故本法第三十七條第二項有：「少年應受保護處分之原因、事實，應依證據認定之」之規定，且本法第二十四條亦有：「刑事訴訟法關於人證、鑑定、通譯、勘驗、搜索及扣押之規定，於少年保護事件性質不相違反者，

準用之」之規定，可見調查證據，為少年保護事件必踐行之程序（少年刑事案件亦同）；而少年法院對於少年是否應諭知保護處分之裁定，亦以證據之認定為依據。本節擬就證據之意義、證據之種類、人證、鑑定、通譯、勘驗等概述之。

壹、證據之意義

少年法院對於少年應否諭知保護處分，所為之裁定，以法律與事實為依據。法律之適用，以事實之存在為前提，而事實之認定，全憑證據之證明，故證據之搜集與調查，為處理程序最重要之一環。

證據 (Beweis)，係證明要證之事實，使事件臻於確定之線索；故舉凡可供為認定事實之人或物（證據方法，Beweismittel），及調查證據方法而後所得之認定事實之直接資料（證據資料，Beweisstoff），均屬於證據。如證人、鑑定人、書證（證據書類），以及證人所為之證言、鑑定人所為之鑑定報告、通譯所譯之語言或文字等皆是證據。

貳、證據之種類

證據，依其認定方法之不同，可分為下列幾種：

(一)人證、物證與書證

以人之知識、經驗或記憶為資料，而透過語言或文字，供述其所知者，為人證，如證人之證言，鑑定人之鑑定報告是。以物之存在及其可信度為證據之認定者，為物證，如少年殺人之兇刀、竊取之贓物等是。以文書之存在或其意義作為認定事實之證據者，為書證，如黃色書刊、猥褻書信或偽造之文書等是。

(二)直接證據與間接證據

凡直接可以據以認定事實之證據，為直接證據，如少年在路旁殺傷行人為警察所逮獲，則其少年殺傷行人所使用之兇刀，應屬於直接證據。反之，凡不能直接證明要證之事實，但可供間接事實之證明或作為證據之補強力或要證事實之補助證據者，為間接證據，如某行人在凶案發生處所，

曾見少年神色慌張，自凶宅快步走出，則其人向少年法院所為之報告，應屬於間接證據。

(三)本證與反證

凡為證明要證之事實，所提出之證據者，稱為本證，如某少婦（少年行為被害人）向少年法院陳述少年強暴行為之事實，並提出證據以為證明是。反之，凡否認要證之事實存在，所提出之證據者，稱為反證，如少年否認對某少婦有強暴行為，並提出有利於己之證據自為辯解是。

(四)供述證據與非供述證據

凡以言語供述之事實為證據者，稱為供述證據，如少年就本身之觸法行為所為之陳述是。反之，凡以言語供述以外之其他方法為證明事實之證據者，稱為非供述證據，如少年收藏之贓車，為少年法院所查獲並予以扣押是。

(五)實際證據與傳聞證據

凡所提出之證據，確實與事實相符合者，稱為實際證據，如少年行為被害人陳述少年以鹽酸灼傷其臀部之行為事實，並提出被灼破數洞之牛仔褲一件為證明是。反之，凡所提出之要證事實，係風聞得知，其真實性尚可疑者，稱為傳聞證據，如某人向少年法院陳述非親眼目睹之少年仇殺案件是。

參、人　證

人證者，係以人之口頭報告或陳述為證據之方法。本法第十七條因有：「不論何人知有第三條第一款之事件者，得向該管少年法院報告」之規定，故此處所指之「不論何人」，均得為少年保護事件之人證。

所謂「不論何人」，係汎指所有知悉或目睹少年觸犯刑罰法律之任何人。少年行為之被害人固然包括在內，即使與少年素不相識之路人，只要當場目擊少年觸犯刑罰法律，均得向少年法院為報告，並得充當該少年保護事件之證人。

本法因與刑事訴訟法有別，故刑事訴訟法有關人證之規定，必須在不

違反少年保護事件性質之原則下，始有準用之必要。由於少年保護事件之處理，對於證據之調查，不採言詞辯論主義，故凡少年行為被害人之報告、少年行為人本身之陳述，以及第三人之作證等，均得為人證，而不限於證人所為之證言，茲概述之。

(一)少年行為被害人之報告

少年行為被害人，係由於少年之非法行為，致生命、身體、財產、名譽等個人之權益，直接遭受侵害之特定人。為保障個人之權益，少年行為之被害人，自可向該管少年法院，報告少年觸法行為之事實，請求少年法院予以適當之處理，以撫慰受害者之怨懟心理。少年法院對於少年行為被害人之報告或陳述，如認為無誣告或故意陷害捏造事實者，應採為證據。

(二)少年行為人本身之陳述

少年行為人，為直接侵害他人之生命、身體、財產、名譽等權益之行為主體，倘其所為之陳述，非出於強暴、脅迫、利誘、詐欺，或其他不正之方法，且與事實相符者，得採為證據（見刑訴一五六）。唯少年法院不得以少年行為人本身之陳述，為認定事實之唯一證據，仍應調查其他必要之證據，以察其是否與行為事實相符。

(三)第三人之作證

少年所為觸犯刑罰法律之行為，如殺人、械鬥、偷竊、妨害性自主……等，倘有第三人當場目擊，則此第三人可為人證，自可向該管少年法院報告。少年法院於處理少年保護事件之程序中，必要時得傳喚可以作證之第三人到庭，就所訊問之事件，予以作證，俾作為少年法院認定事實之依據。唯第三人之作證，應就所知悉或親眼目睹之行為事實為陳述，不得表達個人之意見或推測之詞，同時不得有匿、飾、增、減之不實陳述。

肆、鑑　定

鑑定者，係指少年法院就某一特別事項，委託鑑定人依其特具之知識經驗，加予檢驗、鑑別，並將其鑑定結果，向少年法院表達意見，供其作為認定事實或處理事件之參考。例如醫師或檢驗師得被指定為鑑定人是。

鑑定人 (Sachverstaendiger)，依刑事訴訟法第一百九十八條之規定，應具備下列之資格：1.就鑑定事項有特別知識經驗者。2.經政府機關委任有鑑定職務者。少年法院如有鑑定某項證物之必要，得就上開具備資格之人員選任之。

鑑定人為執行少年法院委託之鑑定事項，必要時得經法官之許可，檢閱卷宗及證物，並得請求蒐集或調取之（見刑訴二○五條I項）。同時，因鑑定之必要，亦得在法官之許可下，檢查身體、解剖屍體或毀壞物體（見刑訴二○四）。並得請求於法定之日費、旅費外，支付相當之報酬及償還因鑑定所支出之費用（見刑訴二○九）。

少年法院為鑑定之必要，得傳喚鑑定人到庭，但不得拘提。鑑定人經傳喚而無正當理由不到場者，得科處罰鍰。鑑定人應於鑑定前具結，其結文內應記載必為公正誠意之鑑定。鑑定，在一般情形下，通常在法庭內行之，但如其鑑定，須經檢驗、觀察，非短時間內可以鑑別；或者其鑑定工作有特別需者，得准予法庭之外行之。因鑑定少年精神或身體之必要，得預定期間，將少年送入醫院或其他適當之處所。鑑定人所為之鑑定經過及其結果，應以言詞或書面，向少年法院提出報告。鑑定人有數人時，得使其共同報告之。但意見不同者，應使其各別報告。以書面報告者，於必要時得使其以言詞說明之。

伍、通　譯

通譯者，乃少年法院於處理少年事件之程序中，對於不通本國之語言文字者，使特定人為之譯述、傳達，藉以互通雙方之意思，俾供少年法院瞭解對方之陳述，作為處遇少年之參考，此特定人，係通譯者也。

通譯 (Dolmetscher)，原係為語言文字之譯述及意思之傳達而設，其本身雖非證據，但藉通譯之特別知識，陳述其所知悉之事實，原則上亦可採為證據，故其性質自與鑑定人相似，因之刑事訴訟法有關鑑定之規定，於通譯準用之。

通譯之職務，可分下列二種，其一係傳譯語言，其二係翻譯文字。前

者其方法並不限於傳譯語言，即傳譯手語、信號等亦屬之，如傳譯瘖啞人之手語是。後者包括翻譯外國文字或其他代替文字之各種符號是。

　　少年法院於處理少年事件之程序中，如發見少年、少年之法定代理人、現在保護少年之人、少年之輔佐人、少年行為之被害人、證人、鑑定人等，有不通中國之語言文字者，得傳喚通譯使傳譯之，例如刑事訴訟法第九十九條有如下之規定：「被告為聾或啞或語言不通者，得用通譯，並得以文字訊問或命以文字陳述。」又可得採為證據之文件，並非中國文字者，亦得傳喚通譯命翻譯之。

陸、勘　驗

　　勘驗 (Augenschein)，係少年法院為發見證據及事件之實際情形，以五官作用，就地之狀況、人之身體，或物之形態等，所為之調查者也。

　　由於少年保護事件實施勘驗之機關，係屬於少年法院，故少年法院為調查證據及發見事件之實際情形，得實施勘驗。醫師或檢驗員雖得參與勘驗，但不能單獨實施，蓋單獨實施，其性質應屬於鑑定，而非勘驗。

　　勘驗，可依實際之需要，得為下列之處分：

(一)履勘場所

　　即對處所之勘驗。凡與案件有關之處所，均得履勘之❿。

(二)檢查身體

　　即對身體之勘驗。其作用無非在發見指紋、足型、傷痕或身體上之其他特徵，俾採為證據。檢查身體，如其對象為男性少年，得不受限制，如其對象為女性少年，應命醫師或婦女行之。

(三)檢驗屍體

　　即對屍體外部之勘驗。檢驗屍體，應先查明屍體有無錯誤。其檢驗工作，應由醫師或檢驗員行之。可以開棺或發掘墳墓，並得將屍體之一部或全部暫行留存。行檢驗屍體，或開棺、發掘墳墓時，應通知死者之家屬在場。

---

❿　履勘者，乃親赴現場或其他與案情有關之處所，實施檢查驗證之處分也。

㈣解剖屍體

即對屍體內部之勘驗。解剖屍體，應先查明屍體有無錯誤。其解剖工作，應由醫師行之。為解剖屍體，得將屍體或其一部暫行留存，並得開棺及發掘墳墓。解剖屍體或開棺、發掘墳墓時，應通知死者之家屬在場。

㈤檢查物件

即對物件之勘驗。凡與案件有關之物件，均得檢查之。

㈥其他必要之處分

即對其他必要之勘驗。可斟酌需要決定之。

行勘驗時，刑事訴訟法有關勘驗之規定，在不違反少年保護事件之性質者，準用之。如軍事上應祕密之處所，非得該管長官之允許，不得履勘。有人住居或看守之住宅或其他處所，不得於夜間入內勘驗。但經住居人、看守人或可為其代表之人承諾或有急迫之情形者，不在此限。在有人住居或看守之住宅或其他處所內勘驗者，應命住居人、看守人或可為其代表之人在場❶。

柒、證據保全

證據保全，是指少年法院於少年保護事件調查或審理中，為確保證據之安全，防範被湮滅、偽造、變造、隱匿或礙難行使……等情事之發生，對證據之持有人，命其繳交之保全處置。證據之保全，由於最近修正公布之本法第二十四條有：「刑事訴訟法關於……證據保全……之規定，於少年保護事件性質不相違反者準用之」之明文規定，因此，少年行為之被害人、輔佐人……，為防範少年行為人之湮滅、偽造、變造、隱匿證據，得聲請少年法院為保全證據之處置。

聲請保全證據，應以書狀為之，並記載下列事項：

---

❶ 本法第二十四條雖有：「刑事訴訟法關於人證、鑑定、通譯、勘驗、證據保全、搜索及扣押之規定，於少年保護事件性質不相違反者，準用之」之規定，但搜索及扣押因已在第三章第二節第六、七項加以論述，故本節不再加以贅述。另勘驗之執行，在少年刑事案件之偵查中，得由地方法院檢察署之檢察官行之。

㈠案情概要。

㈡應保全之證據及保全之方法。

㈢依該證據應證之事實。

㈣應保全證據之理由。

第四節　少年保護事件之調查

少年法院受理其他地區少年法院或檢察官、司法警察官、法院於執行職務時移送之事件（少年事件一五條及一八條 I 項），或知有少年觸法事件者之報告（少年事件一七），或對於少年有監督權者之請求（少年事件一八條 II 項），應即從事事件審理前之調查，俾明瞭少年之觸法情節、虞犯情節，少年與事件有關之行為，少年之品格、經歷、身心狀況、家庭情形……等狀況，作為該少年事件應否付審理？或應否移送於有管轄權之地方法院檢察署檢察官，以少年刑事案件之性質，予以偵查起訴之裁定依據。本節擬就少年保護事件調查之人員、調查之事項、調查之方法、調查之結果等分別概述之。

壹、少年保護事件調查之人員

少年保護事件，既繫屬於有管轄權之少年法院，則該管少年法院應即依本法第十九條之規定，由少年調查官先為觸法或虞犯少年之調查，並於調查後，提出報告並附具建議。

觸法或虞犯少年之調查，在過去係由少年法庭之觀護人或少年觀護所中具有觀護人資格之人為之，或由少年法庭法官親自實施。唯本法第五次(86.10.29) 修正後，則於第十九條明定由少年調查官為之。茲就本法所規定，得以行使少年保護事件之調查人員列舉如下：

(一)少年調查官

少年調查官為少年法院編制內之司法人員,負有調查、蒐集關於少年保護事件之資料之職責(見少年事件九條I項1款)。故少年法院於受理移送、請求或報告之事件後,應先由少年調查官就所繫屬之少年保護事件,為必要事項之調查。

少年調查官為調查時,應依本法第十九條之規定,調查少年與事件有關之行為,其人之品格、經歷、身心狀況、家庭情形、社會環境、教育程度,以及其他必要之事項;並依少年法院指示之調查必要事項、範圍與期限,完成對特定少年之個案調查,提出報告暨附具建議,供少年法院處理該事件之參考。

(二)少年法院之法官

少年法院之法官,係少年法院原編制內之司法人員,其職責在調查並審理少年事件,並就觸法或虞犯少年之個別情狀,為適當之處遇,如交付保護管束,交付安置輔導,令入感化教育處所施以感化教育……等處分是。

少年保護事件之調查,雖先由少年調查官為之,但少年調查官調查之結果,其所提報告及附具之建議,僅供少年法院法官作為調查之參考,不採為認定事實之唯一證據。

少年法院之法官,既為少年保護事件執行調查之人員,自得於執行職務時,請警察機關、自治團體、學校、醫院或其他機關團體為必要之協助(見少年事件二五);亦得囑託其他地區之少年法院或相當之機關,就繫屬中之少年事件,為必要之調查。

貳、少年保護事件調查之事項

少年法院就繫屬之少年事件,其所為之審理前調查,不論係先由少年法院編制內之少年調查官為之,或由少年法院法官基於職權為之;又調查之對象,不問係非收容之少年抑或收容於少年觀護所之少年,依本法第十九條之規定,應調查該少年與事件有關之行為,其人之品格、經歷、身心狀況、家庭情形、社會環境、教育程度以及其他必要之事項,以作為決定

是否應予審理之參考依據。同時，少年法院命少年調查官，為少年保護事件之調查時，得指示其調查之必要事項、範圍與期限。茲就少年保護事件調查之事項列舉說明之。

(一)少年與事件有關之行為

少年與事件有關之行為，雖甚籠統，但從法律與實務上之觀點而言，不外指少年所為之事件性質，係觸法事件抑或虞犯事件；少年行為之事實及經過；少年行為之動機、目的、手段，及所受之刺激；少年平日之生活狀況；少年與被害人平日之關係；少年之品行及行為之情節；少年行為所生之危險或損害；少年行為後之態度；少年有無再犯之危險性等等（見刑五七）。

(二)少年之品格

少年之品格，係泛指少年之品德、操守、行為、習慣等而言。少年之品格倘若良好，則在學校能尊敬師長、友愛同學、遵守校規、勤奮用功；在家庭則能孝順父母、友愛兄弟、和睦鄰居、服從訓誨；在社會則能慎交朋友、克制私慾、安分守己、知法守法；反之，少年之品格倘若惡劣、冥頑，則在學校動輒鬥毆、破壞校規、不思上進、不聽勸導、時而逃學嬉遊、時而作弄他人；在家庭則冒犯長輩、頂撞父母、動輒逃家相脅、反抗、仇視、極盡放蕩、蠻橫；而在社會則不務正業、結交惡少、遊蕩滋事、為所欲為、令人望而嘆惜！少年法院不論對少年事件自為調查；或命少年調查官先為調查，對於少年之品格，應深入了解，客觀分析，不可輕率論斷。

(三)少年之經歷

少年之經歷，係泛指少年自出生以後迄至現在在求學、就職、生活或行為方面，所經驗過或閱歷過之全部生活史。例如少年在求學方面，曾經歷某某幼稚園、某某國民小學、某某國民中學，現在就職於某某私營之工廠；在就職方面，該少年於某某國民中學畢業之後，曾充當某咖啡室之服務生、某餐廳之跑堂、某工廠之小工；在生活方面，該少年曾有逃家在外露宿之閱歷；在行為方面，該少年曾參加過不良少年組織、曾吸食麻醉品、曾攜帶刀械與人衝突；在病歷方面，該少年曾患過癲癇症、盲腸炎……等是。少年之經歷，對其日後之生活、行為及前途影響至大，故少年之保護

事件，既繫屬於少年法院，則不論何人執行個案之調查，對於少年在求學、就職、生活或行為方面之種種經歷，均應深入了解，俾對事件之處理有所助益。

(四)少年之身心狀況

少年之身心狀況，係指少年之身體及精神狀態是否正常而言。少年之身體狀況，包括身高、體重、血型、指紋、特徵、視力、聽力、四肢、血壓、體溫、脈搏之跳動……等之情況，以及五官、內臟、四肢、皮膚、性器官等是否有疾病？有無傳染性之疾病……等等。少年之精神狀況，包括遺傳、智力、語能、性向等之情況，以及心理是否正常？有無精神病症……等等。

少年法院為處理少年保護事件，對於少年身心之狀況，自應徹底明瞭，俾能明白少年觸法或虞犯行為之原因，作為處遇少年之參考。由於少年身心狀況之鑑別，非法官或少年調查官所能勝任，故原則上應囑託公立醫院或衛生局（所）之醫師，協助診斷、鑑別。

(五)少年之家庭情形

少年之家庭情形，係泛指少年之家庭成員、家庭經濟、家庭管教、家庭背景、家庭生計、家庭娛樂……等之情況。例如少年是否有祖父母、父母、兄姊、弟妹等之親屬；家庭之境況如何？小康、富裕抑或貧窮；祖父母、父母如尚健在，是否有職業；有無犯罪經歷；有無精神病症；家屬是否生活在一處？其情況如何；家長對少年之管教態度如何？是否過於放任；兄弟姊妹相處之情況如何？是否常吵架；少年在家庭之地位如何？是否常被冷落；少年在家庭之生活情形如何？是否有秩序；少年之家庭氣氛是否和諧？有無勃谿之情事；少年是否常反抗父母之束縛？其交友之情況如何……等等，不勝枚舉。由於少年之家庭環境，常為促成其趨向觸犯刑罰法律之因素，故少年法院就繫屬中之少年保護事件，為調查之程序時，少年之家庭情形，亦列為調查事項之一。

(六)少年之社會環境

少年之社會環境，係泛指少年住居所所在地之文化背景、社會結構、

文明狀況、社區發展、生活水準及風俗習慣……等之情形而言。如少年住居所所在地為貧民區域，或少年住居所附近為風化區域……等是。少年所處之社會環境，對少年日後之思想、觀念、行為、習慣及前途影響至大，不良之社會環境，常為誘致少年觸犯刑罰法律或濡染虞犯行為之因素，故少年法院就繫屬中之少年保護事件，為社會背景之調查時，應注意少年住居所所在地之情形，少年休閒娛樂之生活情形，少年之交友情形……等，俾能了解少年之觸法或虞犯行為，是否受不良之社會環境所影響。

(七)少年之教育程度

少年之教育程度，係指少年所接受過之最高層級之學校教育，如某某國民中學畢業；或現在一面在某私營工廠就職，一面在某私立高職夜間部一年級就讀是；另外，少年在學識上實際達到之能力與水準，亦稱之為「教育程度」；如少年自幼失怙失學，經過一番刻苦自學，後來參加考試院舉辦之普通檢定考試及格，則其教育程度接近高中或國中之程度。少年所接受之學校教育層級越高，及其所具之教育程度越深，則更能明辨是非、分別善惡、剖析事理、發揚理性，不致因外界之誘惑，而失去理智、誤觸刑罰法律。少年法院既繫屬少年保護事件，自應調查少年之教育程度，俾作為處理事件及處遇少年之參考。

(八)其他必要之事項

即除少年之品格、經歷、身心狀況、家庭情形、社會環境、教育程度……等各項外，其他必要調查之事項，如少年之宗教信仰、少年之就職情況、少年是否參加不良組織、少年之個性……等等，以及少年法院特別指示之其他必要之事項。

參、少年保護事件調查之方法

少年法院對於繫屬之少年保護事件，得先由少年調查官，依本法第十九條所規定之調查項目，或特別指示之必要調查事項與範圍，從事少年保護事件審理前之個案調查。

由於少年調查官，其所為之調查方法，與少年法院法官所踐行之調查

方法，不盡相同，不能一概而論，故本項擬予以分開敘述之。

一、少年調查官之調查方法

少年調查官於受命調查、蒐集關於少年保護事件之資料後，應憑其所具之專門學識與經驗，進行訪問與談話，俾能蒐集完整、豐富而正確之個案資料，供少年法院作為處理事件及處遇少年之參考。茲就少年調查官從事調查時必須運用之方法概述如下：

(一)與少年個別談話

少年為保護事件調查之對象。受命調查之少年調查官，為蒐集有關少年之個案資料，自應約定時間親訪少年，與少年個別談話，從其談話中獲悉所要調查與蒐集之資料。少年調查官為調查時與少年之談話，得製作筆錄，由少年簽名或按指印，此項筆錄或所提出之調查報告，可供少年法院作為裁定之參考依據。少年調查官於訪問少年之際，對於尚在就學或已就業之少年，應儘量避免在學校或工作場所與之接談，而應選擇適當之地點，以祕密之方式行之。俾免影響少年之自尊及名譽，並免影響少年之課業及工作。

少年調查官與少年接談時，應注意說話之技巧，切記談話時自然而不勉強，和藹而不嚴肅，誠懇而不虛偽，同時說話要清晰，語音要標準，表情應和善，態度應懇切，說話不可太快，太快則少年不易聽懂；說話之語氣不可帶有責備、冷嘲、輕視之徵象，以免引起少年之反感；說話時要精神充沛、心情愉快，不可流露厭煩之心態，並且應有靜聽少年說話之雅量；談話時，少年調查官應仔細觀察少年面部之表情，以探測少年內心之意識狀態。為使少年調查官與少年之交談，能獲致預期之效果，談話時，應靈活運用輔導學上之談話技術，以獲取少年之信任，圓滿達成蒐集有關少年之個案資料之任務。

(二)訪問與少年有關之人

少年之品格、經歷、身心狀況、家庭情形、社會環境……等情形，少年之法定代理人、家長、最近親屬、現在保護少年之人等與少年有關之人，

知之最稔；少年平日之操守、品行、行為、習慣、興趣、嗜好、生活方式、交友情形……等，少年之親友、鄰人，及少年就讀學校之師長、就職工廠之老闆、同事……等，亦有所知悉；故少年調查官於受命調查、蒐集關於少年保護事件之資料後，除應親訪少年，與少年個別談話外，尚應訪問與少年有關之人，例如前述之少年之法定代理人、家長、最近親屬、現在保護少年之人、少年之朋友、少年之鄰人及少年就讀學校之師長、就職工廠之老闆、同事……等，就少年平日之生活、起居、待人、處事、品格、經歷、身心狀況、家庭情形、社會環境、交遊情形……等等問題，予以詢問並交換意見，以蒐集少年之個案資料。

少年調查官於詢問談話時，得製作筆錄，由陳述人簽名或按指印，此項筆錄及調查報告，少年法院於審理時，經踐行證據調查程序後，得為裁定之參考依據。

(三)抄錄與少年有關之資料

少年之身分資料、品行資料、經歷資料、身心狀況資料、家庭情形資料……等與少年保護事件有關之資料，間或可自該管警察機關、衛生局所、學校、或法院之檔卷資料中參考之、抄錄之或影印之。蓋此項檔卷中之資料，完整可靠，足可採信，逕行抄錄或影印，可省卻踐行調查之勞煩，故少年調查官認有必要時，得經有關之機關允許；或報由少年法院依本法第二十五條之規定，函請協助並提供資料，供少年調查官抄錄之或影印之。惟少年調查官應於訪談少年之前為之，俾對少年能有初步之認識與了解。

少年調查官因主觀或客觀之原因，而無法調查者，得報請少年法院囑託其他機關或少年法院為之。

二、少年法院法官之調查方法

少年法院對於少年保護事件之調查，除先由少年調查官為少年保護事件之個案資料調查外，得由少年法院之法官基於職權所在親自為之。法官於少年法院踐行少年保護事件之調查，以不公開為原則，且不拘開庭形式、不必穿著制服，訊問時以和藹懇切之態度行之。茲將法官於少年法院踐行

調查之方法，概述之：

(一)訊問少年

少年為行為之主體。少年法院法官為明瞭少年觸法或虞犯行為之事實真相，洞悉其品格、經歷、身心狀況、家庭情形……等之背景，窺清其面貌、體格之特徵，自應傳喚少年到庭予以訊問。倘少年經合法之傳喚而無正當理由不到場者，少年法院法官得發同行書，強制其到場；如少年行蹤不明者，少年法院得以協尋通知書，通知各地區少年法院、檢察官、司法警察機關協尋之；並將尋獲之少年護送到庭。少年經傳喚、同行或協尋之程序而到場者，應即時訊問，不得拖延至逾二十四小時。

訊問少年，應先為人別訊問，就少年之姓名、年齡、出生地、職業或就讀學校、住居所、國民身分證字號……等訊問之，以查驗該少年有無錯誤，是否為少年法院傳喚、同行、協尋之少年，如係人別錯誤應即釋放。人別訊問後，應就少年觸法或虞犯行為之事實與經過，為訊問重點，並附帶訊問少年之經歷、身心狀況、家庭情形、教育程度……等必要之事項，但如不必要者，不在此限。

訊問少年，應以和藹懇切之態度行之，說話要清楚，語音要標準，要使少年聽得懂，明白其意思。訊問少年時，並應觀察其表情、態度及情緒，以明辨少年說話之虛實、品格之優劣、身心發展之狀況。訊問少年完畢，應切實明瞭少年保護事件之行為事實，同時該少年之品格、經歷、身心狀況、家庭情形……等亦應通盤了解。如有更進一步深入了解之必要者，得函請警察機關、學校、醫院或其他機關為必要之調查或協助（見少年事件二五）。

(二)調查證據

少年觸法或虞犯行為事實之認定，必須有證據以資證明；故刑事訴訟法第一百五十四條第二項有：「犯罪事實應依證據認定之，無證據不得認定其犯罪事實」之規定，而本法第二十四條亦有：「刑事訴訟法關於人證、鑑定、通譯、勘驗、搜索及扣押之規定，於少年保護事件性質不相違反者，準用之」之規定。

基於上述之規定，少年法院就少年保護事件訊問少年時，應調查證據。證據之調查，如屬於證物，應提示少年令其辨認，詢其是否屬於自己所持有，如非自己所持有，是否曾見過。證物如屬於文書之類，而少年不解其意義者，應告以要旨，並訊其有無意見。證據之屬於人證者，應傳喚證人訊問之；證據之須鑑定人鑑定者，應傳喚鑑定人命其為鑑定，並於鑑定後提出鑑定報告。少年或證人如係聾啞者，應傳喚通譯為傳譯，或自行以文字訊問之。

少年法院就證據為調查之程序後，應就證據之證明力、可信性為自由判斷，俾作為認定少年觸法行為事實之依據。由於少年法院之法官，係基於職權為證據之調查，故行證據之調查時，態度應嚴謹，眼光應銳利，認事應客觀，判斷應正確，並應運用論理法則及經驗法則以推究事理，使證據之證明力、可信性提高，以求判斷正確。

㈢訊問與少年有關之人

少年之品格、經歷、身心狀況、家庭情形、社會環境等情形，少年之法定代理人或現在保護少年之人，知之最稔；少年平日之操守、品行、行為、習慣、生活方式、交遊情形等，少年之親友、鄰人及少年就讀學校之師長、就職工廠之老闆、同事，亦有所知悉，故少年法院之法官，為深一層了解少年與事件有關之行為，必要時得傳喚與少年有關之人訊問之。訊問時，應不厭其詳，即使生活上之細節，亦不可忽略，同時訊問之態度，應和藹懇切，以獲取彼等之合作。

㈣囑託專門機構協助鑑別少年之身心

少年之身心狀況，包括身體之健康情形與精神（或心理）之正常情形等兩方面。身體之健康情形，可由公立醫院或衛生局所之醫師，經由體格檢查後加予評定；通常體格檢查之項目，包括身長、體重、血型、視力、聽力、血壓、四肢……等，體格檢查之目的，在鑑定受檢者健康之狀況、營養之情形、四肢是否健全（有無殘缺）、聽力視力是否正常（有無障礙）、語能是否正常（有無缺陷）、身體是否有傳染病（如梅毒、花柳……）、有無酗酒、吸毒等惡癖……。而精神之正常情形，則必須由神經精神科醫師

或心理專家加予診斷，通常診斷的項目，不外是受檢者（或門診者）之心理狀態是否正常？有無病態之行為？或受檢者之精神狀態是否正常？有無神經病、精神病之症狀……等等。

身心狀況之調查、診斷及鑑別，因係屬於專門性之工作，非少年法院之法官所能勝任，故必要時須延請專家、學者或囑託專門機構為之。

㈤命少年調查官提出調查報告

少年之品格、經歷、家庭情形、社會環境、生活方式、交遊情形等背景如何，少年法院之法官於執行調查時，得命少年調查官，就少年保護事件調查之結果，提出調查報告，附具建議，供少年法院之法官作為處理事件或處遇少年之參考。

少年法院之法官，於踐行少年保護事件之調查程序，除上開列舉之方法而外，必要時尚得請警察機關、自治團體、學校、醫院或其他機關團體為必要之協助（見少年事件二五）。亦得囑託其他少年法院或相當之機關，就繫屬中之事件為必要之調查。

肆、少年保護事件調查之結果

少年法院就繫屬之少年保護事件，完成其調查之程序後，則應依據其調查所獲取之資料，決定如何處置少年，此為調查結果後所應為之程序，通常以裁定行之。

調查之結果所為之裁定，依本法之規定，計有移送於有管轄權之地方法院檢察署檢察官之裁定（少年事件二七條各項）、不付審理之裁定（少年事件二八、二九）及開始審理之裁定（少年事件三〇）等三種處置，除不付審理之裁定，少年行為之被害人，得依本法第六十二條之規定提起抗告外，其餘移送於有管轄權之地方法院檢察署檢察官之裁定，或不付審理而轉介輔導之裁定，少年行為人亦得依本法第六十一條之規定提起抗告。茲就少年法院法官調查結果所為之裁定概述如下：

一、移送於有管轄權之地方法院檢察署檢察官

少年法院就繫屬之少年保護事件，為調查之結果後，如認為觸法之少年，以受刑事處分為適當者，則以裁定移送於有管轄權之地方法院檢察署檢察官，由其依少年刑事案件之處理程序，踐行偵查或公訴，使少年能獲致適當之處分；此為少年法院先議權之運用。移送於有管轄權之地方法院檢察署檢察官處理之刑事案件，依本法第二十七條之規定，有下列三種情形：

㈠應以裁定移送之少年刑事案件

少年犯最輕本刑為五年以上有期徒刑之罪，且犯罪時已滿十四歲者，應以裁定移送於有管轄權之地方法院檢察署檢察官，由其依少年刑事案件之性質，予以偵查或起訴。故本法第二十七條第一項有：少年法院依調查之結果，認為少年犯最輕本刑為五年以上有期徒刑之罪者，應以裁定移送於有管轄權之法院檢察署檢察官之規定，同時該條第三項又有：「前二項情形，於少年犯罪時未滿十四歲者，不適用之」之規定，蓋少年犯罪時未滿十四歲者，應以少年保護事件之性質處理之。

㈡得以裁定移送之少年刑事案件

少年有本法第二十七條第二項犯罪情節重大之情形，而參酌其品行、性格、經歷等情狀，認為以受刑事處分為適當，且少年犯罪時已滿十四歲者，得以裁定移送於有管轄權之地方法院檢察署檢察官，由其依少年刑事案件之性質，予以偵查或起訴；惟少年犯罪時未滿十四歲者，應以少年保護事件之性質處理之，並斟酌少年之個別情狀，諭知適當之保護處分處遇之。

㈢應以裁定移送之一般刑事案件

少年法院就繫屬之少年觸法事件，為調查之程序後，發現該觸法少年，於事件繫屬後已滿二十歲者，應即依本法第二十七條第一項之規定，以裁定移送於有管轄權之地方法院檢察署檢察官，由其依一般成人之刑事案件性質，予以偵查並起訴。此因觸法之少年，既於事件繫屬少年法院後，其

年齡已滿二十歲，則已無本法之適用效力。自應移送於有管轄權之法院檢察署檢察官，由其依法偵查處理。

上述所謂「得以裁定」者，乃賦予少年法院以實際上之先議權，使其有職權就個別之情況與處遇之需要，在「得與不得」之間，審酌決定，自與不容猶豫之「應以裁定」有所不同。

唯得以裁定移送於地方法院檢察署檢察官之少年刑事案件，不適用於犯罪時未滿十四歲之少年，或於犯罪事件繫屬後已滿二十歲之成人，此本法第二十七條已有明確之明文規定。

二、不付審理

少年保護事件，經少年法院調查終結，如認為無付保護處分之原因或以其他事由不應付審理者，應為不付審理之裁定(見少年事件二八條Ⅰ項)；如認為情節輕微，以不付審理為適當者，得為不付審理之裁定（見少年事件二九條Ⅰ項）。

不付審理之裁定，依本法之規定，有「應不付審理」與「得不付審理」等二種情形，前者無猶豫之必要，後者較富彈性，可由少年法院斟酌情況決定，茲分別概述之：

(一)應不付審理

依本法第二十八條第一項之規定：少年保護事件，經少年法院調查結果，「認為無付保護處分之原因或以其他事由不應付審理者，應為不付審理之裁定。」故應不付審理之原因有二，其一是無付保護處分之原因，如少年無觸犯刑罰法律之行為事實、少年無觸犯刑罰法律之虞之行為事實等是。其二是以其他事由不應付審理者，例如報告、移送或請求之少年保護事件，要件不備而無法補正或不遵限補正者；或告訴乃論之少年犯罪案件，其告訴人已經撤回告訴或已逾告訴期間，而少年已滿二十一歲者；或少年虞犯事件於調查結果裁定前，少年已滿二十一歲者；或同一事件，業經由有管轄權之少年法院為實體上之裁定確定者；或少年因另一事件受感化教育處分之裁定確定者；或少年現居國外於滿二十一歲前無法回國，事實上無法

進行調查，或少年現罹疾病，短期內顯難痊癒，無法受保護處分之執行……等等。前者為實體上之原因，後者為程序上之原因，實體上之原因所為不付審理之裁定確定後，有一事不再理之效力；而程序上之原因所為不付審理之裁定確定後，則無此效力，故少年行為之被害人，對於少年法院所為不付審理之裁定，如有不服，得依本法第六十二條之規定，提起抗告以謀救濟。又少年因心神喪失（精神障礙或其他心智缺陷）而為少年法院裁定不付審理者，得令入相當處所實施治療（少年事件二八條 II 項）。

㈡得不付審理

依本法第二十九條第一項之規定：少年保護事件，經少年法院依少年調查官調查之結果，「認為情節輕微，以不付審理為適當者，得為不付審理之裁定。」所謂情節輕微者，乃指少年所為之觸犯刑罰法律之行為，或有觸犯刑罰法律之虞之行為，其案情甚為輕微，並不嚴重，其動機或目的顯可宥恕，其侵害他人權益之過失行為，亦令人同情，無論從法律或事實之觀點來審度，均以不付審理為適當；況少年涉世未深，良心未泯，苟於調查終結前能悔悟前非，則無施以保護處分之必要，故得為不付審理之裁定。並為下列之處分： 1.轉介兒童或少年福利或教養機構為適當之輔導。 2.交付兒童或少年之法定代理人或現在保護少年之人嚴加管教。 3.告誡。其處分均交由少年調查官執行之。

少年法院為不付審理之裁定時，應於裁定書主文內諭知少年之法定代理人或現在保護少年之人，對於少年嚴加管教，俾免少年再因失教而觸犯刑罰法律，或濡染有觸犯刑罰法律之虞之行為。倘少年之法定代理人或監護人經少年法院面諭嚴加管教少年之後，竟又忽視教養，致少年再有觸犯刑罰法律而受保護處分或刑之宣告者，應依本法第八十四條之規定，裁定命其接受八小時以上五十小時以下之親職教育輔導。

少年法院為不付審理之裁定前，得斟酌情形，經少年、少年之法定代理人及被害人之同意，命少年為下列各款之行為，以慰撫被害人因少年之觸法行為所受之財物損害、精神痛苦及心理之怨懟，並防止過分姑息少年，致促使少年更加驕縱、更加放肆。

㈠向被害人道歉

少年之觸法行為，既侵害及被害人之生命、身體、財產、自由、名譽等權益，則被害人之精神痛苦及心理怨懟，非有適當之撫慰，無以消除；故少年法院基於少年之觸法行為，情節輕微，以不付審理為適當者，得於裁定前，經被害人之同意，命其向被害人道歉，請求其原諒自己一時之過錯，寬恕其年幼無知，允許其口頭賠罪。道歉宜當庭為之，不必刊登道歉啟事，或以其他足使公眾周知之方式行之。

㈡立悔過書

少年之觸犯刑罰法律，或有觸犯刑罰法律之虞之行為，既因情節輕微，以不付審理為適當，則少年法院於不付審理裁定之前，應命少年立悔過書，以表明願意切實悔過，並決心痛改前非之意思。悔過書應以文字書寫，其內容除載明願意悔其前非外，宜兼及敘述不再重犯之許諾，以約束少年日後之行為。悔過書應附卷，且經被害人請求者，亦得交付副本。

㈢對被害人之損害負賠償責任

少年行為之被害人，因少年之觸法行為，致生命、身體、自由、財產、名譽等權益直接遭受侵害，其精神之痛苦及心理之怨懟，無法消除、忘懷，倘能支付相當數額之損害賠償金（或稱慰撫金），以補償其損失，安撫其精神之痛苦及心理之怨懟，不能說於事無補，故少年法院就少年保護事件為不付審理之裁定前，得經少年、少年之法定代理人及被害人之同意，命少年向被害人支付相當數額之損害賠償金（慰撫金），以為慰撫。損害賠償金之多寡，宜斟酌被害人所受精神痛苦之程度，及少年家庭之經濟情況而定。少年之法定代理人，應就少年所應擔負支付之損害賠償金，負連帶賠償之責任。蓋少年大多缺乏資產或金錢，倘不規定應由少年之法定代理人，負連帶賠償之責任，則少年之應支付相當數額之賠償金將無以兌現；且命少年之法定代理人負連帶賠償之責任，可促其嚴加管教少年，使少年不致再觸犯刑罰法律。此項賠償金之連帶支付，並得為民事強制執行名義，必要時，得由法院民事執行處強制執行之（見少年事件二九條Ⅲ、Ⅳ項）。

三、應開始審理

依本法第三十條之規定：少年保護事件，經少年法院調查之結果，「認為應付審理者，應為開始審理之裁定。」

所謂應付審理者，乃指少年保護事件，必須正式踐行審理程序後，始能以裁定諭知保護事件之少年是否應付保護處分，如應諭知保護處分，應以何種處分處遇少年最為恰當，在尚未正式踐行審理前，實不宜草率定奪，將少年以裁定為不付保護處分、或不付審理之處遇。

少年法院既為開始審理之裁定，則應即著手為審理前之準備程序，簽發傳喚通知書傳喚少年、少年之法定代理人、現在保護少年之人、少年之輔佐人、少年行為之被害人……等與事件有關之人到庭應訊。

第五節　少年保護事件之審理

少年保護事件、經少年法院調查之結果，如認為應付審理者，應為開始審理之裁定（少年事件三〇）。所謂審理者，係少年法院對於觸犯刑罰法律或有虞犯事件之少年，為決定其應否付保護處分；及對於應付保護處分之少年，應選擇何種保護處分以為個別處遇，所實施之處理程序也。

少年法院對於少年保護事件所為之審理，除自為開始審理之裁定之事件外，尚有本法第六十四條之一、之二重新審理之少年保護事件，或檢察官就偵查後之少年刑事案件為不起訴處分後，依本法第六十七條第一項之規定，移送審理之少年保護事件……等等，本節擬就審理前之準備、審理之方式、審理期日之程序、審理中之交付觀察、審理結果之裁定、裁定宣示之程序及處分、保護處分之撤銷與處分重複之定奪等，分別概述之。

壹、審理前之準備

少年法院為使審理期日之程序易於踐行，並使事件之審理易於迅速終

結，每於審理期日前有所謂準備程序。

關於審理前之準備程序，刑事訴訟法第二百七十一條至第二百七十九條規定甚詳。本法對於少年保護事件審理前之準備程序，雖無詳細之明文規定，但其所為之準備程序與刑事訴訟法之審判前準備程序，大致相同，茲分述之。

㈠審理期日之指定

依本法第三十二條前段之規定：「少年法院審理事件應定審理期日……。」所謂審理期日，乃指少年法院擇定某一日、時，某一處所，為事件之處理；換言之，乃少年法院集合少年及其他相關之人，於指定之處所，共為一定之行為之期日。

審理期日，必須事前指定，同時必須簽發傳喚通知書，傳喚保護事件之少年、或與少年有關之人、或其他必須到庭陳述之人，以利事件之審理。第一次審理期日之傳喚通知書，至遲應於五日或七日前送達。

㈡通知少年調查官

少年調查官，為少年保護事件執行調查之人員，關於少年與事件有關之行為，少年之品格、經歷、身心狀況、家庭情形、社會環境、教育程度……等有關少年之個案資料，少年調查官為調查後，必定知之甚稔，故少年法院認為有必要時，得於審理前通知其審理期日到庭陳述意見。倘若少年法院認為審理期日，少年調查官無到庭陳述意見之必要者，得不通知其到庭。

㈢通知少年之輔佐人

少年之輔佐人，為少年、少年之法定代理人或現在保護少年之人，於少年保護事件審理開始後，所選任之輔導者、協助者，以輔導少年如何於少年法院陳述意見，並協助少年於少年法院陳述意見為法定責任（見少年事件三一條I項）。故少年法院於審理期日前，應依本法第三十二條第一項後段之規定，通知其審理期日到庭輔佐少年陳述意見。

㈣傳喚應到庭之人

審理期日，應傳喚少年、少年之法定代理人或現在保護少年之人到庭

（見少年事件二一條 I 項、三二條 I 項）。少年為保護事件之當事人，審理期日如不到庭，審理之程序將無法進行，故少年保護事件審理期日，除有特別之規定外，少年不到庭者不得審理。少年之法定代理人或現在保護少年之人，為對於保護事件之少年負有監護、管教之法定責任之人，少年法院於審理期日為踐行審理程序，自必依本法之規定傳喚之，使其能到庭為少年之利益，陳述意見或協助少年陳述意見。

少年、少年之法定代理人或現在保護少年之人，經合法傳喚，無正當理由不到場者，少年法院得發同行書，強制其到場（見少年事件二二條 I 項前段）。但少年、少年之法定代理人或現在保護少年之人，經合法傳喚，無正當理由不到場者，少年法院認為應依本法第四十一條為不付保護處分，或依本法第四十二條第一項第一款為訓誡，並得予以假日生活輔導之裁定之案件，得不待其到場陳述，而逕行審理裁定。

少年行為之被害人，於少年保護事件審理期日，雖無明文規定其應傳喚到庭，但少年法院得斟酌必要傳喚之。

為使少年、少年之法定代理人或現在保護少年之人，能於少年保護事件第一次審理期日準時到場，其傳喚通知書至遲應於五日或七日前送達。

貳、審理之方式

少年為保護事件之當事人。少年法院為顧全少年之人格，維護少年之名譽，確保少年之自尊，並為避免少年懍於法庭之森嚴，其保護事件之審理方式，與普通法院之審判程序，暨訴訟辯論制度迥不相同，茲舉述之。

(一)法官獨任審理

一般刑事訴訟，由法官一人單獨審理者，稱為獨任審理。由法官三人以上共同審理者，稱為合議審理。獨任審理，事權統一，結案迅速，但因一人之思慮不周，難免有疏忽之處。合議審理，可以集思廣益，合數人之學識、經驗、才智於案件之審理，周詳慎重，不致偏頗。少年保護事件，因情節較單純，審理程序較簡易，毋須三人以上之法官共同審理，故本法第二十條有：「少年法院審理少年保護事件，得以法官一人獨任行之」之規

定，可知少年法制採獨任審理制。例外採合議審理制。

(二)審理得不公開

法院之審判程序，有公開主義與密行主義之別。公開主義，係指法院之審判，允許公眾自由旁聽；法院之審判公開，一則可以防止法官之專橫，二則可使一般人認識裁判之公正，提高人民對裁判之信賴。所謂密行主義，乃指審判期日禁止旁聽之主義。

少年法院審理少年保護事件，不採公開主義，因為少年年事尚輕，閱歷尚淺，一旦審理公開，眾人聚集法庭，翹首觀望，極易刺激少年之情緒，打擊少年之自尊，損傷少年之名譽，丟盡少年之顏面，使其在眾目睽睽之下，為防衛自己，不願據實吐露肺腑之言，甚至故意逞英雄好漢之勇，不坦白認錯，故本法第三十四條有：「審理不公開，但得許少年之親屬、學校教師、從事少年保護事業之人或其他認為相當之人在場旁聽」之規定。惟少年、少年之法定代理人或現在保護少年之人，請求公開審理者，不在此限（見少年事件七三條Ⅲ項）。

(三)開庭不拘形式

普通法院開庭審判案件，法官須著制服，表情肅穆，氣氛森嚴，令人敬畏顫慄，且審判程序，又具一定之形式，不得隨意變更。我少年法制為避免少年懍於法庭之森嚴，致不敢供述所為，坦白認錯，吐其不平，暢所欲言，故特規定開庭不拘形式，審理應以和藹懇切之態度行之（見少年事件三五）。且法官於執行審理時，得不著制服。同時得不於法庭內進行審理。法官訊問少年時亦不得用強暴、脅迫、利誘、詐欺及其他不正之方法為之。

(四)不採言詞辯論

普通法院於審理期日為證據調查後，允許兩造訴訟關係人，就事實與法律方面，進行攻擊與防禦之言詞辯論，俾供法庭作為判決之依據。

少年保護事件，因性質較單純，且為簡化審理程序，於少年法院為事件之審理時，不採言詞辯論。但許少年、少年之法定代理人或現在保護少年之人於審理開始後得隨時選任少年之輔佐人（見少年事件三一條Ⅰ項），輔導並協助少年於審理期日到庭為有利於自己之陳述；且少年法院於審理

期日就該保護事件為訊問時，尚須給與少年、少年之法定代理人、現在保護少年之人及少年之輔佐人以陳述意見之機會（見少年事件三六）。

(五)審訊予以隔離

少年法院在審理期日訊問少年時，為使少年能坦白供述觸法事件或虞犯事件之行為事實，傾吐由衷之言，而毫無顧忌起見，於少年為陳述時，不令少年以外之人在場；而少年以外之人為陳述時，不令少年在場（見少年事件三八）。究其原因，不外在防止少年因知悉他人所為陳述之內容，進而企圖串通、捏造或隱瞞行為之事實，以瞞騙少年法院之故也。

參、審理期日之程序

審理期日，乃少年法院為審理少年保護事件，傳喚少年及其他應到庭之人，於一定之處所共為一定行為之日期或時間。審理期日，由少年法院之法官指揮開庭，開庭不拘形式，審理不公開，訊問以和藹懇切之態度行之。審理期日，書記官應隨同法官出席，製作審理筆錄（少年事件三三）。審理期日，應通知執行少年保護事件調查之少年調查官到庭陳述意見；並應傳喚少年、少年之法定代理人、現在保護少年之人及少年之輔佐人到庭共為一定之行為。審理期日，應由審理之法官始終出庭，如有更易者，應更新審理程序。

由於審理期日審理之對象，以保護事件之少年為主體，故審理期日，除有特定之規定外，少年不到庭者，不得審理。茲將審理期日，少年法院應踐行之審理程序概述之。

(一)朗讀案由

少年法院於審理期日踐行之審理程序，以朗讀案由為起始。案由之朗讀，一般皆由書記官為之。

(二)向少年為人別訊問

朗讀案由後，少年保護事件即開始審理。少年法院之法官，應就少年之姓名、年齡、出生地、職業、住居所等訊問之，以查驗所傳喚之少年有無錯誤，如有錯誤，應即當庭釋放；如無錯誤，應即踐行審理之程序。

(三)就本事件訊問少年

人別訊問後，少年法院之法官應就少年所為之觸法事件或虞犯事件之行為事實訊問之，以明瞭少年與事件有關之行為，少年行為之動機、目的；少年之行為是否受他人指使、誘惑；是否有成年人教唆、幫助、利用或與之共同實施犯罪？少年行為後之態度如何……等等；訊問時，應以和藹懇切之態度行之，不得以強暴、利誘、脅迫、詐欺及其他不正之方法為之。審訊少年於必要時，得令少年以外之人暫時退庭，俾少年能坦白傾吐實言；少年到庭而拒絕陳述，或未受許可而退庭者，得不待其陳述逕行為審理裁定。

(四)調查可證明事實之證據

審理期日，應調查必要之證據。少年應受保護處分之原因、事實，應依證據認定之（見少年事件三七）。所謂證據，乃證明要證之事實，使事件臻於確定之線索。故舉凡可供其認定事實之人或物，及調查證據程序而後所得之認定事實之直接資料，均屬於證據；如人證、物證或書證，以及證人所為之證言，鑑定人所為之鑑定報告等是。

本法第二十四條因有：「刑事訴訟法關於人證、鑑定、通譯、勘驗、搜索及扣押之規定，於少年保護事件性質不相違反者，準用之」之規定，故審理期日為調查證據時，如有必要者，得傳喚證人為證言，傳喚鑑定人為鑑定、並提出鑑定意見報告；或就搜索、扣押及勘驗所得之證據，令少年辨認；或得命少年就事件之經過為陳述；或傳喚少年行為之被害人為陳述；或命通譯為通譯之任務……等等。

審理期日之調查證據，由少年法院之法官依職權為之；所搜集之證據，其證明力之厚薄，由獨任審理之法官自由判斷。少年法院之法官為證據之調查時，應注意下列各項：

1.調查證據物應提示少年令其辨認。

2.調查證據書類，應將卷內筆錄及其他可為證據之文書，向少年宣讀或告以要旨。惟有妨害風化或損及他人名譽者，應交付少年閱覽。少年不解其義者，應告以要旨。

3.調查少年之自白或不利於己之陳述，應查其是否出於正當之方法，有無補強證據，以證明其與事實相符。

4.訊問證人或鑑定人後，應給與少年詰問之機會，或詢以有無意見。

(五)踐行審理前調查之人員出席陳述意見

少年調查官，為執行審理前調查之人員，既受命就本法第十九條所規定之調查事項，或法官特別指示調查之必要事項、範圍與期限為調查後，應提出報告，並附具意見，供少年法院審理事件之參考。

審理期日，少年法院認為必要時，得命上述踐行審理前調查之少年調查官，到庭陳述意見，其陳述之內容，應包括少年與事件有關之行為，少年之品格、經歷、身心狀況、家庭情形、社會環境、教育程度以及其行狀改善之可能性，應以何種處遇較為適當……等等，但少年法院認為上述踐行審理前調查之人，無到庭陳述意見之必要者，得不通知其到庭。

(六)訊問少年並給予少年陳述意見之機會

少年法院就保護事件之少年，為證據之調查後；或命執行審理前調查之少年調查官為陳述意見後，應就少年觸法或虞犯事件之行為事實，或其他有關之事項訊問少年，並給予少年陳述意見之機會。

(七)給予與少年有關之人陳述意見

審理期日，少年法院應傳喚少年之法定代理人或現在保護少年之人到庭，並應通知少年之輔佐人（見少年事件三二條Ⅰ項）。

少年法院於訊問少年後,得命少年之法定代理人或現在保護少年之人,就訊問之事項陳述意見。蓋少年之法定代理人或現在保護少年之人與少年之關係相當密切，平日少年之所作所為，亦了解深刻，於法律或事實方面使之陳述意見，必有助於少年法院之正確決定。

少年之輔佐人，既為少年、少年之法定代理人或現在保護少年之人所選任(見少年事件三一條Ⅰ項),自應輔助少年就法律之適用與事實之認定，為有利於自己之陳述，同時審理期日，亦有義務為少年之利益陳述意見，故少年法院於訊問少年後，應給予少年之輔佐人以陳述意見之機會（見少年事件三六）。少年輔佐人於審理期日，除保障少年於程序上之權利外，應

協助少年法院促成少年之健全成長。

(八)給予少年最後陳述意見之機會

少年法院於審理期日依序踐行事件之審理後，則少年保護事件之原委，少年本身之品德操守，少年觸法情節之輕重，少年觸法後之態度等等，大致已能周詳明瞭；惟為慎重處理起見，仍應給少年以最後陳述意見之機會，俾審理程序終結後，能以適當之處分處遇少年，以達毋枉毋縱之保護目的。尤以審理期間，少年法院之訊問，間或有疏漏之處；少年之法定代理人、現在保護少年之人或少年之輔佐人於法庭所為之陳述，難免不周全，故於閉庭前，給予少年以最後陳述之機會，乃審理程序所必須。

(九)閉　庭

審理期日應踐行之審理程序，既已踐行完畢，則少年法院應即諭知退庭。唯退庭之前，少年法院應諭知宣示裁定之期日及對少年之處分。

審理期日應踐行之審理程序，倘未能於一次期日內終結者，除有特別情形外，應於次日連續開庭；如無法於次日連續開庭審理者，應改期審理，並當庭面告應到庭之人以下次應到庭之期日。再如下次開庭因事故間隔至十五日以上者，應更新審理程序。

肆、審理中之交付觀察

依本法第四十四條第一項之規定:「少年法院為決定宜否為保護處分或應為何種保護處分，認有必要時，得以裁定將少年交付少年調查官為六月以內期間之觀察。」所謂觀察，係少年法院於審理少年保護事件之過程中，對於少年是否應付保護處分或應付何種保護處分，尚須觀察其行狀，因之暫以裁定為猶豫期間之處分也。

良以少年之心地本純潔無瑕，良心未泯，身心之發展未臻成熟，可塑性大，設若因交友不慎，致為不良友朋之引誘、嗾使而加入不良組織；或濡染惡習，經常出入少年不當進入之場所、經常與有犯罪習性之人交往……等等，少年法院若逕行裁定付保護處分，未免過於草率、嚴厲，有失保護少年之意旨。故有無應付保護處分之必要，少年法院仍得斟酌情況，慎重

考慮；而在猶豫之期間，最好之辦法，莫若將少年交付少年調查官為相當期間之觀察，從其觀察中了解少年之行狀。倘若少年在觀察之期間內，確能遵守庭諭事項，改善行狀，徹底革除惡習、悔過自新，則矯正行為之目的已達，自無須付保護處分；反之倘若少年在觀察之期間內，仍然放浪形骸，故態復萌，不遵守庭諭事項，不服從少年調查官之勸導、矯正，而有付保護處分之必要者，少年調查官自應提出觀察報告，聲請少年法院對少年為保護處分之裁定，此為觀察處分之精神所在。以下謹就觀察之裁定、觀察之執行、觀察之期間、觀察之結果……等概述之。

(一)觀察之裁定

少年保護事件，經少年法院於審理期日踐行審理程序，而於審理終結前，對於少年是否適宜保護處分，尚在猶豫考慮之中，如認為有必要特別予以觀察者，得為觀察之裁定，將少年交付少年調查官為相當期間之觀察，俟觀察之結果，而決定宜否將少年付保護處分及付何種保護處分之依據。

觀察之裁定，應記載下列各項：

1. 交付觀察之少年。
2. 少年之法定代理人或現在保護少年之人姓名。
3. 交付觀察之意旨。
4. 觀察之期間。
5. 指定少年應遵守之事項，並命其履行。
6. 指定關於監督少年之必要事項，命少年之法定代理人或現在保護少年之人注意。

少年法院為觀察之裁定，得徵詢少年調查官之意見，將少年交付適當之機關、學校、團體或個人為之，並受少年調查官之指導。亦得以裁定將少年交付少年調查官為法定期間內之觀察。此項觀察處分之裁定正本，應依本法第四十八條及第四十九條之規定，送達於少年、少年之法定代理人或現在保護少年之人、輔佐人及被害人，並通知少年調查官。

(二)觀察之執行

觀察乃少年法院所為之一種緩付保護處分之措施，此項措施係將宜否

付保護處分或應付何種保護處分之少年，交付少年調查官為相當期間之觀察，由其觀察之結果及提出之報告，作為少年法院應否將少年付保護處分之依據。

少年調查官執行少年法院所交付之觀察任務，應憑其專門之學識與經驗，就少年法院特別指示之事項與期間，釐定計畫，切實實施觀察，並隨時輔導少年履行庭諭應遵守之事項，矯正其不當行為，必要時亦得建議少年之法定代理人或現在保護少年之人對少年嚴加監督，以改善少年之行狀。

觀察之期間屆滿，不論少年之行狀是否確實改善，少年調查官應依本法第四十四條第三項之規定，將觀察結果附具建議，供少年法院為應否將少年付保護處分之最後決定。

(三)觀察之期間

少年法院對於應否付保護處分之少年，不為付保護處分之裁定，而為交付少年調查官為觀察之裁定，無非在提供少年改過自新之機會，俾少年能在少年法院猶豫於應否付保護處分之設定期間內，改過遷善，重新做人，則少年法院可以不溯既往，為不付保護處分之裁定。

少年調查官受命對少年實施觀察，其執行之期間究應多長，本法第四十四條第一項後段雖僅規定：「為六月以內期間之觀察」，唯少年法院得依職權或少年調查官之請求，變更觀察期間或停止觀察（見少年事件四四條IV項）。

(四)觀察之結果

少年調查官實施觀察之期間屆滿，應即就少年在觀察期間內之行狀，提出報告，並附具建議，供少年法院為決定應否將少年付保護處分之參考。

少年法院於接獲少年調查官就觀察少年之結果，所提之報告及所附具之建議後，應即為最後之決定。如確認少年應付保護處分者，應為付保護處分之裁定，並諭知付何種性質之保護處分；倘認為少年已無付保護處分之必要者，得為不付保護處分之裁定。

伍、審理結果之裁定

少年保護事件，既經少年法院審理終結，則該保護事件之少年，應如何處分，少年法院應作最後之決定，並依職權為意思之表示。

少年法院所為之意思表示，通常以裁定行之，並將裁定之處分、暨處分之理由，當庭向少年、少年之法定代理人、現在保護少年之人等宣示之；且於裁定宣示後，並應將裁定書依法為送達之程序，始生拘束之效力。茲將少年法院於審理結果所為之裁定，依性質之不同，列舉之。

(一)移送於有管轄權之地方法院檢察署檢察官

少年保護事件，經少年法院審理結果，認為事件有本法第二十七條第一項之情形者，應為移送之裁定；有同條第二項之情形者，得為移送之裁定（見少年事件四○）。

所謂本法第二十七條第一項之情形者，係指 1.少年犯最輕本刑為五年以上有期徒刑之罪。 2.犯罪之少年於事件繫屬後已滿二十歲。前者犯罪情節不輕，倘若少年犯罪時已滿十四歲，應以裁定移送於有管轄權之地方法院檢察署檢察官，由其依少年刑事案件偵查處理之。而後者犯罪之少年，既於事件繫屬後已滿二十歲，則少年法院已無審理權，應即以裁定移送於有管轄權之地方法院檢察署檢察官，由其依普通刑事案件偵查起訴。

所謂同條第二項之情形者，乃指少年犯罪情節重大，參酌其品行、性格、經歷等情狀，以受刑事處分為適當，且犯罪之少年已滿十四歲，少年法院為個別處遇之必要，得以裁定將少年保護事件，移送於有管轄權之地方法院檢察署檢察官，由其依少年刑事案件偵查處理之。

(二)不付保護處分

少年保護事件，經少年法院審理之結果，認為事件不應或不宜付保護處分者，應以裁定諭知不付保護處分（見少年事件四一）。

所謂事件不應付保護處分者，或指少年之觸法事件或虞犯事件無確切之事實可證明；或指少年雖有觸犯刑罰法律之虞之行為，但經少年法院交付少年調查官為一定期間之觀察後，發現少年已能改善行狀，重新做人，

故已無付保護處分之必要……等等。所謂事件不宜付保護處分者，乃指少年因心神喪失（精神障礙或其他心智缺陷）致觸犯刑罰法律或有觸犯刑罰法律之虞之行為……等等情節，少年法院自應審酌情況，以裁定諭知不付保護處分，並令入相當處所實施治療。

㈢諭知保護處分

少年保護事件，經少年法院審理之結果，認為少年之觸法行為或虞犯事件，事實與證據俱在，從法律之觀點而言，其情節雖不嚴重，其行狀雖不惡劣，不應以少年刑事案件之性質，移送於有管轄權之地方法院檢察署檢察官，依法偵查處理，惟仍應付保護處分，以保護少年。故少年法院應對無本法第二十七條第一、二項情形之一之少年，為付保護處分之裁定。同時由於本法第四十二條所規定之保護處分有幾種不同之類型，因此少年法院於裁定將少年交付保護處分之前，應就少年之個別情狀與處遇之需要，選擇最適當之一種或二種處遇之。茲依本法第四十二條之規定，列舉保護處分之類別如下：

1.訓誡，並得予以假日生活輔導。

2.交付保護管束，並得命為勞動服務。

3.交付安置於適當之福利或教養機構輔導。

4.令入感化教育處所施以感化教育。

少年有下列情形之一者，得於為前項保護處分之前或同時諭知下列之處分：

1.少年染有煙毒或吸用麻醉、迷幻物品成癮或有酗酒習慣者，令入相當處所實施禁戒。

2.少年身體或精神狀態顯有缺陷者，令入相當處所實施治療。

依民國九十四年五月十八日修正公布之本法第四十一條第二項及第四十二條第四項之規定，少年法院為不付保護處分或諭知保護處分之裁定時，準用第二十九條第三項、第四項之規定，得斟酌情形，經少年、少年之法定代理人及被害人之同意，命少年為下列各款事項：

1.向被害人道歉。

2.立悔過書。

3.對被害人之損害負賠償責任(少年之法定代理人應負連帶賠償責任，並得為民事強制執行之名義)。

陸、裁定宣示之程序及事件以外之處分

少年保護事件，經少年法院於審理期日踐行審理程序後，應依少年個別之情狀與處遇之需要，為本法第四十、四十一條及第四十二條之裁定，並於裁定宣示之前後，為下列各項之程序及處分：

㈠裁定書之製作

少年保護事件之裁定，應由法官製作裁定書，但不得抗告之裁定，當庭宣示者，得僅命書記官記載於筆錄，未經當庭宣示者，以適當方法通知受裁定人。

裁定書，乃少年法院對於事件之處分所為有拘束力之意思表示，屬於要式之行為，故裁定書之製作，有其一定之格式，其應記載之事項大致如下：

1.標題：標題應冠以為裁定之少年法院全銜及文書之種類，即裁定書及該文書之字號。

2.受裁定之少年：應記載少年之姓名、性別、年齡、出生地、住居所等身分資料（或稱人別資料）。

3.少年之法定代理人或現在保護少年之人：記載其姓名及住居所。但移送於有管轄權之地方法院檢察署檢察官之裁定，無庸記載。

4.少年之輔佐人：記載其姓名及住居所。但移送於有管轄權之地方法院檢察署檢察官之裁定，無庸記載。

5.少年行為之被害人：記載其姓名及住居所。但僅於不付保護處分之裁定應記載之。

6.事由：記載事件之由來。

7.主文：少年法院對於保護事件所為之裁定，應明確記載於主文，以為執行之依據。至於沒收物品，亦應一併記載於主文諭知。

　　8.事實：移送及不付保護處分之裁定，係將事實一項附記於 9.理由項下，不另立事實一項。付保護處分之裁定，則應將行為事實詳細記載於事實項內。

　　9.理由：裁定所依據之事實，所適用之法律，及憑以認定事實之證據，均應記載於理由項內。移送及不付保護處分之裁定，應敘及行為事實；諭知保護處分之裁定，則應記載：(1)認定應付保護處分之理由及所憑之證據。(2)對於少年有利之證據不採納之理由。(3)諭知沒收或附隨處分之理由。(4)適用之法律。

　　10.裁定之年、月、日。

　　11.為裁定之法官姓名。

　　12.得抗告之裁定並附記之。

㈡裁定之宣示及裁定正本之送達

　　裁定乃少年法院對於事件之處理結果，所為決定之意思表示；其表示意思之方式，通常分為裁定之宣示及裁定正本之送達兩種。裁定之宣示，應自審理終結之日起，五日內行之，不以參與審理之法官為限，且應當少年之面為之。但少年不到庭者，不在此限。裁定之宣示不公開，但得許少年之親屬、學校教師、從事少年保護事業之人或其他認為相當之人在場旁聽（見少年事件三四）。未經審理程序之裁定，雖無庸宣示，但應以適當之方法，通知少年或其他關係人。裁定於宣示後，法官應將製作之裁定書原本，交付書記官製作正本，並依本法第四十八條之規定，將裁定書正本送達於少年、少年之法定代理人、現在保護少年之人或輔佐人及被害人或其法定代理人。文書之送達，適用民事訴訟法關於送達之規定。但不得行公示送達及因未陳明送達代收人，而將文書交付郵局以為送達（見少年事件四九）。裁定之得為抗告者，其抗告期間及提出抗告狀之法院，應於宣示時一併諭知之，並應記載於送達之裁定正本。受送達人於接獲裁定書之正本後，如有不服少年法院之裁定者，得依法提起抗告。

㈢被收容中少年之處分

　　收容於少年觀護所內之少年，於保護事件經少年法院審理終結，並為

本法第四十一條之不付保護處分，或本法第四十二條之應付保護處分之裁定後，應即為必要之處置，以保障少年之權益。

　　舉凡經諭知不付保護處分；或經諭知非收容性之保護處分者，如訓誡、並得予以假日生活輔導，以及交付保護管束……等，應視為撤銷收容，並應即開釋出所。但於抗告之期間內，得命責付或限制住居。至於經諭知令入感化教育處所施以感化教育者，則應將收容於少年觀護所中之少年，護送至少年矯正學校（或少年輔育院），依法施以感化教育。

㈣扣押物之處分

　　扣押物，一為可得沒收之物，一為可供為證據之物。少年保護事件，既經少年法院審理終結，並為應否付保護處分之裁定後，則其所扣押之物，應如何處分，不能無明確之規定。由於本法第四十三條第一項有：「刑法及其他法律有關沒收之規定，於第二十八條、第二十九條、第四十一條及前條（第四十二條）之裁定準用之」之規定，故少年法院於諭知保護處分之裁定，而於裁定之主文內記載有應沒收之物，並為諭知沒收者，不論扣押物已未扣押，皆應沒收之。至於得沒收而未宣告沒收之扣押物，於裁定宣示後，應即發還。扣押之贓物，應發還被害人者，應不待其請求，即時予以發還。扣押物因所有人、持有人或保管人之請求，得命其負保管之責，暫行發還。此項發還之扣押物雖屬保管性質，但裁定主文內無他項諭知者，視為已有發還之裁定。

柒、保護處分之撤銷

　　少年法院就保護事件之少年，諭知付保護處分之裁定，其目的不外在藉保護處分之執行，以矯治及保護少年，並非含有懲罰之意味。

　　惟少年法院為保護處分之裁定後，發見其無審理權；或受保護處分之人，另受有期徒刑以上刑之宣告確定者……等等，為保護處分之少年法院，究應如何處理，不能無明確之明文規定以為遵循，故茲就本法第四十七條第一項、第四十五條第一項及第四十六條第二項之規定，分別概述之。

(一)應撤銷之保護處分

依本法第四十七條第一項之規定：「少年法院為保護處分後，發見其無審判權者，應以裁定將該處分撤銷之，移送於有審判權之機關。」

少年法院對於少年保護事件之審理，以有審判權（或稱為審理）之存在為前提，倘無審判權，而將保護事件之少年諭知付保護處分之裁定，自為法所不許，應即依本法之規定，撤銷其所諭知之保護處分，而將該事件移送於有審判權之機關。

少年法院對於少年保護事件，是否有審判權，應由法官依職權為審查；舉凡享有治外法權之少年，或具有現役軍人身分而觸犯陸海空軍刑法之罪之少年，或現在年齡已滿二十歲之犯罪行為人……等等，少年法院均無審判權，不得逕自予以繫屬、審理。即使已滿十四歲而未滿十八歲之少年，有觸犯本法第二十七條第一項第一款（犯最輕本刑為五年以上有期徒刑之罪）之罪情者，少年法院亦不得就該事件於審理後，為諭知付保護處分之裁定，而應移送於有管轄權之地方法院檢察署檢察官，由其依法偵查處理之。倘已諭知付保護處分之裁定者，應即依法撤銷之。

少年經諭知付保護處分後，其執行保護處分之機關，如執行假日生活輔導之少年保護官、執行保護管束之少年保護官、警察機關……，執行感化教育之少年矯正學校等等，倘於執行職務中發見足認為有應裁定撤銷保護處分之情形之資料者，應即通知該少年法院（見少年事件四七條II項）。同時少年犯罪經繫屬、審理後，其現在之年齡已滿二十歲者，於諭知付保護處分後，發見其無審判權者，應以裁定撤銷該處分，而將該案件移送於有管轄權之地方法院檢察署檢察官依法偵辦（見少年事件二七條I項2款）。

(二)得撤銷之保護處分

依本法第四十五條第一項之規定：「受保護處分之少年，另受有期徒刑以上刑之宣告確定者，為保護處分之少年法院，得以裁定將該處分撤銷之。」

少年法院對於同一少年先後所為之數保護事件，倘未併案處理；或者同一少年先後所為之數事件，分別繫屬於不同管轄、不同地區之數少年法院，致同一少年受保護處分之裁定後，又另受有期徒刑以上刑之宣告確定，

形成保護處分與刑事處分併存，保護處分無法執行之現象，究應執行何者為宜，不能無明確之規定。由於保護處分與刑事處分併存時，得許執行刑事處分，故少年已受保護處分之宣示後，又另受有期徒刑以上刑之宣告確定者，少年法院得以裁定將該保護處分撤銷之。惟其得與不得，少年法院仍有其最後之決定權。

㈢視為撤銷之保護處分

依本法第四十六條第一項之規定：「受保護處分之少年，復受另件之保護處分，分別確定者，後為處分之少年法院，得以裁定定其應執行之處分。」而本法第四十六條第二項又規定：「依前項（即本法第四十六條第一項）裁定為執行之處分者，其他處分無論已否開始執行，視為撤銷。」故未經定為應執行之保護處分，無庸另以裁定撤銷之。

同一少年先後所為之數事件，容或有分別繫屬於不同管轄、不同地區之數少年法院之情事，致受保護處分之少年，復受另件之保護處分，而分別確定者，究應執行前者之保護處分或者是後者之保護處分，不能無明確之規定以資遵循。遇有此類情形，應依本法第四十六條第一項之規定，由後為處分之少年法院，以裁定定其應執行之處分；例如前者之保護處分為交付保護管束，後者之保護處分為令入感化教育處所施予感化教育，得由後為處分之少年法院，就前者與後者之保護處分，擇一以裁定定其應執行之處分，而另一項保護處分，不論已否開始執行，依本法第四十六條第二項之規定，視為撤銷。

捌、處分重複之定奪

受保護處分之少年，另受保安處分之宣告確定者；或受保護處分之少年，復受另件保護處分，分別確定者，為保護處分之少年法院，究應如何處理，不能無明確之規定可資遵循；蓋保護處分與保安處分，併為執行，不免有所困難（適用法律不同）；保護處分與保護處分之間，亦有類別之不同，併為執行，不免有所窒礙，故本法第四十五條第二項及第四十六條第一項設有「定其應執行之處分」之規定，茲概述之：

(一)應以裁定定其應執行之處分

依本法第四十五條第二項之規定:「受保護處分之少年,另受保安處分之宣告確定者,為保護處分之少年法院,應以裁定定其應執行之處分。」此乃同一少年先後為數事件,分別繫屬於同一少年法院或數個不同管轄、不同地區之審判機構,致審理之結果,一因屬於保護事件,經少年法院以裁定諭知付保護處分;一因屬於刑事案件,經地方法院或少年法院為保安處分之宣告確定,則保護處分與保安處分,呈現併存之情形,倘一併執行,因其適用法律不同,不免有所困難,故本法第四十五條第二項規定,為保護處分之少年法院,應以裁定定其應執行之處分。

(二)得以裁定定其應執行之處分

依本法第四十六條第一項之規定:「受保護處分之少年,復受另件保護處分,分別確定者,後為處分之少年法院,得以裁定定其應執行之處分。」此乃同一少年先後為數事件,分別繫屬於不同管轄、不同地區之數少年法院,致經審理之結果,各依本法第四十二條之規定,先後為諭知付保護處分之裁定;唯數少年法院先後所諭知之保護處分,或者類別相同(如同是交付保護管束),或者類別不相同(如前者為交付保護管束、後者為令入感化教育處所施以感化教育),屬於相同性質之保護處分,有無重複執行之必要;屬於不相同性質之保護處分,有無逐一執行之必要,均應有明確之規定以資遵循,故本法第四十六條第一項乃以明文規定:凡「受保護處分之少年,復受另件保護處分,分別確定者,後為處分之少年法院,得以裁定定其應執行之處分。」則授權後為處分之少年法院,擇定一項處分定其應執行之處分,而毋須重複執行或逐一執行。

第六節　抗　告

依本法之規定,少年法院處理少年保護事件,得斟酌少年個別之情狀,與處遇之需要,為種種裁定之諭知,如不付審理之裁定、不付保護處分之

裁定、付保護處分之裁定、命負擔教養費用之裁定……等等。

此項裁定雖有拘束之效力，但少年行為之被害人、或受處分之少年、少年之法定代理人、現在保護少年之人、少年之輔佐人等，倘不服少年法院所為之裁定時，得依法提起抗告、聲明不服以謀救濟。故抗告之提起，係針對少年法院所為不當或未確定之裁定而聲明不服，與刑事訴訟法之抗告制度大致相同。惟本法不適用刑事訴訟法之「再抗告制度」及所謂：「準抗告制度」。本節擬就抗告之意義、抗告之主體、得以抗告之裁定、抗告之期間、抗告之程式、抗告之效力、抗告之處理……等分別概述之。

壹、抗告之意義

抗告者，乃指得以行使抗告權之特定人，不服少年法院對於少年保護事件審理結果，所為不當或不確定之裁定，而以抗告書狀向原審少年法院聲明不服，並請求直接上級法院以裁定撤銷原審所為之裁定，以謀救濟之方法，茲將其意義分析言之。

㈠抗告係對少年法院所為不當或不確定之裁定聲明不服之方法

少年法院對於繫屬之少年保護事件，經調查及審理結果後，所為之裁定，如不付審理、不付保護處分、交付保護處分、命負擔教養費用等等，以及執行保護處分後，所為之變更處分，如撤銷保護管束執行感化教育之處分、命繼續執行感化教育之處分等等，依本法之規定，得以行使抗告權之特定人，倘認為其所為之裁定，係不當或尚未確定者，得向原為裁定之少年法院聲明不服，並提出抗告書狀，請求撤銷原裁定。惟抗告之提出，須本法第六十一條及第六十二條所准予抗告之處分及裁定，始能聲明不服，並提起抗告，苟逾越此範圍者，則為法所不許。

㈡抗告係得以行使抗告權之特定人請求撤銷原裁定之方法

得以行使抗告權之特定人，簡稱之為「有抗告權人」，包括少年行為之被害人、受裁定處分之少年、少年之法定代理人、現在保護少年之人、少年之輔佐人等。少年行為之被害人，係因少年之行為，致生命、身體、自由、財產、名譽等權益，直接遭受侵害之特定人，為維護其個人之權益，

對於少年法院就保護事件之少年，所為不付審理之裁定及不付保護處分之諭知等等，得提起抗告聲明不服，以謀救濟，並請求直接上級法院撤銷原裁定，而重新予以審理。而受裁定處分之少年，既因個人之行為，致侵害他人之權益，自應接受少年法院裁定之處分，唯保護處分之執行，有礙少年身體之自由、名譽之保障，故對於少年法院所為諭知保護處分之裁定，或執行保護處分後所為之變更處分，如撤銷保護管束執行感化教育之處分、命繼續執行感化教育之處分等等，自可提起抗告聲明不服，並請求撤銷原裁定，而重新審理抑或仍執行原處分，以維個人之權益。少年之法定代理人、現在保護少年之人、少年之輔佐人等，既與受裁定處分之少年，有密不可分之關係，自應協助其提起抗告，以維少年之法益。

㈢抗告係請求少年法院之直接上級法院救濟之方法

少年法院之直接上級法院，係高等法院或其分院。由於本法對於少年保護事件之處理，不採刑事訴訟法之三級三審制，而採二級二審制，故得以行使抗告權之特定人，對於少年法院所為之裁定及處分，如認為有失當、欠妥、可疑之情事，得向原為裁定之少年法院之高等法院或其分院提起抗告，並請求撤銷原為裁定之少年法院所為之裁定及處分，以謀挽回其對自己不利之處境，維護個人之權益。唯高等法院或其分院（又稱抗告法院），對於抗告案件所為之裁定，因其有絕對之效力，不得再為變更或撤銷其處分之聲請，故得為行使抗告權者，對其所為之裁定，不得再行抗告（見少年事件六三條II項）。

貳、抗告之主體

抗告之主體，係指得以行使抗告權之特定人，又稱之為「有抗告權人」。抗告之提起，須有抗告權人之行使始能生效，苟無抗告權之人，而擅自提起抗告，則為法所不許。

依本法之規定，得以行使抗告權之人，包括受裁定處分之少年、少年之法定代理人、現在保護少年之人、少年之輔佐人以及少年行為之被害者；同時得以行使抗告之裁定，僅限於本法第六十一、六十二條及第八十四條

所列舉之裁定，並非對於少年法院所為一切保護事件之裁定，均得提起抗告。茲將得以行使抗告權之主體，分別列舉概述之。

(一)受裁定處分之少年

少年為保護事件之主體，為維護個人身體、自由、財產及名譽等之權益，對於少年法院所諭知之保護處分及負擔教養費用之裁定，暨執行保護處分期間，所為變更處分之裁定，如本法第五十五條第四項之撤銷保護管束執行感化教育之處分之裁定，以及本法第五十六條第四項之命繼續執行感化教育處分之裁定……等等，如有不服，認為少年法院所為之裁定，有失當、欠妥、偏頗、不公之情事，自得提起抗告，請求少年法院之直接上級法院，撤銷原為裁定之少年法院所為之裁定，以謀救濟。原為裁定之少年法院對於受處分少年所提之抗告，因其具有抗告權，自得予以受理。

(二)少年之法定代理人

少年因年歲尚輕，羽毛未豐，尚無獨立生活之能力，故一切教養責任尚須仰賴其法定代理人。所謂法定代理人，乃指少年之父母、養父母或其他現在負責少年教養之監護人是。少年之法定代理人，平日負責少年之監護、教養，與少年共同生活，關心其起居作息，監視其舉動作為，督促其奮發上進，對其前途莫不十分關切。少年苟因一時之衝動，誤觸刑罰法律；或因交友不慎，致濡染虞犯行為；或因種種原因，致有本法第三條第一、二款所列舉之觸法事件或虞犯事件，經少年法院審理結果，諭知保護處分及負擔教養費用之裁定；或者經執行保護處分，而於執行期間經少年法院變更其處分，如撤銷保護管束執行感化教育之處分、命繼續執行感化教育之處分等，對於少年個人之身體、自由、財產、名譽等權益之保障，關係甚大，故少年之法定代理人得為少年個人之利益，向原裁定之少年法院提起抗告，並請求少年法院之直接上級法院，撤銷其原裁定，以保障少年之權益。由於少年之法定代理人，依本法第六十一條及第八十四條之規定，係得以行使抗告權之人，故得代理少年提起抗告。

(三)現在保護少年之人

少年之監護、教養，雖由法定代理人擔負執行，但如少年負笈在外，

遠離法定代理人之住居所，或法定代理人身在國外，不能履行監護之責，則少年現在之教養、監護之權，應由現在保護少年之人承擔。所謂現在保護少年之人，乃指現實擔負監護少年之特定人，如舅父母、兄嫂、伯叔父母等是，且其擔負之監護權責仍在繼續執行之期間，雖與少年之法定代理人之身分有別，但其所擔負少年之監護、教養之權責，實際上並無差別。少年苟因觸犯刑罰法律或具有犯罪傾向之虞犯行為，而為少年法院諭知保護處分或命負擔教養費用之裁定，或者於執行保護處分期間，因有本法第五十五條第四項之情節，經少年法院以裁定撤銷保護管束執行感化教育之處分；或者感化教育之執行，已核准停止其執行，而少年在保護管束期間，有本法第五十五條第四項之重大情節，經少年法院裁定繼續執行感化教育之處分者，現在保護少年之人，自得為少年之權益，向原裁定之少年法院提起抗告，並請求少年法院之直接上級法院，撤銷原為裁定之少年法院所為之不當裁定，以資救濟，俾能達成保護少年之目的。

(四)少年之輔佐人

少年、少年之法定代理人或現在保護少年之人，於少年之保護事件開始審理後，得隨時選任少年之輔佐人，以協助少年維護並保障身體、自由、財產、名譽等之權益。所謂少年之輔佐人，乃輔助少年維護個人身體、自由、財產、名譽等權益之特定人。為達成維護少年權益之目的，少年之輔佐人，必須於保護事件審理期日，到庭陳述意見，並於少年陳述意見有所不周之時，輔助其陳述意見。少年經少年法院於保護事件審理結果，諭知保護處分及命負擔教養費用之裁定後，倘少年、少年之法定代理人或現在保護少年之人，有不服少年法院所為上述之裁定者，少年之輔佐人，得輔助其提起抗告，或逕行為其提起抗告，唯輔佐人所提之抗告，不得與選任人明示之意思相反。少年經諭知保護管束之處分，於執行期間倘違反應遵守之事項情節重大，經少年法院裁定撤銷保護管束執行感化教育之處分；或經諭知感化教育之處分，於執行達六個月後，核准停止其執行，並交付保護管束，惟執行保護管束時，違反應遵守之事項情節重大，經少年法院裁定應繼續執行感化教育之處分等等，由於前述處分之變更，影響少年個

人身體、自由、名譽等權益之保障甚大，故少年、少年之法定代理人或現在保護少年之人，有不服之情事時，得囑託所選任之輔佐人提起抗告，唯輔佐人提起之抗告，不得與選任人明示之意思相反。

(五)少年行為之被害人

少年行為之被害人者，乃指因少年所為之觸犯刑罰法律行為，致生命、身體、自由、財產、名譽等權益，受有實際侵害之特定人。少年行為之被害人，其個人之權益倘受少年之侵害，自得向該管少年法院報告，而由少年法院予以受理。少年行為人所為之觸法事件，經少年法院調查結果，所為之不付審理之裁定（見少年事件二八條及二九條 I 項），及經少年法院審理結果，所為不付保護處分之裁定（見少年事件四一），對於少年行為之被害人，不無增加其憤慨不滿之心理之可能，故少年行為之被害人，倘認為少年法院所為前述之裁定，過於寬大、姑息或偏袒；或有失當、欠妥、不公之情事，而不服其裁定者，自得依法提起抗告，請求該少年法院之直接上級法院，撤銷原為裁定之少年法院所為之不當裁定，而重新踐行審理程序。唯少年行為之被害人倘已死亡，或有其他事實上之原因不能提起抗告者，得由配偶、直系血親、三親等內之旁系血親、二親等內之姻親或家長家屬提起抗告。

參、得以抗告之裁定

少年法院所為保護事件之裁定，前述得以行使抗告權之人，如有不服雖可向原為裁定之少年法院提起抗告，但僅能就得以抗告之裁定提起抗告，如本法第六十一條各款所列舉之規定，僅少年、少年之法定代理人、現在保護少年之人或少年之輔佐人得以提起抗告；本法第六十二條各款所列舉之裁定，僅限於少年行為之被害人有其抗告權，得提起抗告；本法第八十四條科處罰鍰之裁定，僅限於少年之法定代理人有抗告權，得提起抗告；茲將少年法院所為保護事件之裁定，得以行使抗告權者，列舉如下：

(一)本法第六十一條得以抗告之裁定

少年法院所為本法第六十一條各款所列舉之裁定，少年、少年之法定

代理人、現在保護少年之人或輔佐人有不服者，得提起抗告，但輔佐人提起抗告，不得與選任人明示之意思相反。

1. 交付少年調查官為適當輔導之裁定

少年法院對於非行之少年，於事件調查或審理中以裁定，將少年責付於少年之法定代理人、家長、最近親屬、現在保護少年之人或其他適當之機關、團體或個人，並得在事件終結前，交付少年調查官為適當之輔導（少年事件二六條 1 款），如有不服少年法院此項之裁定，得提起抗告。

2. 命收容之裁定

少年法院對於非行之少年，於事件調查或審理中以裁定，將少年收容於少年觀護所（少年事件二六條 2 款），以暫時限制其身體自由，保護其前途。唯如有不服少年法院此項之裁定，得提起抗告。

3. 延長收容之裁定

少年觀護所收容少年之期間，依本法第二十六條之二第一項之規定，調查或審理中均不得逾二月。但有繼續收容之必要者，得於期間未滿前，由少年法院裁定延長之；延長收容期間不得逾一月，以一次為限……。此項延長收容之裁定，對於少年身體自由之權益，限制甚大，如有不服，得提起抗告。

4. 移送於有管轄權之地方法院檢察署檢察官之裁定

少年犯最輕本刑為五年以上有期徒刑之罪；或者犯罪情節重大，參酌其品行、性格、經歷等情狀，以受刑事處分為適當，且少年犯罪時已滿十四歲，經少年法院於調查或審理結果，依本法第二十七條第一、二項之規定，以裁定移送於有管轄權之地方法院檢察署檢察官，由其依少年刑事案件之性質，予以偵查追訴。此項移送偵查機關偵查追訴之裁定，對於少年之名譽及前途，影響至大，為維護少年之人格權益，少年、少年之法定代理人、現在保護少年之人，或其選任之輔佐人，得向原裁定之少年法院提起抗告（少年事件二七條 I 項、II 項及四○條）。

5. 轉介輔導或嚴加管教或告誡之裁定

少年法院依少年調查官之調查結果，認為少年之保護事件，情節輕微，

以不付審理為適當者，得依本法第二十九條第一項之規定，為不付審理之裁定，並得為下列之處分：(1)轉介兒童或少年福利或教養機構為適當之輔導。(2)交付兒童或少年之法定代理人或現在保護少年之人嚴加管教。(3)告誡。此項處分，無論對少年、或少年之法定代理人或現在保護少年之人之人格、尊嚴、名譽，不能說毫無關係，故如有不服，自得向少年法院提起抗告。

6.保護處分之裁定

少年保護事件，經少年法院審理結果，所諭知之應付保護處分，依本法第四十二條之規定，計有(1)訓誡，並得予以假日生活輔導。(2)交付保護管束並得命為勞動服務。(3)交付安置於適當之福利或教養機構輔導。(4)令入感化教育處所施以感化教育。以及一併諭知之禁戒及治療之處分。不論少年法院所諭知之保護處分係屬何項，此項保護處分之裁定，受處分之少年、少年之法定代理人、現在保護少年之人，或其所選任之輔佐人，均有其抗告權，得提起抗告。

7.留置觀察之裁定

少年受保護管束之處分，在執行期間，違反應遵守之事項，不服從勸導達二次以上，而有觀察之必要，少年法院經少年保護官之聲請，以裁定留置少年於少年觀護所中，予以五日以內之觀察（少年事件五五條III項）。此項觀察之裁定，少年、少年之法定代理人、現在保護少年之人，或其所選任之輔佐人，得為少年之身體自由權益，向少年法院提起抗告。又保護事件之少年，倘無正當理由，拒絕接受第二十九條第一項之輔導、管教或告誡，或拒絕接受第四十二條第一項第一款之訓誡、假日生活輔導、第三款之安置輔導，經少年法院核發勸導書而勸導無效，少年法院自得基於職權，裁定留置少年於少年觀護所中，予以五日以內之觀察（少年事件五五之三）。此項留置觀察處分之裁定，少年、或少年選任之輔佐人，得為少年之權益提起抗告。

8.撤銷保護管束執行感化教育處分之裁定

受保護管束處分之少年，於保護管束執行期間，違反應遵守之事項情節重大，或曾受五日以內之留置觀察，再違反應遵守之事項，經少年法院

以裁定撤銷保護管束，將所餘之執行期間令入感化處所施以感化教育，其所餘之期間不滿六月者，應執行至六月（見少年事件五五條IV項）。由於此項處分，關係少年身體自由及人格、自尊、名譽等權益之保障，故僅限於受處分之少年、或少年之法定代理人、現在保護少年之人、少年之輔佐人等，對其裁定得提起抗告。

9.延長安置輔導期間之裁定

保護事件之少年，受二月以上二年以下之安置輔導處分，為少年法院交付安置於適當之福利或教養機構輔導。唯安置輔導期滿，負責安置輔導之福利或教養機構，竟未經少年、少年之法定代理人或現在保護少年之人等之同意，逕自聲請少年法院以裁定延長其安置輔導之期間（見少年事件五五條之二III項）。此項裁定，關係少年身體自由、人格等權益之保障，且少年、少年之法定代理人或現在保護少年之人，認無繼續安置輔導之必要，故得提起抗告。

10.撤銷安置輔導執行感化教育處分之裁定

少年受二月以上二年以下之安置輔導處分，在安置輔導期間違反應遵守之事項，情節重大；或曾受第五十五條之三留置於少年觀護所中，予以五日以內之觀察處分後，再違反應遵守之事項，經負責安置輔導之福利或教養機構之聲請，少年法院竟以裁定撤銷安置輔導，將所餘之執行期間令入感化處所施以感化教育，其所餘之執行期間不滿六月者，應執行至六月（見少年事件五五條之二V項）。此項變更或調整之處分，涉及少年人格、自尊以及身體自由之保障，故少年、少年所選任之輔佐人，或少年之法定代理人、現在保護少年之人，得提起抗告。

11.駁回聲請免除或停止感化教育執行之裁定

少年受感化教育之執行已逾六月，行狀善良，累進處遇之成績已達二等，無繼續執行之必要，經少年之法定代理人請求少年保護官，檢具事證，聲請少年法院裁定免除或停止其執行；唯少年法院竟以裁定駁回其免除或停止感化教育執行之聲請，為維護少年之權益，少年及少年之法定代理人得向原為裁定之少年法院提起抗告（少年事件五六條I項）。

12.命繼續執行感化教育處分之裁定

受感化教育處分之少年，已執行逾六月，行狀良好，經少年法院以裁定停止其執行，並將所餘之執行期間，交付保護管束（見少年事件五六條Ⅰ、Ⅲ項）。唯於保護管束期間，違反應遵守之事項情節重大，或曾受留置於少年觀護所中，予以五日以內之觀察，再違反應遵守之事項（見少年事件五五條Ⅲ項），經少年法院以裁定，命繼續執行感化教育之處分（見少年事件五六條Ⅳ項）。由於此項變更或調整之處分，關係少年身體自由、人格尊嚴等權益之保障，故受處分之少年、少年之法定代理人、現在保護少年之人、少年之輔佐人等，對其裁定得提起抗告。

13.命負擔教養費用之裁定

少年保護事件，經少年法院諭知保護處分之裁定確定後，其執行保護處分所需教養費用，得斟酌少年本人或對少年負扶養義務人之資力，以裁定命其負擔全部或一部（見少年事件六〇）；由於此項裁定，關係少年或少年之法定代理人財產權益之保障，故受處分之少年、少年之法定代理人、現在保護少年之人、少年之輔佐人等得行使抗告權，向原裁定之少年法院提起抗告。

㈡本法第六十二條得以抗告之裁定

少年法院所為本法第六十二條第一項各款所列舉之裁定，少年行為之被害人或其法定代理人，得提起抗告，以維護個人之權益。唯被害人倘已死亡，或有其他事實上之原因不能提起抗告者，得由其配偶、直系血親、三親等內之旁系血親、二親等內之姻親或家長家屬提起抗告。

1.不付審理之裁定

少年保護事件，經少年法院調查結果，認為無付保護處分之原因，或以其他事由不應付審理，而為不付審理之裁定（見少年事件二八條Ⅰ項）。由於此項不付審理之裁定，難令少年行為之被害人滿意，故得向原為裁定之少年法院提起抗告，以彌補其所受侵害之怨懟心態，撫慰其不平、不滿。

2.不付審理並轉介輔導或交付管教或告誡之裁定

少年保護事件，經少年調查官調查結果，認為情節輕微，以不付審理

為適當，而聲請少年法院以裁定，為不付審理之裁定，並為下列之處分：(1)轉介兒童或少年福利或教養機構為適當之輔導。(2)交付兒童或少年之法定代理人或現在保護少年之人嚴加管教。(3)告誡(見少年事件二九條Ⅰ項)。此項不付審理之裁定，雖附加轉介輔導、或交付嚴加管教、或由少年調查官親自向受處分之少年告誡，但少年行為之被害人，容或仍覺不滿，無以慰平其怨懟心態，故准許其本人或法定代理人，向原裁定之少年法院提起抗告。

3.諭知不付保護處分之裁定

少年保護事件，經少年法院審理結果，認為事件不應或不宜付保護處分，而以裁定諭知不付保護處分（見少年事件四一條Ⅰ項）。此項諭知不付保護處分之裁定，容或不能令少年行為之被害人滿意，無以消除心中之怨懟心態，故如有不服仍得依法提起抗告。

4.諭知保護處分之裁定

少年觸犯刑罰法律，侵犯及少年行為被害人之身體、自由、財產、名譽等權益，經少年法院審理結果，竟以裁定諭知下列之保護處分：(1)訓誡，並得予以假日生活輔導。(2)交付保護管束並得命為勞動服務。(3)交付安置於適當之福利或教養機構輔導。(4)令入感化教育處所施以感化教育（見少年事件四二條Ⅰ項）。此項諭知保護處分之裁定，不論少年法院選擇何種處遇，少年行為之被害人，如有不服、不滿、不平之心態，認為少年法院之裁定，過於寬容、姑息或偏袒，為維護個人之權益，自得由本人或其法定代理人，向原裁定之少年法院提起抗告。

(三)本法第八十四條得以抗告之裁定

少年之法定代理人或監護人，因忽視教養，致少年有觸犯刑罰法律之行為，或有本法第三條第二款觸犯刑罰法律之虞之行為，而受保護處分或刑之宣告，經少年法院以裁定，命少年之法定代理人或監護人接受八小時以上五十小時以下之親職教育輔導。因拒不接受該項親職教育輔導；或雖接受該項親職教育輔導，但時數不足，少年法院得以裁定，處新臺幣三千元以上一萬元以下罰鍰；經再通知仍不接受者，得按次連續處罰，至其接

受完應接受時數之親職教育輔導為止（見少年事件八四條Ⅰ、Ⅱ、Ⅲ項）。此項罰鍰之處分，牽涉及少年法定代理人或監護人財產權之保障，故得依法提起抗告。

肆、抗告之期間

抗告有一定之抗告期間，應於一定之期間內為之。逾法定之抗告期間，非但不得提起抗告，即使提起抗告，其所提之抗告，不生效力。

抗告，不但須有抗告權之人始得行使，同時須得以抗告之裁定，方能提起抗告。倘若，得以行使抗告權之人，不服少年法院所為保護事件之裁定，應於有效之抗告期間內提起抗告，逾法定之抗告期間不行使抗告權，無疑自願捨棄抗告權，即已喪失有抗告權人之抗告權益，自不得於逾法定之抗告期間後，再提起抗告。唯抗告權人之延誤抗告期間，非由於本人之過失者，仍得於原因消滅後五日內，聲請回復原狀。且仍得於有效之抗告期間內，行使抗告權。

本法對於抗告之期間，於第六十四條第一項有：「抗告期間為十日，自送達裁定後起算。但裁定宣示後送達前之抗告亦有效力」之規定，故抗告之有效期間，除別有規定外，為十日。自送達裁定後起算。但裁定經宣示者，宣示後送達裁定書前之抗告，亦有效力。

伍、抗告之程式

抗告係法定之要式行為，由抗告權人於法定之抗告期間內為之。抗告權人提起抗告，須符合法定之程式，不合法定程式之抗告，其所為之抗告行為無效。抗告之程式，本法雖無明文規定，但準用刑事訴訟法第四百零七條之規定（見少年事件六四），故抗告之提起，須依下列之程式辦理：

㈠向原為裁定之少年法院提出抗告書狀

抗告雖係向原為裁定之少年法院之直接上級法院，請求撤銷原裁定以為救濟之一種法制；但提起抗告，應以抗告書狀，向原為裁定之少年法院為之。若以言詞為抗告之行為，則其所為之抗告無效。且其抗告權人之抗

告，亦不得逕向原為裁定之少年法院之直接上級法院為之，仍應依抗告之
程序辦理。

㈡抗告書狀應敘述抗告之理由

抗告權人不服少年法院所為不當或不確定而得以抗告之裁定，自應於
法定之抗告期間內，提出抗告書狀，向原為裁定之少年法院提起抗告聲明
不服，並請求撤銷原裁定以為救濟。抗告書狀應敘述抗告之理由，指明係
原裁定違背法律，或認定事實錯誤，或其處分不當，並提出證據，不得僅
聲明不服。倘抗告權人所提抗告書狀，僅聲明不服而未敘述抗告之理由，
應認為違背法律上之程式。抗告書狀所敘述之抗告理由，為原為裁定之少
年法院審酌應否更正其裁定之依據，且又為抗告法院為應否撤銷原裁定之
所憑，本法雖無明文規定抗告書狀應敘述抗告理由之內容及程式，但少年
不能自作抗告書狀者，少年之法定代理人、現在保護少年之人及少年之輔
佐人等得代為製作。惟被收容於少年觀護所內之少年，不能自作抗告書狀
者，該所公務員應為之代作，且被收容之少年，於抗告之期間內，向少年
觀護所所長提出抗告書狀者，視為已向原為裁定之少年法院提起抗告。少
年觀護所所長接受抗告書狀後，應附記接受之年、月、日、時，送交原為
裁定之少年法院依法受理。

㈢不合法律上之程式可補正者應定期間先命其補正

抗告書狀既經抗告權人於法定之期間內，呈遞於原為裁定之少年法院，
則原為裁定之少年法院於接受抗告書狀後，應先就形式上為審查，如發現
抗告權人所提之抗告書狀，有不合法律上之程式，而可補正者，應定期間
命抗告權人補正**❷**。

陸、抗告之效力

抗告權人一經向原為裁定之少年法院提起抗告,則其抗告即發生效力;
收容於少年觀護所中之少年，向少年觀護所所長提起抗告書狀者，亦有同

---

❷ 請參閱朱勝群著，《少年事件處理法新論》，六十五年三月，著作者發行，第二一
一至二一三頁。

等之效力。茲將抗告之效力，說明於次：

(一)停止之效力

抗告一經向原為裁定之少年法院提起，即有停止原裁定確定之效力。故原為裁定之少年法院應即就抗告書狀，先為程式上之審查，次就實體上有無理由為審查，倘認為抗告不合法律上之程式，或法律不應准許，或其抗告權已經喪失者，應以裁定駁回之；認為抗告有理由者，應即更正其裁定；認為全部或一部無理由者，應於接受抗告書狀後三日內，送交抗告法院。抗告雖有停止原裁定確定之效力，但無停止執行原裁定之效力，除非原為裁定之少年法院於抗告法院裁定之前，以裁定停止執行；或抗告法院以裁定停止原裁定之執行；否則原裁定仍有執行之效力。

(二)移審之效力

得以抗告之裁定，經抗告權人於抗告期間內提起抗告，除因所提之抗告不合法，經以裁定駁回；或認為抗告有理由，經更正其裁定外；舉凡全部或一部無理由者，原為裁定之少年法院應將抗告書狀，送交抗告法院，並得添具意見書，供抗告法院為審查之參考，即發生移審之效力。抗告雖然無停止執行原裁定之效力，但抗告法院得以裁定停止原裁定之執行。

(三)拘束之效力

抗告法院對於抗告案件，所為之裁定，如撤銷原裁定之裁定，原為裁定之少年法院因隸屬關係，應受其拘束。故抗告法院之裁定，應速通知原為裁定之少年法院，俾使其知悉裁定之結果。

柒、抗告之處理

少年法院所為保護事件之裁定，經得以行使抗告權之人提起抗告，則其抗告已生效力，原為裁定之少年法院應即繫屬該抗告事件，並先為程式上或實體上之審查，如抗告不合法者，駁回其抗告；抗告有理由者，更正其裁定；全部或一部無理由者，送交抗告法院審查；抗告法院繫屬抗告事件後，仍應就程式上或實體上為最後審查，並為確定之裁定。茲將原為裁定之少年法院及抗告法院所為之抗告事件之裁定，分別概述之。

㈠原為裁定之少年法院對於抗告事件之處理

1.駁回抗告

原為裁定之少年法院，於接受抗告權人提出之抗告書狀後，經為程式上之審查，認為抗告權人提出之抗告書狀，不合法律上之程式，或抗告權人對於法律上不應准許抗告之裁定提起抗告，或抗告權人已經喪失抗告權……等等情形，應即以裁定駁回之（見刑訴四○八條 I 項）。

2.更正原裁定

原為裁定之少年法院，對於抗告權人提出之抗告書狀，經為程式上之審查，認無不合；次就實體上為審查，認為抗告書狀所敘述之理由，及所提之證據，均足以採信，而認定抗告有理由者，應即更正原為之裁定（見刑訴四○八條 II 項前段）。

3.移送抗告法院

原為裁定之少年法院，對於抗告權人所提出之抗告書狀，經審查後，認為抗告書狀所敘述之理由，全部或一部無理由者，應於接受抗告書狀後三日內，送交抗告法院，並得添具意見書（見刑訴四○八條 II 項）。為送交之程序時，原為裁定之少年法院認為有必要者，應將該抗告事件之卷宗及證物一併送交抗告法院（刑訴四一○條 I 項）。抗告法院認為有必要者，亦得聲請原為裁定之少年法院，送交該抗告事件有關之卷宗及證物（見刑訴四一○條 II 項）。抗告法院收到該抗告事件有關之卷宗及證物後，應於十日內裁定之（見刑訴四一○條 III 項）。

㈡抗告法院對於抗告事件之處理

1.抗告駁回

抗告法院，因原為裁定之少年法院所移送之抗告事件，而繫屬並受理該抗告事件。經程式上或實體上審查結果，認為抗告不合法律上之程式，或法律上不應准許，或其抗告權已經喪失，或其抗告無理由者，抗告法院應以裁定駁回之（見刑訴四一一、四一二）。

2.撤銷原裁定

抗告法院經審查結果，認為抗告權人所提之抗告有理由者，應以裁定

撤銷原裁定（刑訴四一三）。並將所為之裁定，迅速通知原為裁定之少年法院（見刑訴四一四）。

第七節　重新審理

少年法院就少年保護事件審理結果，諭知應付或不付保護處分之裁定確定後，原則上對該事件即有一事不再理之效力。

但如有發見確實之新證據，足認為受保護處分之少年，應不付保護處分；或不付保護處分之少年，應諭知保護處分；或有刑事訴訟法第四百二十條第一項第一、二、四款或第五款所規定，得為再審之情形者，自應有補救之辦法，以彌補裁定之不當。

本法為保障少年或少年行為被害人之權益，避免處分之不當，特仿照刑事訴訟法之再審制度，制定重新審理之少年法制，俾能因應實務上之需要，貫徹保護少年之立法意旨。本節擬就重新審理之意義、聲請重新審理之理由、聲請重新審理之主體、聲請重新審理之程序、聲請重新審理之效力、聲請重新審理之裁定等，分別概述之。

壹、重新審理之意義

觸法或虞犯少年，經少年法院諭知應付或不付保護處分之裁定確定後，少年保護官、少年、少年之法定代理人、現在保護少年之人、少年之輔佐人或少年行為之被害人及其法定代理人，如發見確實之事證，足認為受保護處分之少年，應不付保護處分；或不付保護處分之少年，應諭知保護處分者，得向原為處分之少年法院，聲請重新審理，以謀救濟。

所謂重新審理者，乃指觸法或虞犯少年，經諭知應付或不付保護處分之裁定確定後，因有確實之事實與證據，足認為少年法院之確定裁定不當，乃檢具事證，向原為裁定之少年法院，聲請重新踐行審理程序之制度也。

少年法院就保護事件之少年，為保護處分之諭知，無非在藉保護處分

之執行，以保護、管束少年，使少年能獲致適切之處遇，改善其不當之性行。唯保護處分之執行，對於少年身體、自由、名譽等權益之保障妨害甚大，故無付保護處分之必要者，應不付保護處分；應付保護處分者，即應諭知適當之保護處分，以免過分姑息、寬容。再者諭知交付或不付保護處分之裁定確定後，如發見確實有不付或應付保護處分之理由與事證者，少年法院應依職權為重新審理之裁定，俾能維護少年與少年行為之被害人之權益，並貫徹保護少年之立法意旨。

貳、聲請重新審理之理由

聲請重新審理，必須有法定之理由；此法定之理由，本法第六十四條之一、之二，均有明確之規定。茲分別概述之。

(一)本法第六十四條之一得聲請重新審理之理由

依本法第六十四條之一之規定，觸法或虞犯少年，受保護處分之裁定確定後，有確實之事實與證據，足認為應不付保護處分者，少年保護官、少年、少年之法定代理人、現在保護少年之人或其選任之輔佐人等，得聲請原為保護處分之少年法院重新審理。故有下列情形之一之事實與證據，即可向原為保護處分之少年法院，聲請重新審理：

1.適用法規顯有錯誤，並足以影響裁定之結果者。

2.因發見確實之新證據，足認受保護處分之少年，應不付保護處分者。

3.有刑事訴訟法第四百二十條第一項第一、二、四款或第五款所定，得為再審之情形者。如下列經修正之條文：

(1)原確定裁定所憑之證物，已證明其為偽造或變造者。

(2)原確定裁定所憑之證言、鑑定或通譯，已證明其為虛偽者。

(3)原確定裁定所憑之普通法院之裁判，已經確定裁判變更者。

(4)為原裁定或裁定前行調查之法官，因該事件犯職務上之罪已經證明者。

(二)本法第六十四條之二得聲請重新審理之理由

依本法第六十四條之二之規定，觸法或虞犯少年，經少年法院諭知不

付保護處分之裁定確定後，少年行為之被害人或其代理人，有確實之事實與證據，足認為應諭知保護處分者，得向原為不付保護處分之少年法院，聲請重新審理。唯必須有下列情形之一之事實與證據：

　　1.有刑事訴訟法第四百二十二條第一款得為再審之情形者。即有刑事訴訟法第四百二十條第一項第一、二、四款或第五款之情形者。因前已述及，不再列舉。

　　2.經少年自白或發見確實之新證據，足認其有第三條（觸法行為及虞犯行為）行為應諭知保護處分者。

　　綜上所舉，可知本法第六十四條之一之規定，係為受保護處分諭知之少年利益，設定得聲請重新審理之理由。而本法第六十四條之二之規定，乃為不付保護處分諭知之少年不利益，設定得聲請重新審理之理由。前者在保障少年之權益，後者在保障少年行為之被害人之權益。

參、聲請重新審理之主體

　　諭知應付或不付保護處分之裁定確定後，有確實之事實或證據，如本法第六十四條之一、之二所列舉情形之一，認為應不付或應付保護處分者，利害關係人，得為受處分少年之利益或不利益，向原為裁定之少年法院聲請重新審理。所謂利害關係人，乃本法第六十四條之一、之二所規定得聲請重新審理之主體，如受處分之少年、少年之法定代理人、現在保護少年之人、少年之輔佐人、少年保護官，以及少年行為之被害人或其法定代理人等，茲分別概述之。

(一)受處分之少年

　　少年既受諭知保護處分之裁定確定，則對個人身體、自由、財產、名譽等權益之保障，受害甚大，如有確實之事證，足認應不付保護處分者，得聲請原為保護處分之少年法院重新審理，以保障個人之權益。

(二)少年之法定代理人

　　受保護處分之諭知者，雖係未滿十八歲之少年，而非少年之法定代理人。但少年之保護、教養、管束，一切均由少年之法定代理人擔負，且少

年又常為法定代理人之直系血親卑親屬，或其他有親屬關係之晚輩，其相互之關係，自然相當密切。故少年一旦為少年法院諭知保護處分之裁定確定後，如有本法第六十四條之一第一項各款所列舉之具體事證之一，足認受保護處分之少年應不付保護處分者，得代理少年本人向為原保護處分之少年法院，聲請重新審理，以確保少年個人之權益。

(三)現在保護少年之人

受保護處分之諭知者，雖係未滿十八歲之少年，而非現在保護少年之人；但少年平日之教養、保護與管束，或多或少由現在保護少年之人擔負；縱然現在保護少年之人，並非少年之法定代理人，但其擔負監護之職責，與少年之法定代理人並無任何差別。故少年一旦為少年法院諭知保護處分之裁定確定後，如發見有本法第六十四條之一第一項各款所列舉之情形之一，足認為受處分之少年應不付保護處分者，得代理少年向原為保護處分之少年法院，聲請重新審理，以保障少年之權益。

(四)少年之輔佐人

少年之輔佐人，既係由少年、少年之法定代理人或現在保護少年之人所選任，自應本其專門之學識與經驗，輔佐少年維護身體、自由、財產、名譽等之權益，故除於保護事件審理期日，到庭陳述意見外，對於少年法院所為不當或未確定之處分之裁定，得輔佐少年提起抗告；對於少年法院所諭知之保護處分之裁定確定後，如發見有本法第六十四條之一第一項各款所列舉情形之一，足認受處分之少年應不付保護處分者，得代理或輔佐少年向原為保護處分之少年法院，聲請重新審理以謀救濟，俾維護少年之權益。

(五)少年保護官

少年保護官掌理保護處分之執行，舉凡假日生活輔導、保護管束、勞動服務、安置輔導、感化教育等處分之執行，莫不與少年保護官息息相關，譬如假日生活輔導、保護管束、勞動服務等處分之執行，固由少年保護官親自負責，即使安置輔導、感化教育處分之執行，少年保護官亦不時與安置輔導機構、感化教育處所取得聯繫，關心少年之行狀，並隨時保護少年。

少年保護官於執行保護處分時，倘發見受保護處分之少年，有本法第六十四條之一第一項各款所列舉之情形之一，足認為受保護處分之少年應不付保護處分者，得聲請少年法院重新審理，以保障少年之權益。

(六)少年行為之被害人或其法定代理人

少年行為之被害人，乃因少年之觸犯刑罰法律行為，致身體、自由、財產、名譽等權益，直接遭受侵害之特定人，其對少年之怨恨、不滿，在所難免。少年保護事件，既經少年法院於審理結果，諭知不付保護處分之裁定確定後，少年行為之被害人或其法定代理人，難免有不服之心態，倘發見有本法第六十四條之二第一項第一、二款之情形，足認不付保護處分之少年，應諭知保護處分者，得向原為不付保護處分之少年法院，聲請重新審理。

肆、聲請重新審理之程序

少年法院就保護事件之少年，諭知應付或不付保護處分之裁定確定後，如發見有本法第六十四條之一、之二得為重新審理之規定，應即依職權為重新審理之裁定外，少年保護官、少年、少年之法定代理人、現在保護少年之人、少年之輔佐人，或少年行為之被害人及其法定代理人，亦得為少年之利益或不利益，聲請原為裁定之少年法院重新審理。

聲請重新審理，有一定之法定程序，本法因無明確之規定，故得準用刑事訴訟法有關再審之規定，茲依刑事訴訟法第四百二十九條之規定概述如下：

(一)提出聲請重新審理理由之書狀

重新審理以具備法定之理由為要件，苟無法定之理由，則不許其提出聲請，即使提出聲請，亦不能生效。聲請重新審理之法定理由，本法第六十四條之一、之二之條文，有極詳細之規定，必須有確實之事證，足認受保護處分之裁定確定之少年，應不付保護處分；或者不付保護處分之裁定確定之少年，應諭知保護處分者，始可聲請重新審理。故聲請重新審理，須以書狀敘述聲請重新審理之理由，合於本法第六十四條之一第一項第幾

款之條文，或第六十四條之二第一項第幾款之條文，俾審查時有所依據。

㈡附具原確定裁定之繕本

聲請重新審理，必須附具原確定裁定之繕本；即原為裁定之少年法院，於諭知應付或不付保護處分之裁定確定後，送達於受處分少年或少年行為之被害人之確定裁定書，只提出原確定裁定之繕本（影印本），而不必提出其正本。

㈢附具證據

聲請重新審理之聲請人，既因發見有本法第六十四條之一第一項或第六十四條之二第一項各款所列舉情形之一，得為重新審理之聲請，自應檢具證據，向原為裁定之少年法院聲請重新審理，俾能有所依據。並使原為裁定之少年法院，經審查證據後，能依職權為重新審理之裁定。

㈣向原為裁定之少年法院提出聲請

聲請重新審理，必須向原為裁定之少年法院，提出聲請書狀，附具原確定裁定之繕本及證據，原為裁定之少年法院，始得據以受理。倘向其他轄區之少年法院，提出重新審理之聲請，則無效。

伍、聲請重新審理之效力

諭知應付或不付保護處分之裁定確定後，如有本法第六十四條之一、之二所規定得聲請重新審理之事證或理由者，有聲請權人得向原裁定之少年法院為重新審理之聲請。唯諭知應付或不付保護處分之少年倘已死亡者，則不得聲請重新審理。

重新審理之聲請，於諭知保護處分之裁定確定後，固得為之，即使所諭知之保護處分已執行完畢者，亦得為之（準用刑訴四二三）。

聲請重新審理，無停止保護處分執行之效力（準用刑訴四三〇前段）。故為保護處分之少年法院，不得於受理重新審理之聲請案件後，以裁定停止保護處分之執行。

重新審理之聲請，既依法定之程序提出後，於重新審理之聲請案件尚未為裁定前，得撤回之。唯撤回重新審理之聲請人，不得更以同一原因再

聲請重新審理（準用刑訴四三一）。撤回重新審理之聲請，應以書狀為之。

陸、聲請重新審理之裁定

少年法院於接獲聲請權人所提聲請重新審理之書狀後，應先就聲請重新審理之程序為審查，次就聲請重新審理之理由為審酌，倘聲請人所提聲請重新審理之程序違背規定，或所提之聲請重新審理無理由者，應以裁定駁回其聲請；倘認為所提重新審理之聲請有理由者，應為開始重新審理之裁定（準用刑訴四三三、四三四及四三五）。茲分別概述之。

㈠駁回重新審理之聲請

凡聲請重新審理之程序違背規定，或所提之聲請重新審理無理由者，均應以裁定駁回之。

聲請重新審理之程序，違背規定之情形，不外有下列各項：1.於少年死亡後提出聲請者。 2.對於非諭知應付或不付保護處分之確定裁定提出聲請者。 3.無聲請權人提出聲請者。 4.聲請書狀未敘述理由不遵命補正者。 5.經撤回之聲請再以同一原因提出聲請者。至於所提之聲請重新審理無理由者，不外因所提之聲請重新審理，不合本法第六十四條之一第一項或第六十四條之二第一項各款所列舉之情形，或其所提之證據無採信之價值故也。

㈡重新審理有理由之裁定

少年法院就聲請權人所提重新審理之聲請書狀，為程序上及實體上之審查後，認為其聲請合法，並無違背不得聲請重新審理之規定情形，且其所提之聲請重新審理有理由者，應即為開始重新審理之裁定。此項裁定，不得抗告，故一經宣示，或為裁定書之送達，原諭知應付或不付保護處分之少年法院，應即按通常程序，就該事件重新踐行審理程序。

重新審理之聲請，在保障少年或少年行為之被害人權益，故少年經諭知應付或不付保護處分之裁定確定後，如發見有本法第六十四條之一第一項各款所列舉情形之一，或第六十四條之二第一項各款所列舉情形之一，足認為諭知保護處分之少年，應不付保護處分；或不付保護處分之少年，

應諭知保護處分者，有聲請權人自得向原為裁定之少年法院，聲請重新審理。即使所諭知之保護處分已執行完畢，亦得為重新審理之聲請。唯少年倘受保護處分之執行完畢後，因重新審理之結果，須受刑事訴追者，其不利益不及於少年，故毋庸以裁定移送於有管轄權之地方法院檢察署檢察官（少年事件六四條之一IV項）。重新審理之保護事件，一經少年法院重新審理結果，不論所為之裁定，係諭知保護處分或不付保護處分，有抗告權人均得依本法之規定，再次提起抗告，以保障個人之權益。

第八節　少年保護處分之執行

　　少年之保護處分，乃少年法院於少年保護事件審理結果後，將適合於保護處分之少年，按個別之情狀與需要，所諭知之非收容性處分 (Non-Institutionalize Treatment)，如訓誡、假日生活輔導、保護管束等；或收容性處分 (Institutionalize Treatment)，如安置輔導、感化教育是。

　　由於少年之保護處分，依本法第四十二條之規定，計有： 1.訓誡，並得予以假日生活輔導。 2.交付保護管束，並得命為勞動服務。 3.交付安置於適當之福利或教養機構輔導。 4.令入感化教育處所施以感化教育。以及併科處分之禁戒、治療等六種類別，故少年法院為應付保護處分之裁定時，應斟酌少年個別之情狀與需要，選擇適合於少年之處分諭知之，以個別處遇少年。

　　少年保護處分之執行，不論係由法官、少年保護官或其他適當之機構、團體或個人負責實施，其目的均在於藉處分之執行，以矯正、輔導、治療或保護少年，使少年在專人之監督、教育、訓誨與引導之下，能改善行狀，轉移氣質，涵養品性，而重適社會正常生活，不致再觸犯刑罰法律或濡染不良之習癖。下面茲就少年保護處分之執行，依其類別之不同分別概述之 ❸。

---

❸　少年保護處分之執行，適用「少年及兒童保護事件執行辦法」之規定，七歲以上

壹、訓誡之執行

訓誡，乃少年法院所為最輕微之保護處分，屬於非收容性處分之一，依本法第四十二條第一項第一款之規定，為訓誡之諭知，得同時併為假日生活輔導之處分。所謂訓誡者，即以言詞面加訓諭、勸說、開導之意，蓋少年之保護事件，其情節雖甚輕微，不適宜刑事處分，亦不適宜交付保護管束、交付安置輔導或令入感化教育處所施以感化教育，但為避免過分姑息，仍應諭知訓誡，由少年法院之法官，當庭以言詞指明少年之不良行為，曉諭以將來應遵守之事項，使少年能悟其行為之錯誤，決心改過遷善，重新做人。茲就訓誡執行之人員、執行之辦法、執行之限制等分別概說之。

一、執行之人員

執行者，乃少年法院為實現其所為之確定裁定，依國家賦予之公權力所施之行為也。

訓誡處分之執行，因本法第五十條第一項有「對於少年之訓誡，應由少年法院法官，向少年指明其不良行為，曉諭以將來應遵守之事項，並得命立悔過書」之規定，故其執行之人員，為獨任審理之法官，法官以外之人，如少年保護官、書記官等不得執行訓誡之處分；即使其他之機關、團體、個人亦無此職權可以行使訓誡之處分。

訓誡處分之執行，其所以應由少年法院之法官承擔者，乃因少年保護事件，既由法官獨任審理，則少年之非行、少年與事件有關之行為、少年之品性、經歷、身心狀況……等之個別情狀，法官知之甚稔，且法官又深富保護之學識與經驗，由其擔當訓誡處分之執行，應較任何人為適當。

二、執行之辦法

訓誡處分，必須依本法暨本法之輔助法規執行，茲就條文之規定列舉如下：

未滿十二歲之兒童，應受保護處分之執行者，亦同。

1.訓誡處分由法官在少年法院執行，少年法院以外之其他處所不得為訓誡處分。

2.行訓誡時，應通知少年、少年之法定代理人或現在保護少年之人及輔佐人到場（少年事件五〇條Ⅱ項）。

3.訓誡處分於宣示時，少年及其法定代理人到庭並捨棄抗告權，且無被害人在場者，少年法院之法官得於宣示後，當庭執行該處分。

4.對於少年之訓誡，應由少年法院法官向少年指明其不良行為，曉諭以將來應遵守之事項，並得命立悔過書（少年事件五〇條Ⅰ項），將悔過書附卷。

5.訓誡處分於執行時，書記官應隨同法官到庭，並應製作筆錄，由少年及其到場之法定代理人或現在保護少年之人與輔佐人簽名。

6.執行訓誡處分時，法官應以淺顯易懂之言語加予勸導，並將所曉諭少年應遵守之事項，以書面通知少年及其法定代理人或現在保護少年之人。

少年之法定代理人於少年法院執行訓誡處分時，曾受到場之通知，並於訓誡處分後，接獲少年法院之書面通知，囑其注意管教少年，督促少年遵守法官指示之事項，惟竟忽視少年之教養，致少年再有觸犯刑罰法律之行為者，應依本法第八十四條之規定，接受八小時以上五十小時以下之親職教育輔導❶。

三、執行之限制

訓誡處分之執行，通常由法官在少年法院，於訓誡處分宣示後，當庭執行，並無任何之限制。惟訓誡處分於宣示後，因故逾法定之期間而未執行，或少年已逾法定年齡不受本法之拘束，則訓誡處分已不得執行，故仍有執行之限制，茲分別概述之：

(一)執行時效之限制

依本法第五十七條第一項之規定，訓誡處分應自裁定之日起，二年內

---

❶ 對於觸犯刑罰法律之兒童，行訓誡處分時，準用前述之執行辦法，唯兒童不解簽名之意義者，免於訓誡處分執行筆錄簽名。

執行之，逾期免予執行。此為執行時效之限制。

通常訓誡處分於宣示時，少年及其法定代理人到庭並捨棄抗告權者，少年法院之法官得於宣示後，當庭執行該處分；唯倘若少年及其法定代理人，於訓誡處分之宣示時，依法提出抗告者，少年法院之法官得於宣示後，延後執行該處分，但至遲應自訓誡處分裁定之日起，二年內執行之；如逾二年之有效期間者，不論係法律上或事實上之原因，均應免予執行。

(二)執行年齡之限制

少年保護事件之調查、審理及保護處分之諭知、執行，通常以未滿十八歲之觸法或虞犯少年為對象；十八歲以上之人因其已無本法之適用性，不受本法之拘束，故有觸犯刑罰法律之行為，而在事件繫屬後已滿二十歲者，應由地方法院檢察署之檢察官，依一般刑事案件之性質予以偵查處理。

惟未滿十八歲之少年，經少年法院為保護處分之宣示後，在執行處分之開始前滿十八歲或執行中滿十八歲者，究應如何處理？由於本法僅分別就保護管束、安置輔導、禁戒及治療之處分，作執行年齡延長之例外規定（見少年事件五四、五八），而對於訓誡處分之執行，並無任何延長執行年齡之規定，故少年於訓誡處分裁定之日起，二年內滿十八歲者，即不再執行，此為執行年齡之限制。

訓誡處分之執行，倘少年已到場受訓誡；或逾二年期間而未執行；或受處分少年已滿十八歲；或訓誡處分經依法撤銷；或訓誡處分之少年已死亡……等等事由，即應終結該處分之執行。

貳、假日生活輔導之執行

假日生活輔導，乃附隨於訓誡處分之一種非收容性處分；通常少年法院對於不適宜交付保護管束、交付安置輔導或令入感化教育處所施以感化教育之少年，得諭知訓誡之處分，並得視個別之實際需要，於訓誡處分宣示後，附帶一併諭知假日生活輔導之處分；惟少年法院認為顯無必要者，不在此限。

所謂假日生活輔導者，乃少年法院對於保護事件之少年，諭知訓誡處

分,並於執行訓誡處分完畢後,將少年交付少年保護官或其他適當之機關、團體或個人,於假日期間,對少年施以個別或群體之品德教育,輔導其學業或其他作業,並得命為勞動服務,使其養成勤勉習慣及守法精神之附隨處分也。茲就假日生活輔導之執行人員、執行辦法、執行限制……等分別概述之。

一、執行之人員

假日生活輔導之處分,係由法官於訓誡處分執行完畢後,將少年交付少年保護官或其他適當之機關、團體、個人於假日期間為之。故法官為指揮執行之人員,代表少年法院為假日生活輔導之指揮執行。而少年保護官為實際執行之人員,就法官交付之少年依法為假日生活輔導之執行。唯少年保護官執行假日生活輔導有所不便時,法官得依職權將少年交付適當之機關、團體或個人為之。所謂適當之機關、團體、個人者,乃指學校、救國團、福利機構、教養機構、慈善團體、類似大哥哥會或大姊姊會之志工組織……等是。

二、執行之辦法

假日生活輔導之處分,必須依本法暨本法之輔助法規執行,茲依條文之規定及實務上應執行之辦法列舉之:

1.假日生活輔導處分,由少年法院法官於訓誡處分執行後,將少年交付少年保護官或依少年保護官之意見,交付其他具有社會、教育、輔導、心理學或醫學等專門知識之適當機關(構)、團體或個人,於假日利用適當場所行之。

2.假日生活輔導交付適當機關(構)、團體或個人執行時,應由少年保護官指導,並與各該機關(構)、團體或個人共同擬定輔導計畫,並保持聯繫;倘以集體方式辦理者,應先訂定集體輔導計畫,經少年法院核定後為之。

3.假日生活輔導,不以國定例假日為限,凡少年非上課、非工作或無

其他正當待辦事項之時間，均得為假日生活輔導。

　　4.假日生活輔導應執行三至十次，其次數由少年保護官視其輔導成效而定。唯少年於假日生活輔導期間，無正當理由遲到、早退且情節重大者，該次假日生活輔導不予計算。

　　5.少年之假日生活輔導，不論係由少年保護官執行，抑或由其他適當之機關（構）、團體或個人為之，對少年皆應施以個別或群體之品德教育、輔導其學業或其他作業，並得命為勞動服務，使其養成勤勉習慣及守法精神。

　　6.執行假日生活輔導，應以改正少年不良習性為必要方法，同時應注意維護少年之名譽及自尊心。

三、執行之限制

　　假日生活輔導之處分，雖附隨於訓誡處分，常與訓誡處分一併諭知，但其執行之方法，遠較訓誡處分之執行，更具積極性，因為訓誡處分之執行，僅當庭指明少年之不良行為，曉諭以將來應遵守之事項，命其履行，並不加予任何品德上或學業上之特別輔導，故屬於消極性之處分；而假日生活輔導之處分，則除訓誡處分之執行外，尚須執行一定次數之假日生活輔導，對少年施以個別或群體之品德教育，輔導其學業或其他作業，並得命為勞動服務，俾改正少年之不良習性，養成其勤勉習慣及守法精神，使其能重適社會正常之生活，故較之訓誡處分積極而有效。惟假日生活輔導之執行，尚有其執行之時效、次數及年齡之限制，茲分別概述之：

㈠執行時效之限制

　　假日生活輔導處分之執行，與訓誡處分之執行相同，應自裁定之日起二年內執行之，逾期免予執行（見少年事件五七條Ⅰ項）。故少年法院於三次至十次之法定次數，諭知其執行假日生活輔導之處分後，逾二年而竟未執行，固然應依法免予執行；即使執行已達若干次，而尚餘一次或數次未執行，竟已逾二年者，依法亦應免除其執行，以免因執行其法定之執行次數，致違背本法第五十七條第一項之規定。

(二)執行次數之限制

少年法院為訓誡處分之裁定，同時諭知交付假日生活輔導之處分時，應就三次至十次之法定次數，由少年保護官視其輔導之成效而定，但不得逾最高次數十次以上，同時，應自裁定之日起二年內執行完畢，倘執行之期限已逾二年而尚未執行至最低次數三次以上，則其未執行之假日生活輔導次數不得再予執行。

(三)執行年齡之限制

假日生活輔導處分之執行，與訓誡處分之執行相同，其執行之年齡皆有不得逾十八歲之限制，且本法對於假日生活輔導處分之執行，並無任何例外得延長其執行年齡之規定，故假日生活輔導之處分，在開始執行之前或執行之中，受處分之少年已滿十八歲者，不論其執行次數是否已達三次以上，均應免予執行。

假日生活輔導處分之執行，倘法定之最高執行次數經執行完畢；或因故逾二年時效而尚未執行；或受處分之少年已滿十八歲；或受處分之少年已死亡；或假日生活輔導之處分經依法撤銷……等等事由，則假日生活輔導之處分應即終結其執行。

參、保護管束之執行

保護管束乃非收容性之保護處分，與假日生活輔導之處分，同為少年保護工作之一環，其目的在藉處分之執行，以矯正少年之不良習癖，改善少年之不良品行，轉移少年之不良氣質，管束少年之放肆舉動，使少年能自律自制，敦品勵行，重適社會正常生活。

保護管束及勞動服務之處分，通常由少年法院於少年保護事件審理結果，將不適宜刑事處分，又不適宜訓誡、並得予以假日生活輔導，或交付安置輔導或令入感化教育處所施以感化教育之少年，將其交付少年保護官或其他適當之機關、團體或個人，加以監督、管束、輔導與保護之處遇措施；蓋少年雖有觸法或虞犯之不當行為，但其情節尚不嚴重，其品行尚不惡劣，可期望其改善，無施以感化教育之必要，且若予以諭知訓誡處分並

一併為假日生活輔導之處分，又難以適應個別處遇之需要，故本法授權少年法院，將此等無反社會危險性、可能性之觸法或虞犯少年，釋放於自由社會，加以監督、管束、輔導與保護，以視其能否改善行狀、徹底悔過、重新做人，而毋須交付安置輔導或令入感化教育處所施以感化教育。茲就保護管束執行之人員、執行之辦法、執行之效果及處分之變更、執行之限制……等分別概述之。

一、執行之人員

保護管束及勞動服務之處分，係由少年法院將受處分之少年，交付專人或特定之機關、團體或個人，消極的監視其遵守庭諭事項，積極的輔導其重適社會正常生活，且將之置諸自由社會，並防止其再觸犯刑罰法律之處遇措施也。

由於本法第五十一條第一項前段有：「對於少年之保護管束，由少年保護官掌理之」之規定，故保護管束及勞動服務處分之執行，少年法院為指揮執行之機關，由法官基於職權指揮執行之，而少年保護官為少年法院執行該處分之人員，應依法官之指示，輔導少年以應遵守之事項，與之常保接觸，注意其行動，隨時加以指示，並就少年之教養、醫治疾病、謀求職業及改善環境，予以相當輔導；為執行保護管束，少年保護官尚應與少年之法定代理人或現在保護少年之人為必要之洽商（見少年事件五一條Ⅰ、Ⅱ項）。

惟少年保護官認為少年之保護管束及勞動服務處分，以交付適當之福利或教養機構、慈善團體、少年之最近親屬或其他適當之人保護管束為宜者，得報請少年法院交付執行之。故上開之福利機構、教養機構、慈善團體、少年之最近親屬（如父母兄姊）或其他適當之人（如少年之師長）等，皆為協助執行保護管束及勞動服務處分之特定機關、團體或個人，必須接受少年保護官之指導，對少年為保護管束，俾少年之行狀能獲致改善❶⑤。

---

❶⑤　少年法院執行兒童保護管束處分時，須遴選具有兒童教育、兒童福利或兒童心理學之專門知識者，充任執行保護管束者。

二、執行之辦法

保護管束處分之執行，應依本法暨本法之輔助法規，如少年及兒童保護事件執行辦法中，有關保護管束之規定辦理，故其執行之辦法可從以下兩方面加以概述：

㈠少年法院指揮執行保護管束之辦法

少年法院因其為保護管束處分之指揮機關，故就保護管束處分之事件為指揮執行時，應為下列種種程序：

1.指定執行保護管束者

保護管束處分之執行，應由少年保護官掌理，故少年法院在交付保護管束之前，必須先簽發執行書，交付少年保護官執行；倘少年保護官認為以交付適當之福利或教養機構、慈善團體、少年之最近親屬或其他適當之人保護管束為宜者，得報請少年法院交付執行之，並受少年保護官之指導。

2.諭知受保護管束少年履行應遵守之事項

少年法院對於諭知交付保護管束之少年，於交付執行保護管束者之前，應告知履行下列應遵守之事項：

⑴保持善良品行，不得與素行不良之人交往。

⑵服從少年法院及執行保護管束者之命令。

⑶不得對被害人、告訴人或告發人尋釁。

⑷應將其身體健康、生活情況、及工作環境等情形報告執行保護管束者。

⑸非經執行保護管束者許可，不得離開受保護管束地七日以上。

⑹經諭知勞動服務者，應遵照執行保護管束者之命令，從事勞動服務。

3.指定日期命少年前往執行保護管束者之處所報到

少年法院為保護管束處分之指揮執行時，應以書面指定日期，命受保護管束處分之少年，前往執行保護管束者之處所報到，並以書面通知少年之法定代理人或現在保護少年之人。倘受保護管束處分之少年，無正當理由，未依指定之日期報到時，得由執行保護管束者，限期通知其報到，如

逾期不報到者，應報請少年法院簽發同行書強制其同行報到，或由執行保護管束者前往受保護管束少年之住居所查訪，倘有協尋之必要者，應報請少年法院簽發協尋通知書，通知有關之機關協尋之❶。

4.將有關之裁判書類交付執行保護管束者

少年法院於指揮執行保護管束之處分時，應將關於受保護管束少年之裁判書類及其他有關資料，交付執行保護管束者，作為監督、管束、觀察、輔導與保護之參考資料。

5.執行保護管束者有特殊原因不能執行職務應另行指定適當之人

受保護管束處分之少年，經少年法院將其交付少年保護官以外之人，如少年之師長……等，執行其保護管束時，倘執行保護管束者，已遷徙他處，或有其他不能執行職務之事由，少年保護官應報請少年法院另行指定其執行保護管束者。

6.受保護管束者遷居他處應檢送資料移轉執行

保護管束處分於開始執行後，受保護管束及勞動服務處分之少年因故遷住其他少年法院轄區者，原為保護管束處分之少年法院，應即檢送有關資料，移轉該少年所在地少年法院繼續執行。

7.具軍人身分之受保護管束少年應交由軍事機關執行

受保護管束少年，應徵召、志願入營服役或入軍事學校就讀時，除依本法第五十五條第一項認為以不繼續執行為宜者外，少年法院得交由其服役部隊或就讀學校之長官執行之。但退役或離校時，原保護管束執行期間倘若尚未屆滿，又無免除執行之事由者，應繼續執行之。

8.執行保護管束者如不適宜執行某特定事件得另行指定他人執行之

少年法院對於執行保護管束者，如認其不適宜執行某特定事件或有其他必要情事，得另行指定執行保護管束者執行之。

---

❶ 少年法院為兒童保護管束處分之指揮執行時，應以書面指定日期，命兒童之法定代理人或現在保護兒童之人，帶領兒童前往執行保護管束者之處所報到。兒童無正當理由未依指定日期報到時，得由執行保護管束者，限期通知其法定代理人或現在保護兒童之人帶領其前來報到。

(二)執行保護管束者執行任務之方法

少年法院於諭知將少年交付保護管束之處分後，應即將少年交付少年保護官執行保護管束，或依少年保護官之意見，將少年交付少年之師長、福利機構、教養機關、慈善團體、少年之最近親屬……等適宜執行保護管束之人，協助執行之。因此，少年保護官或其他機關、團體或個人，一經少年法院為交付、囑託之程序，即為該受處分少年之執行保護管束者，應在少年法院之指揮、監督，暨少年保護官指導之下，執行少年之保護管束使命。茲將執行保護管束者，應如何執行其保護管束之方法概述之：

1.依受處分少年之個別情狀指示應遵守之事項

受保護管束處分之少年，在保護管束之期間內，應履行執行保護管束者所指示之應遵守事項，例如：

(1)保持善良品行，不得與素行不良之人交往。

(2)服從少年法院及執行保護管束者之命令。

(3)不得對被害人、告訴人或告發人尋釁。

(4)應將其身體健康、生活情況、及工作環境等情形報告執行保護管束者。

(5)非經執行保護管束者許可，不得離開受保護管束地七日以上。

(6)經諭知勞動服務者，應遵照執行保護管束者之命令，從事勞動服務。

(7)其他經少年保護官指定必須遵守之事項。

2.每月至少與受保護管束少年接談二次

執行保護管束者，為了解受保護管束少年，是否能履行應遵守之事項？平日之生活情況、工作環境、身體健康……等情形如何？暨受保護管束少年是否能保持善良品行？平日有無適應上之困難？或者面臨何種問題等等，俾當面加予輔導與指示；除應經常保持聯繫、接觸外，每月至少應與受保護管束少年接談二次，接談之處所得在少年法院以外之其他適當處所為之，並應注意維護少年之名譽。受保護管束少年，在保護管束期間倘著有成效，且其保護管束之執行已逾三個月者，其接談之輔導次數，得每月酌減至一次❶。

3.輔導受保護管束少年之行為或就學就醫就業等之事項

受保護管束少年，於釋回自由社會之生活環境後，難免因缺乏教養、管束，而有再觸犯刑罰法律之虞，故執行保護管束者，除應經常與受保護管束少年保持接觸，加以監視、注意者外，並應隨時輔導其行為，禁止其在外遊蕩、濫交友朋、出入不良場所、穿著奇裝異服、吸菸酗酒賭博、參加不良組織……等等有犯罪傾向之行為，使其品行確實能保持善良。同時應隨時輔導尚在求學之受保護管束少年，勤奮向學，力求上進，不得動輒逃學；對於身體或精神狀態有缺陷、有疾病之受保護管束少年，應隨時輔導其就醫，並隨時予以援助或關切；對於失業或職業環境不良之受保護管束少年，應輔導其選擇職業，必要時並予以介紹職業；對於失教失養之受保護管束少年，應設法使其能獲得適當之教養，對於家庭環境或社會環境不理想之受保護管束少年，應設法輔導其改善環境，使受保護管束之少年，能獲得妥善之保護、援助與關切，減低再犯罪之可能性。

4.與少年之法定代理人或現在保護少年之人為教養之必要洽商

受保護管束少年，當初之所以觸犯刑罰法律，或習染有觸犯刑罰法律之虞之不良行為，當然與家庭之疏於管教、養護、督促有關；故受保護管束少年，既因品行不惡劣，可期待其改善，而被釋放回家，則其少年之法定代理人或現在保護少年之人，自應改變過去不聞不問、任其自由、不加管束之不當教養方式，確實對少年負起管教、養護、督促、誘導之責，使其改善行狀、邁向正途。倘若執行保護管束者，於觀察受保護管束少年之行狀後，發覺少年竟有傾向犯罪之虞，或者少年之法定代理人或現在保護少年之人有教養不周之情事，得隨時與上述之少年之法定代理人或現在保護少年之人為教養之必要洽商。

5.繼續監督、管束、觀察、誘導使少年能步入正途

執行保護管束者，為達成少年法院所交付之使命，對於受保護管束少年，在一定之期間內，應繼續加以監督、管束、觀察、誘導，使其能步入

---

❿　執行保護管束者，與受保護管束兒童接談之處所，應在受處分人住所為之。但必要時亦得在少年法院或其他適當處所為之。

正途，敦勵品行，做一個知法守法、有為有守、堂堂正正之好少年。倘若受保護管束少年，在保護管束期間內逃匿時，應通知少年法院協尋之；如果受保護管束少年，在保護管束期間內遷居、應徵召、志願入營服役或入軍事學校就讀時，應通知少年法院處理之；假使受保護管束少年，在保護管束期間內，有違反應遵守之事項者，得勸導之、管束之，倘不服從勸導達二次以上，而有觀察之必要；或違反應遵守之事項情節重大者，應由少年保護官檢具輔導紀錄及其他事證，聲請少年法院依本法第五十五條第三項或第四項之規定裁定其留置觀察或令入感化教育處所，施以感化教育之處分。執行保護管束者，對於受保護管束少年，應切實與之常保接觸，注意其行動，隨時加以指示，並就少年之教養、醫治疾病、謀求職業及改善環境，予以相當輔導。

6.禁戒或治療與保護管束一併執行者須戒絕或治癒之

受保護管束處分之少年，倘若有染患情節輕微之吸用麻醉迷幻物品或酗酒之習慣，而為少年法院一併諭知禁戒之處分；或身體和精神狀態有輕微之缺陷，而為少年法院一併諭知治療之處分，因其本法第五十八條第一項規定必須同時執行之，故執行保護管束者，必須輔導其戒絕或就醫治療，並嚴格監視其行動，管束其行為，預防其惡習加深、癮癖加重、缺陷惡化；務使受保護管束少年，能在一定之保護管束期間內，戒絕其吸用麻醉迷幻物品或酗酒之習慣，治癒其身體或精神狀態之缺陷，恢復其身心之健康。

三、執行之效果及處分之變更

受保護管束少年，雖然其行狀無反社會之危險性，可期望其自我指導、自我約束行為，但是一旦釋放於自由社會，由於受保護管束者，個人之生活習慣、家庭教養、社會環境等迥然不同，因此保護管束之效果，亦有種種不同之情形；例如有些受保護管束少年，經過相當期間之保護管束後，品行已大有改善，無繼續執行保護管束之必要；有些受保護管束少年，在保護管束期間內，卻是屢屢違反應遵守之事項，且不服從執行保護管束者之勸導，雖然尚未到達無可教誨之地步，但是有賴採取應變之措施，施以

警惕、糾正、教誨、誘導之特別處遇；另外有些受保護管束少年，不但屢次違反應遵守之事項，不服從執行保護管束者之勸導，且變本加厲，我行我素，置執行保護管束者之規勸、教誨於身外，任性放蕩，為所欲為，情況相當嚴重，或許已被留置於少年觀護所中，予以五日以內之觀察，但釋回後仍然再違反應遵守之事項，顯見受保護管束少年已不適合保護管束之執行，倘無其他適當之處分可以代替其執行，則難免促其更囂張、更狂妄、更任性胡為，故本法對於執行保護管束難收效果之少年，設有以感化教育代替保護管束之應變措施。茲依據本法第五十五條之規定，就保護管束執行之效果及處分之變更論述之：

(一)免除保護管束之繼續執行

保護管束之執行，旨在改善受保護管束少年之品行，革除其不良習癖，輔導其重適社會正常生活，消弭其犯罪之反社會危險性格；因此受保護管束少年，在保護管束執行之期間內，倘若確能履行應遵守之事項，保持善良品性，服從少年法院及執行保護管束者之命令與指示，並且仍在求學者，能專心課業，敦勵品行，奮發向上；失學就業者，能半工半讀，力爭上游；顯見保護管束之執行已著有成效，受保護管束少年，已能徹底悔悟，改過遷善，無繼續執行之必要，故只要保護管束已執行六月以上，則可免除其繼續執行。

惟此項免除保護管束之繼續執行之聲請，僅少年保護官有其職權可以提出，其他協助執行保護管束者，如少年之師長、福利機構、教養機關、慈善團體……等等，僅得就保護管束執行之成效，檢具具體的事證，報請執行指導之少年保護官,由其向少年法院聲請免除其保護管束之繼續執行。是故本法第五十五條第一項有「保護管束之執行，已逾六月，著有成效，認為無繼續執行之必要者；或因事實上之原因，以不繼續執行為宜者，少年保護官得檢具事證，聲請少年法院免除其執行」之規定可循。

(二)留置少年觀護所予以短期間之觀察

受保護管束少年，在保護管束執行期間內，自應遵從少年法院暨執行保護管束者之命令與指示，確實履行應遵守之事項，敦勵品行，改過向上，

做一個知法守法、有為有守之好少年，惟受保護管束少年，類多有不良之品行、不良之生活習慣、不良之家庭教養、不良之社會環境、不良之朋友、不良之行為……等等情狀，一旦釋回自由社會之生活環境，是否能改悔向上、重新做人，實在有賴執行保護管束者之不斷監視、管束、指導、教誨與激勵。倘若受保護管束少年，在保護管束期間內，屢次違反應遵守之事項，不服從執行保護管束者之勸導，其次數已在二次以上者，則顯示受保護管束少年，品行尚未改善，內心尚無悔意，有意反抗、頂撞，保護管束之執行尚未能收效，必須採取應變之措施以謀救濟，故本法第五十五條第三項有「少年在保護管束執行期間，違反應遵守之事項，不服從勸導達二次以上，而有觀察之必要者，少年保護官得聲請少年法院裁定留置少年於少年觀護所中，予以五日以內之觀察」之規定，使執行或指導保護管束之少年保護官，得斟酌個別處遇之需要，檢具有觀察必要之輔導紀錄以及種種具體事證，聲請少年法院以裁定將受保護管束少年，留置於少年觀護所中，予以五日以內之短期間實地試驗觀察，俾能一面警惕受觀察處分之少年改過遷善，糾正惡習，一面對其施以訓勉、規勸、輔導與管束，並以其觀察結果，提供少年法院作為應否繼續執行保護管束，抑或撤銷保護管束改付感化教育處分之裁定依據❸。

　　惟少年法院以裁定，將受保護管束少年留置於少年觀護所中，予以五日以內之實地試驗觀察，以利用休假日留置為原則，由少年法院簽發通知書傳喚之，倘受保護管束少年經傳喚而無正當理由不到場者，應發同行書強制其到場。少年觀護所於少年入所後，應由少年保護官或少年觀護所中具有觀護實務工作經驗之人為五日以內之觀察，其觀察應以糾正少年不良習性為必要方法，對少年施以品德教育，輔導其學業或其他作業，並得命為勞動服務（三小時以上五十小時以下），惟應注意維護少年之名譽及自尊心。觀察之期間終了，少年保護官或少年觀護所中具有觀護實務工作經驗之人，應將留置觀察之輔導紀錄報告少年法院，供少年法院作為如何處置

---

❸　少年保護官依少年事件處理法第五十五條第三項或第四項規定，聲請少年法院交付留置觀察或感化教育之兒童，以能自理生活者為限。

少年之裁定依據。

(三)撤銷保護管束改付感化教育之執行

受保護管束少年，於保護管束期間內，倘若不履行應遵守之事項，不服從執行保護管束者之勸導，情節重大者，執行保護管束者究應如何處理？又受保護管束少年，倘若已受留置觀察處分後，再違反應遵守之事項，執行保護管束者認為保護管束之執行，已難收效果者，又將如何處理？關於此一問題之解決，本法第五十五條第四項有「少年在保護管束期間違反應遵守之事項，情節重大，或曾受前項（留置）觀察處分後，再違反應遵守之事項，足認為保護管束難收效果者，少年保護官得聲請少年法院裁定撤銷保護管束，將所餘之執行期間，令入感化處所，施以感化教育。其所餘之期間不滿六月者，應執行至六月」之規定，因此少年保護官以外之執行保護管束者，雖然無此項聲請撤銷保護管束而改付感化教育之變更處分權，但是可以檢具少年違反應遵守事項之具體事證，報請少年保護官聲請少年法院裁定之。此為保護管束之執行，在已難收效果之情形下，所應採取之應變措施；蓋保護管束之執行，既已面臨難收效果之地步，則繼續之執行，亦無任何實益，故應變更其處分，以感化教育之處分代替之，俾能適切保護少年之前途。惟執行保護管束之少年保護官，於聲請少年法院以裁定，撤銷保護管束，將所餘之執行期間，交付感化教育之實施時，應檢具輔導紀錄及其他事證，供少年法院作為審酌之依據。

四、執行之限制

保護管束處分之執行，本法設有執行期間、執行年齡與執行時效之限制，茲分別概述之：

(一)執行期間之限制

保護管束之執行期間，最高限度不得逾三年，最低限度不得少於六月，前者如本法第五十三條之「保護管束……之執行，其期間均不得逾三年」之規定；後者如本法第五十五條第一項之「保護管束之執行，已逾六月，著有成效，認為無繼續執行之必要者，或因事實上之原因，以不繼續執行

為宜者,少年保護官得檢具事證,聲請少年法院免除其執行」之規定,可見保護管束之執行期間,應自六月以上三年以下,不得少於六個月,不得逾三年,此為保護管束執行期間之限制。❶❾

(二)執行年齡之限制

依本法第五十四條第一項之規定,少年保護管束,「至多執行至滿二十一歲為止」,可見保護管束之執行,其執行年齡之最高限度,可由滿十八歲而延長至滿二十一歲為止,惟必須受保護管束少年在保護管束開始執行之前滿十八歲,或在保護管束執行之中滿十八歲者,始得適用此項規定。

(三)執行時效之限制

依本法第五十七條第二項之規定,保護管束之處分,「自應執行之日起,經過三年未執行者,非經少年法院裁定應執行時,不得執行之」,因此保護管束之處分,倘因故經過三年之期間而尚未執行者,如協尋之少年未有尋獲等情事,非經少年法院裁定應執行者,不得執行之,此為執行時效之限制。

保護管束處分之執行,倘其執行已屆滿三年,或其執行已免除,或其執行已逾時效之限制,或其執行已逾最高年齡限制,或其執行經撤銷而改付感化教育之執行,或其執行經重新審理而諭知不付保護處分,或其執行之處分經撤銷……等等情形,則保護管束處分之執行應即終結,不再執行。

肆、安置輔導之執行

安置輔導,係本法第五次(八十六年十月二十九日)修正所增設之一種收容性處分,與訓誡、假日生活輔導、保護管束、感化教育等同為保護處分之一環;但訓誡、假日生活輔導、保護管束等,是屬於非收容性(亦稱非監禁性)之保護處分,而安置輔導卻是一種收容性之保護處分,其性質迥不相同。

增設安置輔導的目的,不外在調整受保護處分少年之成長環境,使其

---

❶❾　勞動服務處分之執行期間,自少年開始勞動服務之時起算,至服務時間屆滿之時終止。

在安置輔導之福利或教養機構，能獲得妥善的保護、教養、矯治與輔導，並藉處分之執行，戒除少年之惡習、矯正少年之性格，敦勵少年之品行，改善少年之行狀，使其能奮發向上、重新做人。良以少年之所以觸犯刑罰法律，或濡染虞犯行為，大多與失教、失養有關，故增設安置輔導之收容性處分，以收容之、教養之、保護之、處遇之。

少年法院審理少年保護事件結果，除應移送於有管轄權之地方法院檢察署檢察官，依少年刑事案件偵查追訴者外，應就少年與事件有關之行為，其人之品格、經歷、身心狀況、家庭情形、社會環境……等事項，謹慎審酌，擇一保護處分處遇之。而安置輔導，便是其中之一種。茲就安置輔導執行之機關、執行之期間、執行之辦法、執行之效果及處分之變更、執行之限制等概述之。

一、執行之機關

安置輔導，係少年法院於少年保護事件審理結果，將不宜訓誡並得予以假日生活輔導、或交付保護管束並得命為勞動服務、或令入感化教育處所施以感化教育之少年，所為另一種收容性之保護處分。其處分之選擇，係由審理保護事件之少年法院法官，於了解少年之行為性質、身心狀況、家庭情形、學業程度、品格、經歷……等情狀後，依少年之個別需要，所為之處遇措施。少年法院法官於審理少年保護事件結果，依少年之個別情狀與需要，所為之安置輔導處分，應依本法第五十二條第一項之規定，以裁定為交付之程序。例如對於少年之交付安置輔導，應依其行為性質、身心狀況、學業程度及其他必要事項，交付適當之福利或教養機構執行之。故安置輔導之執行機關，為上述之福利或教養機構，至於適當不適當之認定，應由少年法院審酌之。

二、執行之期間

交付安置於適當之福利或教養機構輔導之保護處分，依本法第五十五條之二第一項之規定，其執行之期間為二月以上二年以下。二月以上為起

碼之最低限度，二年以下為最高限度，頗富彈性。換言之，受保護處分之
少年，在安置輔導期間，只要逾二月期間，著有成效，即可免除其執行。
而在二年以下之執行期間，可以聲請變更安置輔導機構；執行期滿又得聲
請延長；倘若少年在安置輔導期間，違反應遵守之事項，情節重大，得留
置於少年觀護所觀察；又得撤銷安置輔導，令入感化處所施以感化教育。
足見安置輔導之保護措施，與保護管束一樣，隨時可以視少年之個別需要，
調整其處遇。

三、執行之辦法

安置輔導處分，依本法及本法輔助法規——即「少年及兒童保護事件
執行辦法」之規定，其執行辦法如下：

1.安置輔導處分，由少年法院法官簽發執行書，連同裁判書及其他相
關資料，交付少年保護官執行之。

2.少年保護官應通知少年依執行書指定之日期報到，轉付福利或教養
機構執行之。並應通知少年之法定代理人或現在保護少年之人。如少年無
正當理由未依指定日期報到，經少年保護官限期通知其報到，屆期仍不報
到者，少年保護官得前往少年之住居所查訪，或報請少年法院法官簽發同
行書，強制其到場，其有協尋之必要者，並應報請協尋之。

3.安置輔導處分之執行期間，自少年報到之日起算，至期間屆滿、免
除或撤銷執行之日終止。

4.少年保護官與執行安置輔導者，應共同訂定輔導計畫，並保持聯繫。
唯執行安置輔導計畫，宜使少年有重返家庭、學校及參加社會活動之機會，
並期能達成安置輔導之目的。

5.執行安置輔導，應提供適當之居住處所，並予以妥善之生活照顧，
對少年施以個別或群體之品德教育，輔導其學業或其他作業，使其養成勤
勉習慣及守法精神。

6.執行安置輔導，應按月將少年安置輔導紀錄函報少年法院，並應於
輔導結束後十日內，將結束日期連同執行情形相關資料，通知原發交執行

之少年法院。

四、執行之效果及處分之變更

安置輔導處分之執行，雖然本法第五十五條之二第一項有「二月以上二年以下」之規定，但執行時頗富彈性，得視執行之成效如何，為種種應變之措施及處分之變更，茲依本法第五十五條之二第二、三、四項及第五項之規定概述之：

(一)免除安置輔導之執行

受安置輔導處分之少年，於安置輔導之福利或教養機構，執行其教養、保護、矯治及輔導已逾二月，行狀良好，著有成效，經安置輔導之福利或教養機構，認無繼續執行之必要，或有事實上原因以不繼續執行為宜者，得經少年、少年之法定代理人或現在保護少年之人之同意，檢具事證，聲請少年法院免除其執行，此本法第五十五條之二第二項有明確之規定。

(二)變更安置輔導之機構

受安置輔導處分之少年，於安置輔導之福利或教養機構，執行其教養、保護、矯治及輔導已逾二月，認有變更其安置輔導之福利或教養機構之必要者，少年、少年之法定代理人或現在保護少年之人，得檢具事證，敘明理由，聲請少年法院以裁定，變更其安置輔導之機構（少年事件五五條之二IV項）。

(三)延長安置輔導之期間

安置輔導之執行，其期間本法第五十五條之二第一項，雖然明定「二月以上二年以下」，但少年法院於諭知交付適當之福利或教養機構輔導之裁定時，得審酌處遇之需要，一併為執行期間之諭知，俾能有所依據。受安置輔導處分之少年，於安置輔導之福利或教養機構，接受其教養、保護、矯治及輔導已期滿，倘負責安置輔導之福利或教養機構，以及少年、少年之法定代理人或現在保護少年之人，認有繼續安置輔導之必要者，得聲請少年法院以裁定延長其執行期間。唯延長執行之次數以一次為限，且其期間不得逾二年（少年事件五五條之二III項）。

(四)留置少年觀護所觀察行狀

受安置輔導處分之少年，無正當理由，拒絕安置輔導之執行者，少年調查官、少年保護官、少年之法定代理人或現在保護少年之人，以及少年福利或教養機構，得聲請少年法院核發勸導書，勸導受處分之少年，自動赴安置輔導之福利或教養機構報到。唯經勸導無效者，各該聲請人得聲請少年法院以裁定將少年留置於少年觀護所中，予以五日以內之觀察，以觀察其是否願意接受其安置輔導（見少年事件五五之三）。又受安置輔導處分之少年，於安置輔導之福利或教養機構，接受安置輔導之期間，倘違反應遵守之事項，不服從勸導達二次以上，負責安置輔導之福利或教養機構，是否亦得聲請少年法院，將少年留置於少年觀護所中，予以五日以內之觀察，以視其是否已改善行狀，本法雖無明文規定，但似可援用第十五條第三項之規定，以資救濟。

(五)撤銷安置輔導改付感化教育之執行

受安置輔導處分之少年，在安置輔導期間，違反應遵守之事項，情節重大，或曾被留置於少年觀護所中，予以五日以內之觀察處分後，再違反應遵守之事項，足認安置輔導難收效果者，負責安置輔導之福利或教養機構，得經少年之法定代理人或現在保護少年之人之同意，檢具事證，聲請少年法院以裁定，撤銷安置輔導，將所餘之執行期間令入感化處所施以感化教育，但其所餘之期間不滿六月者，應執行至六月（見少年事件五五條之二 V 項）。

五、執行之限制

安置輔導之執行，本法設有執行期間、執行年齡、執行時效等之限制，茲分別概述之：

(一)執行期間之限制

安置輔導之執行期間，本法第五十五條之二第一項有「第四十二條第一項第三款之安置輔導為二月以上二年以下」之規定，故其執行之期間，最低限度為二月，不得少於二月，最高限度為二年，但不得逾二年，此為

安置輔導之執行期間限制。唯本法第五十五條之二第三項又有「安置輔導期滿，……認有繼續安置輔導之必要者，得聲請少年法院裁定延長，延長執行之次數以一次為限，其期間不得逾二年」之規定，故延長執行之期間，至逾二年之期限，乃為例外之措施。

㈡執行年齡之限制

安置輔導之執行，因本法第五十四條第一項有「少年轉介輔導處分……之執行，至多執行至滿二十一歲為止」之規定，故其執行年齡之最高限度，為滿二十一歲，逾二十一歲則不得再為安置輔導之執行。

㈢執行時效之限制

安置輔導之處分，因本法第五十七條第二項有「……自應執行之日起，經過三年未執行者，非經少年法院裁定應執行時，不得執行之」之規定，故其有效之期間為「自應執行之日起，三年內執行之」，苟逾三年之時效，則不得執行，除非經少年法院裁定應執行，否則已失其時效，不得再為執行之補救。此為安置輔導執行時效之限制。

總之，安置輔導處分之執行，倘其執行期間已屆滿，或其執行已免除，或其執行已逾時效之限制，或其執行已達最高年齡之限制，或其執行經撤銷而改付感化教育之執行，或其執行經重新審理而諭知不付保護處分……等等情形，則其安置輔導處分之執行應即終結，不再執行。

伍、感化教育之執行

感化教育乃收容性之處分，與訓誡，並得予以假日生活輔導以及交付保護管束、交付安置輔導，同為本法所稱之保護處分。

感化教育，從學理上而言，雖泛指一切具有感化目的與效用之教育措施，但在本法之制度上，係指對於不適宜刑事處分，而具有犯罪危險性之保護事件少年，為革除其不良習性，培養其重適社會正常生活之能力，將之收容於特定之處所，施以有助改善其行狀之特殊教育也。

感化教育，既為保護少年之一種收容性之保護處分，則其處分究應交付何種機構執行？如何執行？執行應有之措施及內容如何？……等，茲分

別概述之。

一、執行之機構

少年法院就保護事件之少年，於踐行審理程序後，認為應令入感化教育處所施以感化教育為宜者，應即以裁定諭知該處分，並於裁定諭知後，將少年交付適當之感化教育處所執行之。此項感化教育處所，本法雖無明文規定係何種感化教育處所，但過去執行感化教育之機構，稱為：「感化院」，許多學者認為感化院之名稱不雅，有損少年之名譽及自尊心，且一般社會人士對於在感化院內接受感化教育之少年都無好感，認為他們都是品行惡劣、素行不端、頑皮搗蛋之壞少年，故凡由感化院出院之少年，常遭一般社會人士冷落、輕視與嘲笑，尤以急謀一職之出院少年，更是處處碰壁、不受歡迎。為顧及受感化教育少年之未來前途，其後執行感化教育之處所，已不稱：「感化院」，而改稱之為：「少年輔育院」，且國內之少年輔育院，已在桃園、彰化及高雄等地，分別各設一所，均係公立之感化教育處所，唯民國八十六年五月二十八日公布新制定之「少年矯正學校及教育實施通則」之法律後，「少年輔育院」則與「少年矯正學校」同為感化教育之執行處所。少年輔育院已逐漸由少年矯正學校所取代，例如設於新竹縣新豐鄉之誠正中學便是執行感化教育的矯正學校。

二、執行之交付

少年法院對於保護事件之少年，為諭知令入感化教育處所施以感化教育之處分後，應即向執行感化教育之機構（過去係少年輔育院，現今則增少年矯正學校），為交付之程序 ❷。少年法院為上述之交付程序，應用執行

---

❷ 對於兒童之安置輔導及感化教育處分，應視個案情節及矯治其不良習性之需要，分別交由寄養家庭、兒童福利、教養、身心障礙福利服務機構或其他適當處所執行之。各少年法院得在轄區內徵聘生活美滿並熱心兒童福利之家庭接收兒童之寄養。前述之教養處所設置前，得將受感化教育處分兒童交付少年矯正學校執行之，但應與受感化教育處分少年隔離，並採家庭型態之教養方式執行之。

書或裁判書，並附送少年及其家庭與事件有關之資料。唯受交付執行感化教育之少年，有下列情形之一者，少年法院應暫緩交付之程序，而應送交其父母、監護人、醫院或轉送其他適當之處所：

1. 心神喪失者。
2. 現罹疾病，因執行而有喪生之虞者。
3. 罹法定傳染病、後天免疫缺乏症候群或其他經中央衛生主管機關指定之傳染病者。
4. 懷胎五月以上或分娩未滿二月者。
5. 身心障礙不能自理生活者。

又少年受保護管束及安置輔導之執行，足認其處分之執行難收效果，經少年法院依本法第五十五條第四項、第五十五條之二第五項、第五十六條第四項之規定，將所餘之執行期間，令入感化處所施以感化教育，而為交付之程序時，應將保護管束或安置輔導期間之紀錄及有關資料，抄送感化教育執行機關。

感化教育處分執行之期間，自交付執行之日起算。受處分之少年，在處分確定前，曾經少年法院裁定命收容或羈押於少年觀護所者，得以其收容或羈押期間，折抵感化教育處分之執行期間。少年觀護所並應將少年在所期間，依少年觀護所設置及實施通則第三條規定，實施矯治之成績，移至執行感化教育機構，視為執行成績之一部。

三、執行之措施

感化教育處分之執行，既由少年法院交付感化教育機構——少年矯正學校（或少年輔育院）實施，則少年矯正學校（或少年輔育院）應即為種種執行之措施，茲就少年矯正學校設置及教育實施通則之規定，概述之：

(一)入校措施

受感化教育處分執行之少年，稱為「學生」。學生入校時，矯正學校首先必須查驗其裁定書、執行指揮書或交付書、以及身分證明及其他應備文件，並檢查其身體及衣物。女生之檢查，由女性教導員為之。學生入校後，

應行健康檢查，其有下列情形之一者，令其暫緩入校，並敘明理由，請少年法院斟酌情形，送交其父母、監護人、醫院或轉送其他適當之處所：

1.心神喪失者。

2.現罹疾病，因執行而有喪生之虞者。

3.罹法定傳染病、後天免疫缺乏症候群或其他經中央衛生主管機關指定之傳染病者。

4.懷胎五月以上或分娩未滿二月者。

5.身心障礙不能自理生活者。

學生入校後，應告以應遵守之事項，並將校內各主管人員姓名及接見、通訊等有關規定，告知其父母或監護人。

㈡編班措施

學生入校後，依下列規定編班：

1.學生入校後之執行期間，得以完成一學期以上之學業者，編入一般教學部就讀。

2.學生入校後之執行期間，無法完成一學期學業者，或具有相當於高級中學教育階段之學力者，編入特別教學部就讀。但學生願編入一般教學部就讀者，依其意願。

3.學生已完成國民中學教育，不願編入一般教學部就讀，或已完成高級中學教育者，編入特別教學部就讀。

4.未滿十五歲之國民教育階段學生，除有上述第 2.項之情形外，編入一般教學部就讀。

學生入校後，並由輔導處根據各有關處、室提供之調查資料，作成個案分析報告。此項個案分析報告，係依據心理學、教育學、社會學及醫學判斷。一般教學部者，於一個月內完成；特別教學部者，於十五日內完成，並提報學生處遇審查委員會決定分班、分級之施教方法。

㈢獎懲措施

學生有下列各款行為之一時，可獲獎勵：

1.行為善良，足為其他學生之表率者。

2.學習成績優良者。

3.有特殊貢獻，足以增進榮譽者。

4.有具體之事實，足認其已有顯著之改善者。

5.有其他足資獎勵之事由者。

上述獎勵之方法，有下列各項：

1.公開嘉獎。

2.發給獎狀或獎章。

3.增給累進處遇成績分數。

4.給與書籍或其他獎品。

5.給與適當數額之獎學金。

6.其他適當之獎勵。

至於受感化教育處分執行之學生，有違背紀律之行為時，得施以下列一款或二款之懲罰：

1.告誡。

2.勞動服務一日至五日，每日以二小時為限。

受感化教育處分執行之學生，倘受前二款之懲罰，輔導教師應立即對受懲罰之學生，進行個別輔導。

學生受上述之獎懲時，矯正學校即通知其父母、監護人或最近親屬知情。

㈣累進處遇措施

對於執行感化教育處分六個月以上之學生，為促其改悔向上，適於社會生活，應將其劃分等級，以累進方法處遇之。累進處遇分第四等、第三等、第二等、第一等等四等，自第四等依次漸進。受感化教育處分執行之學生，如品行善良，具有適於共同生活之情形者，得逕編入第三等。累進處遇，依處分期間以每月十五分定其責任總分數，以其總分數十分之四為第一等之責任分數，十分之三為第二等之責任分數，十分之二為第三等之責任分數，十分之一為第四等之責任分數。凡經嘉獎一次或發給獎狀、獎章或其他獎勵者；每次加零點五分，凡經告誡或勞動服務者，每次扣零點

五分，至於平常之考核，則分輔導、操行及學習等三項為之。

受感化教育處分之學生，其執行已逾六月，倘已晉入第一等之累進處遇，且其第一等成績最近三個月內，每月得分在四十二分以上，執行感化教育之少年矯正學校，認無繼續執行之必要者，得檢具事證，聲請少年法院以裁定免除其執行。

受感化教育處分之學生，其執行已逾六月，倘已晉入第二等之累進處遇，且其第二等成績最近三個月內，每月得分在四十二分以上，執行感化教育之少年矯正學校，認無繼續執行之必要者，得檢具事證，聲請少年法院以裁定停止其執行。

(五)出校措施

少年矯正學校於學生出校前，應將其預定出校日期，通知其父母、監護人或最近親屬；對於應付保護管束者，並應通知少年保護官。

出校後就學之學生，矯正學校應通知地方主管教育行政機關，將學生人別資料納入輔導網路，優先推介輔導。出校後就業之學生，矯正學校應通知地方政府或公立就業服務機構協助安排技能訓練或適當就業機會。出校後未就學、就業之學生，矯正學校應通知其戶籍地或所在地之地方政府予以適當協助或輔導。對於出校後因經濟困難、家庭變故或其他情形需要救助之學生，矯正學校應通知更生保護會或社會福利機構協助。至於停止感化教育執行而付保護管束之學生，矯正學校應於其出校時，報知該管少年法院，並附送其在校之鑑別、學業及言行紀錄。

四、執行之內容

感化教育處分之執行機關，既由「少年輔育院」，而增設「少年矯正學校」，且又於民國八十六年五月二十八日公布新制定之「少年矯正學校設置及教育實施通則」，則少年感化教育處分之執行，除應依據本法及本法之輔助法規——兒童及少年保護事件執行辦法，暨保安處分執行法……等有關之規定執行外，應依「少年輔育院條例」或「少年矯正學校設置及教育實施通則」之規定執行之。由於感化教育處分之執行，應以學校教育方式實

施之，並經由學校教育以矯正受處分少年之不良習性，促其改過自新，適應社會生活，故感化教育處分之執行內容，不外教學實施與生活管教等二方面，茲依「少年矯正學校設置及教育實施通則」之規定分別概述之：

(一)教學實施

感化教育處分之執行，既以學校教育之方式實施之，則其教學實施之形態及其措施，如下所述：

1. 教學目標

矯正學校之教學，以人格輔導、品德教育、知識技能之傳授為目標，並強化輔導工作，以增進學生之社會適應能力。一般教學部，應提供完成國民教育機會及因材適性之高級中等教育環境，提昇學生學習及溝通能力。特別教學部以調整學生心性、適應社會環境為教學重心，並配合職業技能訓練，以增進學生生活能力❷❶。

2. 教學制度

矯正學校依教育階段，分為國民教育階段：六歲以上十五歲未滿。及高級中學、高級職業教育階段：十五歲以上十八歲未滿。其入學年齡得針對個別學生身心發展狀況或學習、矯正需要，予以提高或降低。矯正學校之一般教學部，一年兩學期；特別教學部，一年四學期，每期以三個月為原則。

3. 班級編制

矯正學校每班學生人數不超過二十五人。但一班之人數過少，得行複式教學。男女學生應分別管理。但教學時得合班授課。

4. 教學課程

矯正學校依矯正教育指導委員會就一般教學部及特別教學部之特性，所指導、設計之課程及教材，實施教學，其教學方法保持彈性，以適合學生需要。一般教學部之課程，係參照高級中學、高級職業學校、國民中學、國民小學課程標準辦理。職業訓練課程，參照職業訓練規範辦理。為增進

---

❷❶　對兒童之感化教育處分，其執行期間應給予維護身心健康，促進正常發育及增進生活知識所必要之教養。為課業輔導時，應力求配合現行國民教育學制。

學生重返社會之適應能力，得視學生需要，安排法治、倫理、人際關係、宗教與人生及生涯規劃等相關課程，實施教學。

5.心理輔導

矯正學校對學生之輔導，以個別或團體輔導之方式為之。一般教學部，每週不得少於二小時；特別教學部，每週不得少於十小時。個別輔導，以會談及個別諮商之方式進行；團體輔導，以透過集會、班會、聯誼活動、社團活動及團體諮商等方式進行。

6.其他教學活動

矯正學校，得視實際需要，辦理校外教學活動；並藉社會資源，舉辦各類教化活動，以增進學生學習機會，提昇輔導之功能。同時一般教學部，得依實際需要，辦理國中技藝教育班、實用技能班及特殊教育班等班級，以適應個別之需要。

(二)生活管教

為避免受感化教育處分執行之學生，濡染惡習，違反團體生活之紀律，矯正學校之生活管教，相當嚴格。茲列舉如下：

1.訂定生活守則

學生生活守則之訂定或修正，由累進處遇至第二級（等）以上之學生，推派代表參與；各班級並得依該守則之規定，訂定班級生活公約。

2.生活管教之方式

學生之生活及管教，以輔導、教化之方式為之，以養成學生良好之生活習慣，增進其生活適應能力。

3.住宿之管理

學生之住宿管理，以班級為範圍，分類群居為原則。未滿十二歲學生之住宿管理，以採家庭方式為原則。十二歲以上之學生，有違反團體生活紀律之情事，而情形嚴重者，得使獨居；其獨居期間，每次不得逾五日。學生一律禁用菸、酒及檳榔。

4.書刊之檢查

矯正學校對於送入給與學生或學生持有之書刊，經檢查後，認無妨害

矯正教育之實施或學生之學習者，得許閱讀。

5.親友之接見

學生得接見親友。但有妨害矯正教育之實施或學生之學習者，得禁止或限制之。

6.書信之檢閱

學生得發、受書信，矯正學校並得檢閱之。如認為有妨害矯正教育之實施或學生之學習情形，學生發信者，得述明理由並經其同意刪除後再行發出；學生受信者，得述明理由並經其同意刪除再交學生收受；學生不同意刪除者，得禁止其發、受該書信。

7.保外之就醫

學生罹患疾病，在校內不能為適當之醫治者，矯正學校得斟酌情形，報請法務部許可其戒送醫院或保外醫治。但有緊急情形時，得先行處理，並即時報請法務部核示。戒送醫院就醫者，其期間計入執行期間；保外就醫者，其期間不計入執行期間。

8.處置不當之申訴

學生於其受不當侵害，或不服矯正學校之懲罰，或對其生活、管教之不當處置時，其本人或法定代理人得以言詞或書面向矯正學校申訴委員會申訴。

五、執行之處遇

少年入感化教育處所——少年輔育院或少年矯正學校，接受感化教育，倘其期間已達六個月以上，而其行狀善良，成績優異，無繼續執行感化教育之必要者，少年保護官或執行感化教育之處所，得依本法第五十六條第一項之規定，檢具事證，聲請少年法院裁定免除或停止其執行，此為個別處遇之政策，茲概述之：

(一)免除感化教育之繼續執行

感化教育之處分，採累進處遇之方式實施；累進處遇分四至一等，依次漸進；凡受處分人，如品行善良，具有適於共同生活之情形者，得逕編

入第三等（保執三八）。受處分人接受感化教育，已逾六個月以上，其累進處遇之成績，已達第一等者，則顯示受處分人已能改善行狀，執行感化教育已能收效，無繼續執行之必要，故少年保護官或執行感化教育處所（即少年輔育院或少年矯正學校），得檢具事證，聲請少年法院以裁定免除其執行（見少年事件五六條Ⅰ項）。

㈡停止感化教育之繼續執行

受感化教育處分之少年，於感化教育處所，接受感化教育已逾六個月，累進處遇之成績，已達二等以上，認為無繼續執行之必要者，少年保護官或執行感化教育處所，得檢具事證，聲請少年法院裁定停止其執行。唯停止感化教育之執行者，所餘之執行期間，應由少年法院裁定交付保護管束（見少年事件五六條Ⅰ、Ⅲ項）。

六、執行之限制

感化教育之執行，自交付之日開始，由少年輔育院或少年矯正學校執行之。感化教育處分之執行，有一定之執行期間、執行年齡及執行時效之限制，茲概述之：

㈠執行期間之限制

感化教育之執行，依本法第五十三條之規定，其期間不得逾三年。而本法第五十六條第一項則有「執行感化教育已逾六月，認無繼續執行之必要者，得由少年保護官或執行機關檢具事證，聲請少年法院裁定免除或停止其執行……」之規定，故感化教育之執行期間，不得少於六個月，並不得逾三年。此為執行期間之限制。

㈡執行年齡之限制

感化教育之執行，因前本法第五十四條有「少年……感化教育之執行，至多執行至滿二十一歲為止」之規定，因此，感化教育之執行，不受本法第二條之限制，而可例外執行至滿二十一歲為止，唯八十九年二月二日修正之條文，已刪除感化教育執行年齡之限制。

(三)執行時效之限制

感化教育之執行，因本法第五十七條第二項有：感化教育之處分，「自應執行之日起，經過三年未執行者，非經少年法院裁定應執行時，不得執行之」之規定，故感化教育之有效期間在三年以內，換言之，在三年以內，感化教育之處分均可交付執行機關——少年輔育院或少年矯正學校執行，倘若因故經過三年未執行，除非少年法院裁定應執行者外，不得執行之，此為時效之限制。

感化教育之執行，倘已執行期滿；或其執行經裁定免除或停止；或該感化教育處分經三年而未執行；或該感化教育處分經少年法院以裁定撤銷；或該感化教育處分經重新審理而諭知不付保護處分……等等情形，則該感化教育應即終止其執行。

陸、禁戒之執行

禁戒，依本法之規定，係併合於保護處分之另一種處分。雖然，禁戒之處分，也是保護處分之一，但從其性質而言，它並不是一種獨立之保護處分。換言之，禁戒之處分，乃是指少年有觸犯刑罰法律或有觸犯刑罰法律之虞之行為，同時又染有煙毒或吸用麻醉、迷幻物品成癮或有酗酒習慣等之情形，而少年法院就該事件審理結果，認為應依本法第四十二條第一項之規定，諭知：1.訓誡，並得予以假日生活輔導。2.交付保護管束並得命為勞動服務。3.交付安置於適當之福利或教養機構輔導。4.令入感化教育處所施以感化教育等之保護處分者，自應審酌少年個別之情狀與處遇之需要，選擇一種適當之保護處分處遇之，同時亦應一併諭知禁戒之處分。

因此，禁戒之處分，實際上是以少年之觸法或虞犯之保護事件為由，而將染有煙毒或吸用麻醉、迷幻物品成癮或有酗酒習慣之少年，除選擇一種適合其個別處遇需要之保護處分，以為處遇或保護外，並交付適當之處所，實施禁戒之處分，以協助其戒絕不良癮癖，確保其自己身心之健康，並防止其再犯之急要措施也。茲就禁戒處分之執行機關、執行辦法、執行期限等概述之。

一、執行之機關

少年染有煙毒或吸用麻醉、迷幻物品成癮或有酗酒習慣等之情形，而又有觸犯刑罰法律或有其他觸犯刑罰法律之虞之行為，少年法院認為有依本法第四十二條之規定，諭知保護處分之必要者，得選擇適合於少年之個別情狀與處遇之需要之保護處分，諭知之，並一併諭知令入相當處所實施禁戒（見少年事件四二條 I、II 項）。

禁戒之處分，既由少年法院所諭知，則其指揮執行之權，應屬於少年法院；但少年法院為禁戒處分之諭知時，應審酌少年個別之情狀與需要，令入相當處所禁戒之。

本法對於禁戒處分之執行，所以未規定執行禁戒之機關，而僅規定：「令入相當處所」者，乃因戒煙毒與戒吸用麻醉迷幻物品及戒酗酒習慣之執行處所，不相同故也。故本法將之授權少年法院，於禁戒處分之裁定諭知時，審酌少年之個別情狀，交付適當之執行機關禁戒之。

通常戒煙毒癮癖者，應由煙毒勒戒所為之；戒吸用麻醉迷幻物品及酗酒習慣者，則由一般公私立醫院，或其他適當之專門機構為之。

禁戒之處分，既在於戒絕其不良癮癖或習慣，則其執行之機關，自應具備相當之設備，充足之醫藥，與經驗豐富之醫護人員，使禁戒之目的能達到預期之效果。

二、執行之辦法

煙毒，禍害無窮，毀人於無形，一旦染上癮癖，越陷越深，不能自拔，終至身敗名裂，家破人亡，為世所詬病，不能不查禁。麻醉迷幻物品一經吸用，神志恍惚，理智全失，造成難以自制之窘態，易妨害善良風俗，危害公共秩序，甚至淪於犯罪；一旦吸用成癮，則受其驅使，難以自拔，戕害身心至巨，且當山窮水盡之餘，易鋌而走險，故不能不嚴防。酗酒，一經養成習癖，終日沈湎麴糵，不事生產，遊蕩好閒，不務正業，習於安逸，易藉酒裝瘋，倚醉暴行，甚至自暴自棄，頹廢墮落，不能不戒除。

㈠依少年個別之情狀交付相當之處所禁戒之

少年染有煙毒或吸用麻醉迷幻物品成癮或有酗酒習慣者，少年法院應依本法第四十二條第二項第一款之規定，一併諭知禁戒之處分，並依本法第五十九條第二項之規定，使之到場，而將少年按其個別之情狀與需要，交付適當之禁戒處所為禁戒之處分；舉凡有煙毒癮癖者，應交由煙毒勒戒所執行禁戒；其他吸用麻醉迷幻物品成癮或有酗酒習慣者，則衡情交由公私立醫院或其他實施禁戒之專門機構，協助執行之。實施禁戒處分時，應由醫師及其他醫護人員嚴格執行，生理之治療與物理之治療兼顧，禁戒之期間，應注意受處分人之身體健康，及是否能與醫師或醫護人員密切合作，務必戒絕至癮癖全失或矯治痊癒為止（見少年事件五八條Ⅰ項）。

㈡禁戒與保護管束一併諭知者，同時執行之

禁戒之處分，常併合於本法第四十二條第一項各款所列舉之保護處分而諭知，故與保護管束一併諭知者，同時執行之。蓋禁戒處分之執行，無礙於保護管束處分之執行；因為禁戒處分之執行，雖然將受處分之少年置於禁戒之相當處所，以戒除其不良習癖，但有賴保護管束處分之執行，以收宏效，因此兩項處分宜併存，並同時執行之。

㈢禁戒與安置輔導及感化教育一併諭知者，先執行之

禁戒之處分，與安置輔導或感化教育一併諭知者，先執行之。但其執行無礙於安置輔導及感化教育之執行者，同時執行之（見少年事件五八條Ⅰ項）。此乃因為目前安置輔導機構及感化教育處所，容或缺乏完善之醫療設備，一旦禁戒之處分與安置輔導及感化教育之處分同時執行，困難殊多，且受禁戒處分之少年，易將其不良癮癖，影響及其他受安置輔導及感化教育處分之少年，致安置輔導或感化教育之執行難收效果，故應先執行禁戒之處分，待戒絕其不良習癖之後，再令入安置輔導機構或感化教育處所。惟有例外，倘若安置輔導機構或感化教育處所有完善之醫療設備，或有實施禁戒處分之處所，或者受處分少年之不良習癖，如酗酒及吸用麻醉迷幻物品等，不致影響及其他受處分之少年，足認禁戒處分之執行無礙於安置輔導及感化教育之執行者，得同時執行之。

三、執行之期限

禁戒處分之執行，以戒絕少年不良之習癖為目的，且有一定之執行期限，茲依本法之規定列舉之：

㈠以戒絕為止

禁戒處分之執行，依本法第五十八條第一項之規定，其執行處分之期間，以戒絕為止，並無執行期間之限制。

㈡至滿二十歲為止

禁戒處分之執行，雖以戒絕為止，無執行期間之限制。但若執行處分之期間毫無限制，且以戒絕為止，究非妥善之辦法。因為，禁戒處分之執行，倘若長期間之執行，而仍不能戒絕收效，究應執行至戒絕為止？或者應即停止其執行？不能不有所抉擇；本法為避免禁戒處分之執行期間過長，因而浪費人力、物力起見，特規定禁戒處分之執行至滿二十歲為止。故受禁戒處分之少年，在禁戒處分執行中滿十八歲者，至多執行至滿二十歲為止。

㈢已逾執行之時效不得執行

禁戒之處分，自應執行之日起，逾三年而未執行者，非經少年法院裁定應執行時，不得執行之（見少年事件五七條Ⅱ項）。

禁戒處分之執行，倘若已戒絕收效；或者受禁戒處分之少年已滿二十歲；或者經逾三年而未執行；或者受禁戒處分之少年已死亡；或者禁戒之處分經依本法第四十五、四十六條及第四十七條之規定予以撤銷……等等事由，則少年法院應即終結禁戒處分之執行。

柒、治療之執行

治療與禁戒相同，係併合於保護處分之另一種處分；雖可說治療亦是一種保護處分，但並非是獨立之保護處分。

治療之處分，乃是指少年有觸犯刑罰法律或有觸犯刑罰法律之虞之行為外，同時其身體或精神狀態顯有缺陷之情形，而少年法院就該事件審理結果，認為應依本法第四十二條第一項之規定，諭知：1.訓誡，並得予以

假日生活輔導。 2.交付保護管束並得命為勞動服務。 3.交付安置於適當之福利或教養機構輔導。4.令入感化教育處所施以感化教育等之保護處分者，自應審酌少年個別之情狀與處遇之需要，選擇一種適當之保護處分處遇之，同時亦應一併諭知治療之處分。

故治療之處分，實際上是以觸法或虞犯之事件為由，將身體或精神狀態顯有缺陷之少年，除選擇一種適合其處遇需要之保護處分，以為處置及保護外，並交付適當之處所，實施治療之處分，以協助治癒其身心之缺陷，並防止其再觸犯刑罰法律或虞犯事件之急要措施也。茲就治療處分之執行機關、執行辦法、執行期限……等分別概述之。

一、執行之機關

少年有觸犯刑罰法律之行為，或有觸犯刑罰法律之虞之事件，同時其身體或精神狀態顯有缺陷者，少年法院自可依本法第四十二條之規定，選擇適合於少年個別處遇需要之保護處分諭知之，同時得一併諭知令入相當處所實施治療（見少年事件四二條Ⅱ項 2 款）。

治療之處分，既由少年法院所諭知，則其指揮執行之權，應屬於少年法院；惟少年法院為治療處分之諭知時，應審酌少年個別之情狀，令入相當處所治療之。

本法對於治療處分之執行，其所以未規定執行治療之機關，而僅規定「令入相當處所」者，乃因治療身體之缺陷與治療精神狀態之缺陷有別，其執行治療之機關亦不相同故也。故本法將之授權少年法院，於治療處分之裁定諭知時，審酌少年之個別情狀與需要，交付適當之執行治療機構治療之。

通常身體之缺陷，包括目盲、耳聾、瘖啞、麻臉、兔唇、四肢殘缺、以及有傳染性之痲瘋、花柳、疥癬、愛滋病 (AIDS) ……等疾病；有些身體之缺陷，已無法治療，也毋須治療；至於有治療必要之身體缺陷，如花柳、梅毒、愛滋病、尖頭濕疣、疱疹……等疾病，可交由公私立醫院，或其他特定之醫療機構治療之。

精神狀態之缺陷，包括神經病、精神病、癲癇症、心理變態……等等，可審酌少年個別之情狀，交由精神療養院，或其他適當之精神病醫院，或適當之心理專家治療之。

二、執行之辦法

治療之處分，其處分之對象，係身體或精神狀態顯有缺陷之非行少年，故少年法院就該少年為治療處分之諭知後，應審酌少年個別之情狀，交付相當處所治療之。

㈠應隔離治療者宜切實隔離之

舉凡身體之缺陷，如痲疹、疥癬、肺炎、愛滋病……等有傳染性之疾病，或精神狀態有嚴重之缺陷，如精神分裂症、情感性精神病……等，應隔離治療者，宜切實隔離之，並應隨時監視其行動，以免發生意外。

㈡治療與保護管束一併諭知者，同時執行之

治療之處分，應併合於本法第四十二條第一項各款所列舉之保護處分而諭知，故與交付保護管束一併諭知者，同時執行之。蓋治療之處分，無礙於保護管束之執行；治療之處分，固然將受處分之少年，交付適當之處所，如公私立醫院、精神療養院……等，治療其身體或精神狀態之缺陷，但有賴保護管束之執行，以宏效果，因此兩項處分宜併存，並同時執行之（見少年事件五八）。

㈢治療與安置輔導或感化教育一併諭知者，先執行之

治療之處分，與交付安置輔導或令入感化教育處所施以感化教育一併諭知者，先執行之。但其執行無礙於安置輔導或感化教育之執行者，同時執行之（見少年事件五八條Ⅰ項後段）。此乃因為目前執行安置輔導或感化教育之處所，容或缺乏完善之醫療設備；或雖有完善之醫療設備，但治療處分與安置輔導或感化教育處分合併同時執行，困難殊多，如受處分之少年，倘有傳染性之身體疾病，或有嚴重性之精神疾病，一旦與受安置輔導或感化教育之其他少年接觸，易將其傳染性之身體疾病，傳染及其他身體健康之受處分少年，或將其不正常之精神心態，影響及其他心理健康之受

處分少年，故應先執行其治療之處分，待治癒其身體或精神狀態之缺陷後，再令入安置輔導機構或感化教育之處所。唯安置輔導機構或感化教育之處所，有完善之醫療設備，或者有實施治療之場所，或者有經驗豐富之醫師、護理人員及心理專家，足認治療處分之執行，無礙於感化教育之執行者，得同時執行之。

三、執行之期限

治療處分之執行，以治癒少年之身體或精神狀態之缺陷為目的，但有其一定之執行期限，茲依本法之規定列舉如左：

㈠**以治癒為止**

治療處分之執行，依本法第五十八條第一項之規定，其執行處分之期間，以治癒為止。故必須徹底治療，使其身體或精神狀態恢復正常，因此無執行期間之限制。

㈡**至滿二十歲為止**

治療處分之執行，雖其處分之執行期間，以治癒為止，無執行期間之限制。但若執行之期間毫無限制，且以治癒為止，則長期間之執行治療，不免浪費人力、物力，苟仍不能治療痊癒，其執行治療之期間，將漫無止境，究非妥善之策，故本法第五十八條第一項特規定，不論少年之身體或精神狀態之缺陷能否治癒，其執行治療至滿二十歲為止。換言之，少年在治療處分執行前已滿十八歲，或執行中已滿十八歲者，至多執行至滿二十歲為止。

㈢**已逾執行時效不得執行**

治療處分之執行，自應執行之日起，經過三年而未執行時，非經少年法院裁定應執行者，不得執行之（見少年事件五七條Ⅱ項）。

治療處分之執行，倘若受治療之特定少年，其身體或精神狀態之缺陷已完全痊癒；或已滿二十歲而少年法院並無裁定應予執行；或該治療處分經三年期間而未執行；或受處分之少年已死亡；或該處分經少年法院依本法第四十五、四十六條及第四十七條之規定予以撤銷……等等情形，則該

治療處分應即終結其執行。

捌、保護處分執行費用之負擔

　　少年保護處分之執行，除訓誡、假日生活輔導、保護管束等，毋須支出龐大費用外，其他如安置輔導、感化教育、禁戒、治療等處分之執行，均須支出所謂「教養費用」。

　　少年法院就保護事件之少年，所為交付安置於適當之福利或教養機構輔導，或令入感化教育處所施以感化教育，或禁戒、治療……等保護處分之裁定，無異以國家之名義，代替少年之扶養義務人，如父母、兄姊……等執行少年之教養職責；倘其所須之教養費用，悉由國家全部負擔，則不但增加國家財政上之負荷，且對於財力雄厚之少年及其扶養義務人，不足以懲戒、警惕，似過於寬縱。

　　為使國家有充裕之財力，對於受保護處分之少年，擔負相當期間之教養重責，應就少年或其扶養義務人財力所及之範圍內，命負擔全部或一部之教養費用。故本法第六十條有：「少年法院諭知保護處分之裁定確定後，其執行保護處分所需教養費用，得斟酌少年本人或對少年負扶養義務人之資力，以裁定命其負擔全部或一部；其特殊清寒無力負擔者，豁免之」之規定。且此項裁定，得為民事強制執行名義，由少年法院囑託各該地方法院民事執行處強制執行，免徵執行費。

第四章　少年刑事案件

第一節　少年刑事案件之追訴處罰

　　通常所稱之少年事件，包括少年保護事件及少年刑事案件兩部分，前者以保護處分為處遇政策，後者以刑事處分為處遇政策。由於本法對觸犯刑罰法律或有觸犯刑罰法律之虞之少年，一向採取保護政策，故少年之觸犯刑罰法律，不論其情節輕重，虞犯之少年不論是否觸犯刑罰法律，只要有本法第十七條所指任何人之報告，及本法第十八條第一項所指檢察官、司法警察官或法院之移送，暨本法第十八條第二項所指對於少年有監督權人或少年肄業學校等之請求，該管少年法院應即繫屬、受理，並依本法第十九條之規定，踐行調查程序，以了解少年行為之動機目的，觸法或虞犯情節之輕重，改善行狀之可能性等，作為保護處分與刑事處分之處遇參考。唯少年法院於調查或審理事件之結果後，發見觸法之少年，所犯係本法第二十七條第一項第一款或第二項所列罪情，依其品行、性格、經歷等情狀，以受刑事處分為適當，且少年觸法時已滿十四歲而現在尚未滿十八歲者，依法應即移送於有管轄權之地方法院檢察署檢察官，由其以少年刑事案件之性質予以追訴處罰。本節擬就少年刑事案件之移送、少年刑事案件之追訴、少年刑事案件之處罰、少年行為人之羈押等，分別概述之。

壹、少年刑事案件之移送

　　少年之觸法事件，一經繫屬於該管少年法院，除因無管轄權之情形，或認為以由其他有管轄權之少年法院審理，可使少年受更適當之保護者，

得以裁定移送於該管少年法院外，原繫屬該少年觸法事件之少年法院，應即依本法第十九條之規定，踐行調查之程序。

由於本法賦予少年法院以實際上之先議權，故少年法院於事件調查結束後，應即就該觸法之少年事件為審議，以決定其應否以保護事件之性質，繼續踐行審理之程序；或以刑事案件之性質，移送於有管轄權之地方法院檢察署檢察官依法處理。蓋本法之體系，並不以觸法之少年事件，為少年刑事案件，虞犯之少年事件，為少年保護事件，而是將觸法或虞犯之少年事件，一律以少年保護事件之性質，予以調查或審理。原則上是儘量以保護處分處遇少年，俾能貫徹保護少年之立法政策。

唯少年之觸法事件，經少年法院踐行調查或審理之期間，如發見少年所犯係最輕本刑為五年以上有期徒刑之罪，且少年之年齡在十四歲以上二十歲未滿者，由於本法將之列入追訴處罰之少年刑事案件範圍內，故無待猶豫，應即以裁定移送於有管轄權之地方法院檢察署檢察官，由其依法偵查處理。又如少年所犯之罪，情節重大，而少年之年齡在十四歲以上十八歲未滿者，得就少年之品行、性格、經歷等各方面之情狀為審酌（即所謂先議權之行使與定奪是也），俾決定對於觸犯此項案情重大之少年，究以受保護處分為適當，抑或以受刑事處分為適當，作一妥善之選擇決定。倘認為觸犯此項案情重大之少年，雖然應以刑事案件之性質予以追訴處罰，但從其品行、性格、經歷等各方面之情狀予以審議考慮，仍認為以保護處分為宜者，應即為開始審理之裁定；否則，則應依本法之規定，移送於有管轄權之地方法院檢察署檢察官，由其依少年刑事案件之處理程序，偵查並提起公訴，予以追訴處罰之。可知少年刑事案件之移送，必須具備下列之要件：

一、須本法第二十七條第一項第一款之罪情

本法第二十七條第一項第一款之罪情，係少年所犯最輕本刑為五年以上有期徒刑之罪。少年之年齡如在十四歲以上而觸犯本法第二十七條第一項第一款之罪情者，應即以少年刑事案件之性質，移送有管轄權之地方法

院檢察署檢察官，予以追訴處罰。

二、須本法第二十七條第二項之罪情以受刑事處分為適當

本法第二十七條第二項之罪情，修正前之舊法，計有下列各項：

1. 犯最重本刑為五年以上有期徒刑以上之刑之罪。

2. 犯刑法第一百三十五條第一、二項之妨害公務罪。

3. 犯刑法第一百四十九、一百五十一、一百五十四條之妨害秩序罪。

4. 犯刑法第一百八十六條之公共危險罪。

5. 犯刑法第二百三十一條第一、二項、第二百四十條第一項之妨害風化及家庭罪。

6. 犯刑法第二百七十二條第三項之預備殺人罪。

7. 犯刑法第二百七十七條第一項、第二百八十三條前段之傷害罪。

8. 犯刑法第三百四十九條第一項之贓物罪。

少年苟有上列罪情之一，而依其品行、性格、經歷等情狀，以受刑事處分為適當，且少年之年齡在十四歲以上十八歲以下者，應即移送於有管轄權之地方法院檢察署檢察官，由其依少年刑事案件之性質，予以偵查、起訴。唯本法第五次之修正，已將前述八款罪情予以刪除，而修正為「犯罪情節重大」。並須「參酌其品行、性格、經歷等情狀，以受刑事處分為適當者」，始得以少年刑事案件之性質，移送於有管轄權之地方法院檢察署檢察官。

三、須少年犯罪時已滿十四歲犯罪後尚未滿二十歲

本法第二十七條第三項因有「前二項情形，於少年犯罪時未滿十四歲者，不適用之」之規定，因此，少年苟有本法第二十七條第一項第一款之罪情，或有第二項所列舉之罪情，依其品行、性格、經歷等情形，以受刑事處分為適當，且少年之年齡在犯罪時已滿十四歲而犯罪後尚未滿二十歲者（過去為未滿十八歲），始得移送於有管轄權之地方法院檢察署檢察官，以少年刑事案件之性質，追訴處罰之。至於未滿十四歲之少年，苟有本法

第二十七條第一項第一款或第二項之罪情者，仍得繫屬該少年法院，以少年保護事件之性質處理之，而事件繫屬後已滿二十歲者，則應移送於有管轄權之地方法院檢察署檢察官，依一般刑事案件之性質予以偵辦之。

四、須經少年法院以裁定移送於有管轄權之地方法院檢察署檢察官

少年雖觸犯本法第二十七條第一項第一款或第二項之罪情，但如非經少年法院基於本法賦予之先議權，為案件之審議定奪，而依本法第二十七條或第四十條之規定，為移送於有管轄權之地方法院檢察署檢察官之裁定者外，檢察官不得依其職權擅自逕為偵查，或據以追訴。少年法院就本法第二十七條第一項第一款或第二項之少年刑事案件犯罪事實之一部為移送者，其效力及於全部，檢察官應就全部犯罪事實加以偵查，並依法予以追訴處罰。

貳、少年刑事案件之追訴

少年刑事案件，其所以移送於有管轄權之地方法院檢察署檢察官，乃因檢察官對於犯罪之行為人，有追訴而使之受處罰之權，故檢察官一經接受少年法院移送之少年刑事案件，應即踐行案件及證據之偵查，以決定其少年刑事案件是否應提起公訴，俾將犯罪之少年，為適當之處分以為處遇。

本法對於犯罪之少年，採取保護政策，主張教罰並重，寬嚴並濟，恩威並用，儘量宣示保護處分以處遇少年，唯少年法院對於少年之犯罪案件為審查後，認為少年應受刑事處分或以受刑事處分為適當者，自得移送於有管轄權之地方法院檢察署檢察官，由其依少年刑事案件之性質，踐行偵查程序，並依其職權追訴之。此乃不得已之辦法，非如此則莫以警惕、懲戒犯罪之少年，且刑事處分可以濟保護處分之窮，防止過於寬大、姑息，免助長少年之囂張氣燄。

刑事訴訟法對於犯罪行為人之追訴，採國家追訴主義與被害人追訴主義；前者由偵查機關之檢察官代表國家行使之，對於犯罪案件及必要之證

據為偵查，以揭發犯罪嫌疑人之犯罪事實，並提起公訴追訴之。而後者係由犯罪之被害人，向該管地方法院提出自訴，報告犯罪被害之事實，請求國家司法機關──即該管地方法院，就犯罪行為人追究處罰之。本法係保護少年之法律，不以追究處罰為目的，故對於犯罪少年之追訴，原則上採國家追訴主義，由地方法院檢察署檢察官擔當追訴之職責，代表國家行使之。至於刑事訴訟法上之自訴制度，有悖本法保護少年之政策，且少年犯罪之追訴，如採自訴制度，易啟犯罪之被害人以自訴程序，恫嚇閱歷尚淺之少年，致少年之身心蒙受不利之影響。況少年鮮有對簿公堂之能力，實不宜允許被害人有自訴權，以免藉自訴以圖報復，故本法不採犯罪被害人追訴主義，並於第六十五條第二項之條文規定：「刑事訴訟法關於自訴之規定，於少年刑事案件不適用之」。

參、少年刑事案件之處遇

少年刑事案件之追訴，固由地方法院檢察署之檢察官，依法律賦予之職權為之，唯少年刑事案件之處罰，則非由地方法院檢察署之檢察官為之，而係由該管少年法院，依本法之規定審判之。即使一般刑事案件與少年刑事案件相牽連者，仍得由少年法院合併審理，此為例外。

由於本法採保護主義，故凡觸法之少年，儘量以諭知保護處分代替刑事處分；除非少年係觸犯本法第二十七條第一項第一款之罪情，應受刑事處分；或觸犯本法第二十七條第二項之罪情，依其品行、性格、經歷等情狀，以受刑事處分為適當，且觸法之少年年齡在十四歲以上十八歲未滿者，應或得移送於有管轄權之地方法院檢察署檢察官，由其依刑事案件之性質，予以追訴並使其接受刑事處分外，一律以保護處分處遇之。

移送於有管轄權之地方法院檢察署之少年刑事案件，既經檢察官偵查後提起公訴，則少年法院應即踐行審判程序，並於審判終結後，就犯罪之少年為適當之處遇──即以裁定宣告刑事處分，以示懲戒。唯仍以保護少年為目的。由於刑法第十八條第二項有「十四歲以上未滿十八歲人之行為，得減輕其刑」之規定，故本法對於犯罪少年之刑事處分，一律採取減輕政

策。茲將少年刑事案件之處遇情形，概述之。

一、得減輕其刑者

凡少年犯罪應科刑者，不得處死刑或無期徒刑。本刑為死刑或無期徒刑者，減輕其刑（見刑六三條）。唯少年犯刑法第二百七十二條第一項殺直系血親尊親屬之罪者，不得適用刑法第六十三條第二項減輕其刑之規定。又刑法第十八條第二項因有「十四歲以上未滿十八歲人之行為，得減輕其刑」之規定，故少年犯罪應科刑者，一律得減輕其刑。

二、得免除其刑者

法院審理本法第二十七條之少年刑事案件，對於少年犯最重本刑為十年以下有期徒刑之罪，如顯可憫恕，認為依刑法第五十九條之規定，減輕其刑仍嫌過重，且以受保護處分為適當者，得免除其刑，諭知保護管束、安置輔導或令入感化教育處所施以感化教育等處分。少年有酗酒習慣者，應一併令入相當處所，實施禁戒；其身體或精神狀態顯有缺陷者，應一併令入相當處所，實施治療（見少年事件七四條Ⅰ、Ⅱ項）。

三、得宣告緩刑者

犯罪之少年，受三年以下有期徒刑、拘役或罰金之宣告，合於刑法第七十四條第一、二款之規定，認為以暫不執行為適當者，得宣告緩刑（見少年事件七九）。少年法院於少年刑事案件審理結果，自可依其處遇之需要，自由斟酌決定。

肆、少年行為人之羈押

羈押（Verhaftung）者，乃對於犯罪嫌疑重大之被告，為防止其逃亡或湮滅證據，在判決確定前，將之拘禁於特定之處所，所施之拘束身體自由之強制處分也。

刑事訴訟法上之羈押，係法院於傳喚或拘提犯罪嫌疑人到庭後，經人

別及案件之訊問，發見犯罪嫌疑重大，且有下列情形之一，如不予以羈押，恐有逃亡或湮滅證據之虞，故有必要時得羈押之。

　　1.逃亡或有事實足認為有逃亡之虞者。

　　2.有事實足認為有湮滅、偽造、變造證據或勾串共犯或證人之虞者。

　　3.所犯為死刑、無期徒刑或最輕本刑為五年以上有期徒刑之罪者（見刑訴七六、一〇一）。

　　羈押，對於犯罪行為人身體、自由等權益之拘束甚大，本法為貫徹保護少年之立法意旨，原則上不採刑事訴訟法上之羈押制度，但於審判少年刑事案件之時，如少年被告確有逃亡之企圖；或有湮滅、偽造、變造證據或勾串共犯與證人之現實可能；或有其他不能責付之原因，倘不予以羈押，恐無法防止其逃亡、湮滅證據、或再次犯罪，故本法第七十一條第一項有：「少年被告非有不得已之情形，不得羈押之」之規定。

　　所謂不得已之情形，乃就事實上之情況而論；雖然犯罪之少年，於少年刑事案件審判之程序時，可以責付於少年之法定代理人、家長、最近親屬、現在保護少年之人或其他適當之人，但少年法院之法官，於踐行審判少年刑事案件之程序時，如發見少年被告有不能責付而須羈押之迫切原因，如殺人之現行少年犯，如不予以羈押，即有逃匿之虞；聚眾械鬥之少年犯，如責付於家長，恐有再犯之現實可能；蠻橫狡辯之少年犯，如不予以羈押，即有湮滅證據、勾串共犯與證人之虞……等等情形，在不得已之情形下，自得予以羈押，此乃不得已之措施。倘少年被告可以責付、可以命其具保，而沒有不得已之現實情形，則不得羈押之，以維護少年個人身體自由之權益。

　　少年被告之羈押，應於少年觀護所為之，男性與女性之少年，應分開羈押，除非有暴行、逃亡、自殺或其他擾亂秩序之行為，否則不得束縛其身體；非有緊急之必要，不得施用械具。對於少年被告之羈押，於年滿二十歲時，應移押於看守所。

第二節　少年刑事案件之偵查

少年刑事案件之偵查，由地方法院檢察署之檢察官為之；與少年保護事件之調查，係由少年法院之法官、少年調查官……等為之者之情形，自有不盡相同之處。

唯少年刑事案件之偵查，仍準用本法第三章第一節有關少年保護事件調查之規定（見少年事件七〇），因此兩者之間之調（偵）查方式、範圍以及實施之程序，卻仍有相似之作法。

少年刑事案件之偵查，其目的在發見觸法少年行為之事實，蒐集可作為證明事實之證據，與刑事訴訟法上之偵查制度類似，但本法為摒棄刑事色彩之過濃，曾將「偵查」改為「調查」，以表明少年刑事案件之調查，除調查觸法少年之行為事實及證據外，尚包含觸法少年之品格、經歷、身心狀況、家庭情形、社會環境、教育程度等必要情形之調查，以審酌是否應向少年法院提起公訴。唯修正後之本法，又將「調查」改為「偵查」。本節擬就偵查之開始、偵查之要項、偵查之期間、偵查之結果等概述之。

壹、偵查之開始

少年刑事案件之偵查者，乃地方法院檢察署之檢察官，為提起或實行公訴，對於觸法之少年或與少年有關之人，所為之查訊程序，以了解觸法少年行為之事實，以及其品格、經歷、身心狀況、家庭情形、社會環境、教育程度……等個案資料。

地方法院檢察署之檢察官，對於一般刑事案件之偵查，常由於犯罪被害人之告訴，知悉罪情者之告發，犯罪行為人之自首，外國政府之請求，以及其他重大案件之發生，而主動開始實行偵查；但少年刑事案件之偵查，則與一般刑事案件之偵查不同。

少年刑事案件，少年行為之被害人固可向檢察官提起告訴，知悉罪情

者亦可向檢察官報告，觸法之少年亦可向檢察官自首，但檢察官在執行職務時，仍必須將上述少年事件向該管少年法院為移送處理，不得逕自開始偵查。

地方法院檢察署之檢察官，所偵查之少年刑事案件，常由於少年法院之移送，且其移送之少年刑事案件，必為本法第二十七條第一、二項所列舉之罪情。檢察官既受理少年法院移送之少年刑事案件，自應依本法第七十條準用少年保護事件調查之規定，開始踐行偵查(少年事件六六條I項)。

貳、偵查之要項

少年刑事案件之偵查，因準用本法第三章第一節有關少年保護事件之調查之規定，因此，地方法院檢察署之檢察官，在踐行少年刑事案件之偵查時，所偵查之要項與少年保護事件類同，均不外乎有下列幾項：

㈠少年與事件有關之行為

除少年所觸犯之刑罰法律之外，凡與本案件有關之行為均包括在內，例如少年犯刑法第一百五十二條之妨害秩序罪，是否有其他與本事件有關之行為，如吸毒、強制、恐嚇……等均必須偵查清楚。

㈡少年之品格

即少年平日之言行，以及對人對事所表現之態度，皆包括在內，應深入了解，不得有偏差。

㈢少年之經歷

即少年自出生以後，迄至現在，在求學、就職或行為方面，所經驗過或閱歷過之整個生活史，例如少年曾在××國小、××國中、××高中或××高職就讀，或曾在××工廠、××公司服務，或曾有吸食迷幻物品……等之生活閱歷是，均必須深入了解。

㈣少年之身心狀況

即少年之身體檢查結果，以及心理診斷結果，是否正常、健康、合格，與常人相同。身體檢查可以囑託公立醫院、衛生局（所）代為檢查；心理診斷可以聘請神經精神科醫師或心理專家為之。

(五)少年之家庭情形

即少年之家庭成員、家庭經濟、家庭管教、家庭娛樂、家庭背景、家庭職業……等之情形，必須深入了解。

(六)少年之社會環境

即少年住居所所在地之文化背景、社會結構、文明狀況、社區發展、生活水準以及風俗習慣等情形，如少年住居所所在地為風化區是。

(七)少年之教育程度

即少年之最高學歷，以及經學力鑑定考試後，所取得之同等學歷等是。

(八)其他必要之事項

即除上述七項之外，其他必要之事項，如少年之宗教信仰、就職情形、參加不良組織之經過……等均包括在內。

參、偵查之期間

少年刑事案件之偵查，因準用本法第三章第一節有關少年保護事件調查之有關規定，是故地方法院檢察署之檢察官於踐行偵查任務時，得不拘形式；不必穿著制服；不公開踐行偵查；查訊少年被告應以和藹懇切之態度行之；少年被告有二人以上者，查訊時應與其他被告隔離；偵查以發見少年之觸法事實以及證據為目的，唯少年之品格、經歷、身心狀況、家庭情形、社會環境、教育程度等個案資料，必要時亦得了解之，俾作為起訴或不起訴少年之參考。偵查之期間，依修正前本法第六十六條第二項之規定，以一個月為限，唯修正後之本法，已將之刪除。檢察官對於少年刑事案件，不論案情如何複雜，均應於短期間內，完成偵查之程序，不得延誤。

肆、偵查之結果

地方法院檢察署之檢察官，就少年法院移送之少年刑事案件，踐行偵查之程序後，應就觸法少年所為之案件情節、少年之性行，暨刑法第五十七條有關之規定，如犯罪之動機目的、犯罪時所受之刺激、犯罪之手段、犯人之生活狀況……等等為審酌，以決定應否提起公訴。茲就本法第六十

七條之規定概述之。

一、不起訴處分

刑事訴訟法上有所謂：起訴法定主義 (Legalitaetsprinzip) 與起訴便宜主義 (Opportunitaetsprinzip) 之制度，前者指一定之事實符合訴訟條件與處罰條件時，檢察官必須提起公訴之主義；後者指一定之事實，雖符合訴訟條件與處罰條件，但檢察官仍可依其意思裁量，自由斟酌決定起訴或不起訴之主義❶。

由於現代刑事訴訟法注重教育刑思想，故除採起訴法定主義之外，兼採起訴便宜主義，容許檢察官本於微罪不檢舉以及執行刑罰無實益之理由，得為應否起訴之決定。

本法由於係刑事訴訟法之特別法，故若干條文仍師承其思想，沿襲其制度，如少年刑事案件之起訴，除採起訴法定主義之外，仍兼採起訴便宜主義，容許檢察官於案件偵查後，就案情為審酌，以決定應否提起公訴。

少年刑事案件，一經檢察官偵查結果後，案情已明朗，證據已周全，有無提起公訴之必要，檢察官自應依據本法之規定為審酌；倘檢察官依偵查之結果，對於少年所犯最重本刑五年以下有期徒刑之罪，參酌刑法第五十七條有關規定，認為以不起訴處分而受保護處分為適當者，得為不起訴之處分，並移送少年法院依少年保護事件審理（少年事件六七條Ⅰ項）。此項不起訴處分，不得聲請再議。檢察官為不起訴處分，應製作處分書，敘述不起訴之理由，將事件函送該管少年法院處理。

二、公訴之提起

少年觸犯刑罰法律之追訴，本法採職權主義，由地方法院檢察署之檢察官擔當起訴之責，而禁止少年行為被害人之自訴，以確切保護觸法之少年。

---

❶ 引自蔡墩銘著，《刑事訴訟法概要》，五十八年九月，三民書局印行，第一八、一九頁。

　　檢察官為公訴之提起，無非在聲請少年法院，就少年之觸法行為，以判決確定其刑罰之意思表示；換言之，乃請求少年法院審酌少年觸法之情節，予以適當之處分而言。

　　檢察官對於少年法院移送之少年刑事案件，經依偵查之結果，認為該案件具備起訴條件及處罰條件，應予以起訴者，應向少年法院提起公訴（少年事件六七條Ⅰ項）。唯檢察官提起公訴，應製作起訴書，並應將卷證一併提出該管少年法院。

　　起訴書應記載之事項，如下列二項：1.少年被告之姓名、性別、年齡、出生地、職業、住居所或其他足資辨別之特徵，暨國民身分證字號。 2.犯罪事實及證據暨所犯法條。

　　少年刑事案件，依刑事訴訟法第七條規定，與一般刑事案件相牽連者，應合併起訴。對於少年觸法已依本法第四十二條為保護處分者，不得就同一事件再為刑事追訴。但其保護處分經依本法第四十五條或第四十七條之規定撤銷者，不在此限（少年事件六九）。

第三節　少年刑事案件之審判

　　少年刑事案件，經檢察官提起公訴後，該管少年法院應即繫屬該少年刑事案件，並對少年被告為如何科處刑罰之審判，此與一般刑事案件之審判，並無不同。

　　唯本法為刑事訴訟法之特別法，其立法意旨以保護少年為核心，故刑事訴訟法上之言詞辯論制度、審判公開制度，本法均不採用。

　　少年法院受理之少年刑事案件，除由檢察官依本法第六十七條第一項之規定為公訴之提起外，尚有抗告法院發回更審之抗告案件，以及聲請再審案件經裁定開始再審者，均得據以審判。本節擬就審判之原則、審判之態度、審判之方式、審判前之準備、審判期日之程序、審判之結果等，分別概述之。

壹、審判之原則

少年刑事案件，固應由有管轄權之少年法院審判，唯少年刑事案件與一般刑事案件，倘有相牽連之情形，究應如何審判，不能無明文規定；又少年觸犯刑罰法律，業經少年法院諭知保護處分，是否仍得為刑事之處罰，不能無解決之方法；再者，少年刑事案件之審判，是否準用少年保護事件審理之方式，抑或適用刑事訴訟法之規定，亦不能無明確之指示；茲依本法第六十八、六十九、以及七十條之規定，分述如下：

一、分別審判相牽連刑事案件

依本法前（八十六年十月二十九日修正公布）第六十八條第四款之規定，一般刑事案件，如有刑事訴訟法第七條第一、二、四款規定之情形，而與少年刑事案件相牽連者，應由少年法院管轄並審判。

按刑事訴訟法第七條第一、二、四款規定之相牽連案件，如下開之情形：1.一人犯數罪者。2.數人共犯一罪或數罪者。3.犯與本罪有關係之藏匿人犯、湮滅證據、偽證、贓物各罪者。

少年刑事案件與一般刑事案件，倘發生相牽連之關係，在早期本法採分別審理制；但不宜分別審理者，得由少年法庭與普通法院合併審理。其後修正為應由少年法院管轄並審判，唯民國八十九年二月二日本法第六次之修正，竟將第六十八條第四款之規定予以刪除，致合併審判抑或分別審判，無條文可依據。

二、避免一案件重複審判

依本法第六十九條之規定，對於少年犯罪，已依本法第四十二條為保護處分者，不得就同一事件再為刑事追訴或處罰。但其保護處分經依本法第四十五條或第四十七條之規定撤銷者，不在此限。

一事不再理之原則，為刑事訴訟法揭櫫之審判原則，本法亦因襲之，所謂一事不再理之原則者 (No bis in idem)，乃指刑事判決一旦確定，則對

於同一案件不得再為追訴或處罰。

少年之觸犯刑罰法律，既經少年法院諭知保護處分確定，則該宣示之處分應即執行，自不允許就同一事件再為刑事追訴或處罰，以免違背審判之體制。唯少年之保護處分，經依本法第四十五條或第四十七條之規定撤銷者，自得再為刑事追訴或處罰，此為例外。

三、審判少年刑事案件準用本法之規定

依本法第七十條之規定，少年刑事案件之審判，準用本法第三章第一節……有關之規定，因此，審判少年刑事案件，以不公開之方式行之，但得許少年之親屬、學校教師、從事少年保護事業之人，或其他認為相當之人在場旁聽（少年事件三四）。審理應以和藹懇切之態度行之（少年事件三五）。審理期日，除傳喚少年、少年之法定代理人、現在保護少年之人外，並應通知少年之輔佐人（見少年事件三二）。審理期日，書記官應隨同法官出席，製作審理筆錄（見少年事件三三）。審理期日，訊問少年時，應與少年或少年之法定代理人、現在保護少年之人及輔佐人以陳述意見之機會（見少年事件三六）。審理期日，應調查必要之證據（見少年事件三七條Ⅰ項）。少年法院於審理期日，命少年為陳述時，不令少年以外之人在場；少年以外之人為陳述時，不令少年在場（少年事件三八）。其次，少年刑事案件之審理，因準用本法第三章第三節有關抗告及重新審理之規定，故對於少年法院所為未確定之裁定，得提起抗告；對於少年法院所為之確定判決，如認為認定事實不當者，得聲請再審。

四、特定成人刑事案件由少年法院回歸地方法院審判

一般刑事案件，通常由該管地方法院繫屬、審判。少年法院無管轄、審判權。唯為貫徹保護少年之政策，本法前（八十九年二月二日修正公布）第六十八條特別規定，有下列特定刑事案件，應由少年法院管轄：1.對兒童及少年有違反兒童福利法或少年福利法之行為，並觸犯刑罰法律之刑事案件。2.對兒童及少年犯兒童及少年性交易防制條例刑事案件。故成年人

犯罪，係上述之特定刑事案件者，則應由少年法院依法審判。唯民國九十四年五月十八日修正公布之本法第六十八條已刪除此項規定。

貳、審判之態度

少年刑事案件之審判，與少年保護事件之審理相同，得由少年法院編制內之法官一人獨任為之（見少年事件二○）。

由於法官審判案件之態度，直接間接影響及犯罪少年之心理，故法官依職權為案件之審判時，應以和藹懇切之態度行之（少年事件三五）。

蓋一般觸法之少年，大多年齡尚幼，閱歷尚淺，一旦步入審判之法庭，難免懍於法庭之森嚴，對於法庭之訊問，不敢暢所欲言，倘法官審判案件之態度過於嚴厲，又易啟觸法之少年顫慄恐慌，儘量掩飾犯罪行為之事實，徒增審判上之困擾，以及審判結果之不確。

故法官審判案件時，應遵守本法第三十五條之規定，以和藹懇切之態度行之，俾觸法之少年，步入法庭接受訊問時，能無所畏怯，並照實陳述。其次，法官對於少年之觸法行為，亦應寄與同情，不得加予斥責或辱罵。

參、審判之方式

少年刑事案件之審判，由於本法第七十條有準用第三章第一節之規定，故少年刑事案件審判之方式，不外有下列幾種範式：

一、法官獨任審判

刑事案件之審判，凡由法官一人單獨為之者，稱為獨任制，由法官三人以上共同為之者，稱為合議制。少年刑事案件，由於不採言詞辯論及自訴制度，故案件之審判較為單純，得由法官一人獨任為之。但如有必要，亦得由法官三人以上共同審判。

二、開庭不拘形式

一般法院於開庭審判刑事案件時，常拘泥於形式，致法庭氣氛嚴肅，

且法官穿著制服，表情肅穆，不苟言笑，令人望而生畏。少年雖有觸法之行為，且有若干少年因失教失養，致兇殘暴虐、驕縱冥頑，令人不齒，唯本法主張保護少年，故對於此類兇惡、殘暴之觸法少年，仍應表示關懷與同情，不得怒斥與羞辱，除審訊時應以和藹懇切之態度相對待外，開庭不拘形式，法官、書記官出庭得不著制服，法庭之陳設，力求簡單、整潔，務使觸法之少年能安然自在，而不感覺有犯罪審究之意味。

三、審訊予以隔離

依本法第七十二條之規定，少年被告在審判時，應與其他被告隔離。故少年法院審判少年刑事案件時，認為有必要者，得為如下之處置：少年為陳述時，不令少年以外之人在場；少年以外之人為陳述時，不令少年在場（見少年事件三八）。

少年為陳述時，所以不令少年以外之人，如其他被告在場者，乃在消弭陳述之障礙，使少年在無任何干擾、暗示、顧忌之情境下，能據實陳述庭訊事項。少年以外之人，如其他被告為陳述時，所以不令少年在場者，乃在防止少年為雷同之陳述，或模仿其他被告者之狡辯、掩飾、隱瞞之伎倆，以逃避刑責，故審訊少年被告時，應與其他被告隔離。

少年刑事案件，倘與一般刑事案件，合併由同一法院審判者，除審訊時必須對質外，不得同時在庭應訊。

四、審判得不公開

依本法第七十三條第一項及第三項之規定，少年刑事案件之審判得不公開之。但少年當事人之直系血親尊親屬或其他監護人請求公開審判者，法院不得拒絕。

按刑事案件之審判，依法院組織法第八十六條之規定，以公開審判為原則，僅於有妨害公秩良俗之虞時，經法院之決議，得不公開之。唯審判長應將不公開之理由宣示（見法組八七條Ⅰ項）。

少年刑事案件之審判，與一般刑事案件之審判，在實體上、程序上均

有所不同，特別是少年刑事案件之審判，不注重如何處罰，而注重如何保護，故其審判不採公開主義，以免因審判公開，致影響少年之名譽、自尊以及隱密之私權。

少年刑事案件之審判，雖然得不公開，但仍得許少年之親屬、學校教師、從事少年保護事業之人、或其他認為相當之人在場旁聽（見少年事件七三條II項及三四條），且少年當事人之直系血親尊親屬或其監護人，如認為公開審判，較能維護裁判之公正，昭人民之信服者，得向少年法院聲請公開審判。此為法定原則之例外。

五、不採言詞辯論

普通法院於審判期日為證據調查後，許兩造訴訟關係人，就事實與法律方面，進行攻擊與防禦之言詞辯論，俾供法庭作為判決之依據。少年刑事案件，因性質較單純，同時為保護少年，故少年法院為事件之審判時，不採言詞辯論。但許少年、少年之法定代理人或現在保護少年之人於審判開始後選任少年之輔佐人（少年事件三一條I項）。並於審判期日到庭輔助少年，就該事件，為有利於少年之陳述。且少年法院於審判期日訊問少年時，尚須給與少年、少年之法定代理人、現在保護少年之人及少年之輔佐人以陳述意見之機會（少年事件三六）。

肆、審判前之準備

少年法院為使審判期日之程序易於踐行，並使事件之審判易於迅速終結，每於審判期日前有所謂準備程序。

關於審判前之準備程序，刑事訴訟法第二百七十一條至第二百七十九條規定甚詳。本法對於少年刑事案件審判前之準備程序，雖無詳細之明文規定，但其所為之準備程序與刑事訴訟法之審判前準備程序，大致相同，茲分述之。

一、審判期日之指定

依本法第三十二條前段之規定，「少年法院審理事件應定審理期日……」。所謂審理期日，乃指少年法院擇定某一日、時，某一處所，為事件之審理；換言之，乃少年法院集合少年及其他相關之人，於指定之處所（指法庭），共為一定之行為之期日。

審判期日，必須事前指定，同時必須簽發傳喚通知書，傳喚刑事案件之少年、或與少年有關之人、或其他必須到庭陳述之人，以利事件之審判。第一次審判期日之傳喚通知書，至遲應於五日或七日前送達。

二、通知檢察官

地方法院檢察署之檢察官，為執行少年刑事案件偵查之人員，關於少年之犯罪情節，少年與事件有關之行為，少年之品格、經歷、身心狀況、家庭情形、社會環境、教育程度……等有關少年之個案資料，檢察官為偵查後，必定知之甚稔，故少年法院於少年刑事案件審判前，必須通知其於審判期日到庭陳述起訴之理由，以及處遇之意見，供少年法院作為科刑之參考。

三、通知少年之輔佐人

少年之輔佐人，係少年、少年之法定代理人或現在保護少年之人，於少年刑事案件審判開始前，所選任之輔導者、協助者，以輔導少年如何於少年法院陳述意見，並協助少年於少年法院陳述意見為法定責任（見少年事件三一條Ⅰ項）。故少年法院於審判期日前，應依本法第三十二條第一項後段之規定，通知其審判期日到庭輔佐少年陳述意見。

四、傳喚應到庭之人

審判期日，應傳喚少年、少年之法定代理人或現在保護少年之人到庭（見少年事件二一條Ⅰ項、三二條Ⅰ項）。少年為刑事案件之當事人，審判期日如不到庭，審判之程序將無法進行，故審判期日除有特別之規定外，

少年不到庭者不得審判。少年之法定代理人或現在保護少年之人，係對於刑事案件之少年負有監護、管教之法定責任之人，少年法院於審判期日為踐行審判程序，自必依本法之規定傳喚之，使其能到庭為少年之利益，陳述意見或協助少年陳述意見。

少年、少年之法定代理人或現在保護少年之人，經合法傳喚，無正當理由不到場者，少年法院得發同行書，強制其到場（見少年事件二二條Ｉ項前段）。

少年行為之被害人，於少年刑事案件審判期日，雖無明文規定其應傳喚到庭，但少年法院得斟酌需要傳喚之。

為使少年、少年之法定代理人或現在保護少年之人，能於少年刑事案件第一次審判期日準時到場，其傳喚通知書至遲應於五日或七日前送達。

伍、審判期日之程序

審判期日，乃少年法院為審判少年刑事案件，傳喚少年及其他應到庭之人，於指定之處所共為一定行為之日期或時間。審判期日，由少年法院之法官指揮開庭，開庭不拘形式，審判不公開，訊問以和藹懇切之態度行之。審判期日，書記官應隨同法官出席，製作審判筆錄（少年事件三三）。審判期日，應通知地方法院檢察署之檢察官到庭陳述起訴之理由及處遇意見；並應傳喚少年、少年之法定代理人、現在保護少年之人及少年之輔佐人到庭共為一定之行為。審判期日，應由審判之法官始終出庭，如有更易者，應更新審判程序。

由於審判期日審判之對象，以刑事案件之少年為主體，故審判期日，除有特定之規定外，少年不到庭者，不得審判。茲將審判期日，少年法院應踐行之審判程序概述之。

一、開始審判

少年法院於審判期日踐行之審判程序，以朗讀案由為起始。案由之朗讀，一般皆由書記官為之。

二、人別訊問

　　朗讀案由後，少年刑事案件即開始審理。少年法院之法官，應就少年之姓名、年齡、出生地、職業、住居所等訊問之，以查驗所傳喚之少年有無錯誤，如有錯誤，應即當庭釋放；如無錯誤，應即踐行審判之程序。

三、陳述起訴之要旨

　　少年刑事案件，既經檢察官提出起訴，則審判期日檢察官自應出庭，並陳述起訴之要旨、理由。其陳述之內容，應包括少年觸犯刑罰法律之情節，少年與事件有關之行為，少年之品格、經歷、身心狀況、家庭情形、社會環境、教育程度以及其行狀改善之可能性，暨處遇之意見……等等，必要時並應提出少年觸犯刑罰法律之證據、事實及其所犯法條供少年法院審理事件之參考。

四、觸法事件之訊問

　　起訴之要旨、理由經陳述後，少年法院之法官應就少年所為之刑事案件之行為事實訊問之，以明瞭少年與事件有關之行為，少年行為之動機、目的；少年之行為是否受他人指使、誘惑；是否有成年人教唆、幫助、利用或與之共同實施犯罪；少年行為後之態度如何……等等；訊問時，應以和藹懇切之態度行之，不得以強暴、利誘、脅迫、詐欺及其他不正之方法為之。審訊少年於必要時，得令少年以外之人暫時退庭，俾少年能坦白傾吐實言；少年到庭而拒絕陳述，或未經許可而退庭者，得不待其陳述逕行為審判裁決。

五、調查證據

　　審判期日，應調查必要之證據。少年應受刑事處分之原因、事實，應依證據認定之（見少年事件三七）。所謂證據，乃證明要證之事實，使事件臻於明晰之原因。故舉凡可供為認定事實之人或物，及調查證據程序而後

所得之認定事實之直接資料，均屬於證據；如證人、鑑定人或書證，以及證人所為之證言，鑑定人所為之鑑定報告等是。

調查證據在發掘犯罪事實，故審判期日為調查證據時如有必要者，得傳喚證人為證言，傳喚鑑定人為鑑定，並提出鑑定意見報告；或就搜索、扣押及勘驗所得之證據，令少年辨認；或得命少年就事件之經過為陳述；或傳喚少年行為之被害人為陳述；或命通譯為通譯之任務……等等。

審判期日之調查證據，由少年法院之法官依職權為之；所蒐集之證據，其證明力之厚薄，由獨任審理之法官採自由心證斟酌判斷。少年法院之法官為證據之調查時，應注意下列各項：

1.調查證據物應提示少年令其辨認。

2.調查證據書類，應將卷內筆錄及其他可為證據之文書，向少年宣讀或告以要旨。惟有傷風化或損及他人名譽者，應交付少年閱覽。少年不解其義者，應告以要旨。

3.調查少年之自白或不利於己之陳述，應查其是否出於正當之方法，有無補強證據足以證明其與事實相符。

4.訊問證人或鑑定人後，應賦予少年詰問之機會，或詢以有無意見。

六、給予與少年有關之人陳述意見

審判期日，少年法院應傳喚少年、少年之法定代理人或現在保護少年之人到庭，並應通知少年之輔佐人（見少年事件三二條 I 項）。

少年法院於調查證據後,得命少年之法定代理人或現在保護少年之人,就訊問之事項陳述意見。蓋少年之法定代理人或現在保護少年之人與少年之關係相當密切，平日少年之所作所為，亦了解深刻，於法律或事實方面使之陳述意見，必有助於少年法院之正確決定。

少年之輔佐人，既為少年、少年之法定代理人或現在保護少年之人所選任（見少年事件三一），自應輔助少年就法律之適用與事實之認定，為有利於自己之陳述，同時審判期日，亦有義務為少年之利益陳述意見，故少年法院於訊問少年後，應給予少年之輔佐人以陳述意見之機會（見少年事件三六）。

七、給予少年最後陳述意見之機會

少年法院於審判期日依序踐行事件之審理後,則少年刑事案件之原委,少年本身之品德操守,少年觸法情節之輕重,少年觸法後之態度等等,大致已能周詳明瞭;惟為慎重處理起見,仍應給少年以最後陳述意見之機會,俾審判程序終結後,能以適當之處分處遇少年,以達毋枉毋縱之保護政策。尤以審判期間,少年法院之訊問,間或有疏漏之處;少年之法定代理人、現在保護少年之人或少年之輔佐人於法庭所為之陳述,難免不周全,故於閉庭前,給與少年以最後陳述之機會,乃審判程序所必須。

八、閉　庭

審判期日應踐行之審理程序,既已踐行完畢,則少年法院應即諭知退庭。唯退庭之前,少年法院應諭知宣示判決之期日。

審判期日應踐行之審判程序,倘未能於一次期日內終結者,除有特別情形外,應於次日連續開庭;如無法於次日連續開庭審判者,應改期審判,並當庭面告應到庭之人以下次應到庭之期日。再如下次開庭因事故間隔至十五日以上者,應更新審判程序。

陸、審判之結果

少年刑事案件,經少年法院依本法規定之特別方式,踐行審判程序後,應即斟酌觸法少年之情節輕重,為下列之種種處遇:

一、宣告刑事處分

依刑法第十八條第二項之規定,十四歲以上未滿十八歲人之行為,得減輕其刑。故宣告少年之刑事處分,一律採取減輕政策。另外,少年之犯罪,不得處死刑或無期徒刑。本刑為死刑或無期徒刑者,減輕其刑。

二、宣告免除其刑

依本法第七十四條之規定，少年犯最重本刑為十年以下有期徒刑之罪，如顯可憫恕，認為依刑法第五十九條規定減輕其刑仍嫌過重，且以受保護處分為宜者，得免除其刑，並諭知交付執行保護處分，如交付保護管束、交付安置輔導、令入感化教育處所施予感化教育、實施禁戒、實施治療……等。

三、宣告緩刑

依本法第七十九條之規定，少年受三年以下有期徒刑、拘役或罰金之宣告，合於刑法第七十四條第一項第一、二款之規定，認為以暫不執行為適當者，少年法院得宣告緩刑。並將受緩刑宣告之觸法少年，交付少年法院之少年保護官執行保護管束❷。

四、判決之宣告

少年刑事案件，經踐行審判結果，無論對觸法之少年應宣告刑事處分，或宣告免除其刑，或宣告緩刑，少年法院之法官，應即於審判程序終結後宣告之。

宣告少年刑事案件審判結果之處分，本法雖無明文規定應在何時宣告，始生效力，但因本法第七十條有「少年刑事案件之偵查及審判，準用第三章第一節及第三節有關之規定」。因此，少年法院法官之宣告判決，應自審判終結之日起，五日內行之。且應當少年之面為之。但少年不到庭者不在此限。判決之宣告不公開，但得許少年之親屬、學校教師、從事少年保護事業之人，或其他認為相當之人在場旁聽。

---

❷ 宣告免除其刑，並交付保護管束、或令入感化教育處所施予感化教育、或實施禁戒、實施治療……等之處分，與宣告緩刑，並交付保護管束處分等，在本法制定公布前均屬於刑法上之保安處分；但自本法公布實施後，前者已屬於保護處分，後者則仍類似保安處分。

　　判決於宣告後，法官應將製作之判決書原本，交付書記官製作正本，並依本法第四十八條之規定，將裁判書正本送達於少年、少年之法定代理人或現在保護少年之人、輔佐人及其被害人。文書之送達，適用民事訴訟法關於送達之規定。但不得行公示送達及因未陳明送達代收人，而將文書交付郵局以為送達。

第四節　少年刑事處分之酌科

　　少年之刑事案件，經地方法院檢察署之檢察官提起公訴，並經少年法院之獨任法官踐行審判程序終結，則少年法院自應就少年所為之犯罪案件情節之輕重，暨少年與事件有關之行為，以及少年本人之品格、經歷、身心狀況、家庭情形、社會環境、教育程度……等情形為審度，作如何科處刑事處分之決定與裁量，俾能適切處遇少年。

　　由於本法採取保護政策，對於犯罪之少年，主張儘量宣示保護處分以代替刑事處分，唯對於若干年歲較大之少年，如十四歲以上未滿十八歲之少年，且犯罪情節較重大，以受刑事處分為適當者，仍不得不科以刑事處分，此乃不得已之辦法，因其不如此，則無以警惕或懲戒年歲較大、且理智能力較強、是非辨別力較高之犯罪少年。

　　近代刑法思想，已由應報刑主義趨向教育刑主義，故刑罰之目的，不在如何懲罰犯罪者，而在如何以教育方法，在一定之期間內，使犯罪者化莠為良，重作新民。本法亦深受影響，故對於犯罪之少年，主張：「教罰並重」、「寬嚴互濟」、「恩威並用」，並採保護優先主義，務使少年在妥善之保護、教養下，能改善行狀，重適社會生活。

　　少年刑事處分之執行，既以教育代替刑罰為原則，則科刑時自應參酌本法及刑法之有關規定，俾能個別處遇，並妥適保護少年，本節擬就科刑之參酌標準、科刑之原則、科刑之特別處遇、科刑之適用法律問題等，分別概述之。

壹、科刑之參酌標準

少年法院之獨任法官，於少年刑事案件審判終結後，認為犯罪之少年應科以刑事處分者，得參酌本法及刑法有關科刑之審度標準之規定，宣告適當之刑事處分處遇之，以達個別處遇之目的。茲依本法及刑法之規定，列舉科刑時應參酌之標準如下：

(一)少年所觸犯之刑罰法律

即少年犯罪時，所觸犯之刑罰法律，其罪名、觸犯之法條以及情節之輕重……等，應審度之。

(二)少年與事件有關之行為

即少年觸法之動機、目的、手段、以及觸法時所受之刺激、暨少年之生活狀況、品行、知識程度……等與事件有關之行為，茲參照刑法第五十七條之規定，列舉之。

1.觸法之動機

少年之觸犯刑罰法律，必有其觸法之動機，此觸法之動機，誘致少年為觸法之行為，故觸法之動機，乃驅使少年為觸法行為之內部驅力，必待觸法行為之目的實現，觸法之實行活動始行停止。少年之觸法案件，容或有相同之處，但觸法之動機，則人人各殊，同是觸犯竊盜一罪，甲少年或許由於飢寒交迫，逼不得已而為之。乙少年或許由於手頭缺錢供其揮霍，冒險而為之。丙少年或許由於心理變態，偷竊稀奇物品以慰娛不正常心靈。凡此莫不與行為之動機有關，故科刑時，必須審酌少年之觸法動機，以作為個別處遇之參考。

2.觸法之目的

少年之觸犯刑罰法律，亦有其隱藏之目的，此隱藏之目的，乃促使少年為觸法之意念，俾藉觸法行為之實現，以達成心中之企圖，例如縱火以圖洩恨、殺人以圖洩憤、強姦少女以圖滿足性慾……等等。觸法之目的，亦人人各殊，故科刑時，亦應審酌少年之觸法目的，以作為個別處遇之參考。

3.觸法時所受之刺激

刺激常由周圍之情境而產生，有引起個體注意及反應之誘力。強烈之刺激，尤能擾亂個體之情緒，發生不可抗拒之行為。少年苟受強烈之刺激，致引發憤慨之心理或情緒之激動，難免因一時之失足而鑄成大錯，例如路見不平，而拔刀殺人；見婦女穿著單薄，慾念難禁，遂強暴、猥褻之等，故觸法時所受之刺激，亦為科刑處遇之考慮因素。

4.觸法之手段

少年之觸犯刑罰法律，其所採取之手段及方法，人人各殊，不盡相同，例如同為觸犯傷害罪，甲少年以刀械割裂他人一耳，乙少年以硫酸潑毀他人容貌，丙少年以拳頭打傷他人面部，丁少年以木棍打傷他人身軀，戊少年以鹽酸灼傷少女臀部……等等，由於少年觸法所採取之手段，有極為殘忍、有極為平常、有顯可寬恕、有不可宥恕者，科刑時應審酌個別之情狀，以作為處遇之參考。

5.觸法少年之生活狀況

觸法之少年，其所以趨向犯罪之歧途，與其平日之生活狀況，有極為密切之關係。大凡生活起居無秩序，生活浪漫放肆，失學失業，家境不佳，或遊手好閒成習，不事生產、不務正業之少年，最易走向犯罪之歧途，故科刑時自應參酌少年之生活狀況，俾個別處遇之。

6.觸法少年之品行

品行係指一個人之品德與素行，可從其行為之表現評價得知。個人之品行，多由平日之修養、習慣之養成，累積而成。觸法之少年，並非人人品行惡劣，無惡不作，故科刑時亦應注意觸法少年之品行，以作為個別處遇之參考。

7.觸法少年之知識程度

觸法少年之知識程度，係指觸法之少年所受學校教育之厚薄而言。蓋知識程度較低之少年，明辨是非之能力較差，其觸法多出於無知；而知識程度較高之少年，多能狡辯欺詐，其明知故犯者甚多，故科刑時仍應參酌觸法少年之知識程度。

8.觸法少年與被害人平日之關係

觸法少年與被害人之間，有素不相識者，有相識但志趣不相投者，有相識且情同手足者。犯罪之發生，常由於少年對於被害人一時之不滿，或由於少年對於被害人早有懷恨之心；或由於少年與被害人因利害關係衝突，刀刃相見。科刑時，自應了解觸法少年與被害人平日之關係，作為處遇之參考。

9.觸法所生之危險與損害

少年之觸法結果，有發生法益較大之危險與損害者，有發生法益較輕之危險與損害者，前者如少年以土製炸彈炸傷尋仇之少年三名，其中一名有生命之危險，另破損他人之門牆、窗戶等是。後者如少年與被害人於餐廳互毆，破損餐廳之器皿桌椅若干等是。科刑時，自應審酌觸法所生之危險與損害，以作為處遇之參考。

10.觸法後之態度

少年觸法後，有表示十分後悔者，有無動於衷者，有拒不認錯者，有狡辯掩飾者，個別之態度極為不同；對於觸法後能坦率認錯，表示後悔者，科刑時自應予以減輕，以示寬恕。而對於態度仍傲慢狡辯，拒不認錯者，自應選擇適當之刑事處分，以矯正其不當之態度。

(三)**觸法少年之品格**

即少年平日之言行，以及對人對事所表現之態度，與前述第二款第6目觸法少年之品行相同。

(四)**觸法少年之經歷**

即少年在求學、就職或行為方面，所閱歷過或經驗過之整個生活史。

(五)**觸法少年之身心狀況**

即少年之身體是否健康、有無疾病或缺陷；心理是否正常、有無疾病或缺陷……等情形，以作為個別處遇之參考。

(六)**觸法少年之家庭情形**

即少年現在之家庭成員、家庭經濟、家庭管教、家庭娛樂、家庭背景……等之情形。

(七)觸法少年之社會環境

即少年之住、居所所在地之文化背景、社會結構、文明狀況、社區發
展、生活水準以及風俗習慣……等情形。

(八)觸法少年之教育程度

即少年所接受之最高學校教育,與前述第二款第 7 目觸法少年之知識
程度相同 ❸。

貳、科刑之原則

科處少年之刑事處分,雖係不得已之措施,但從其個別處遇之需要而
言,實在仍有其必要,蓋刑事處分之執行,可藉教育之方式,改變少年之
氣質,矯正少年之不良行為,可說利多弊少,且可以彌補保護處分之不足。
唯科刑時,應審慎考慮,除應參酌本法及刑法之有關規定,為量刑之依據
外,並應儘量為減輕其刑之處遇。茲將科刑應遵守之原則,概述如下:

一、對於觸法少年為科刑時得減輕其刑

觸法少年之刑事處分,因刑法第六十三條有「未滿十八歲人犯罪者,
不得處死刑或無期徒刑,本刑為死刑或無期徒刑者,減輕其刑」之規定,
而刑法第十八條第二項亦有「十四歲以上未滿十八歲人之行為,得減輕其
刑」之規定,故對於觸法少年為科刑時,得斟酌觸法情節,減輕其刑,以
貫徹保護少年之政策。

二、對於觸法少年為科刑時不得處死刑或無期徒刑

前刑法第六十三條第一、二項因有:「未滿十八歲人犯罪者,不得處死
刑或無期徒刑。本刑為死刑或無期徒刑者,減輕其刑」、「未滿十八歲人犯
第二百七十二條第一項之罪者,不適用前項之規定」之規定,故本法修正
前亦沿用其規定,於第七十五條規定:「少年犯罪應科刑者,除犯刑法第二
百七十二條第一項之罪外,不得處死刑或無期徒刑」。唯新修正之本法,已

❸ 少年刑事案件之科刑審度標準,本法雖無明文規定,但可參酌刑法有關之規定。

將該條文之規定予以刪除。

按刑法第二百七十二條第一項之罪，乃殺直系血親尊親屬之罪。少年苟有殺直系血親尊親屬之犯罪行為，則其大逆不孝之作為，令人憤慨、不齒。蓋少年自呱呱落地，一切仰賴父母之養育，飢渴由父母餵育，罹病由父母照料，父母養育之恩，如同山高水深，既長之，自應孝敬其父母，順從其心意，遵從其教誨，豈能大逆不孝，殺直系血親尊親屬?! 為發揚我國固有倫理道德之傳統美德，對於此類喪心病狂之少年，自不宜姑息寬大，故仍應科處死刑或無期徒刑，不得減輕其刑。

唯少年犯刑法第二百七十二條第一項殺直系血親尊親屬之罪，已取消得科處死刑或無期徒刑之規定。少年之犯罪應科刑者，不論其所犯係何罪，案情是否重大，一律不得處死刑或無期徒刑。本刑為死刑或無期徒刑者，應依刑法第六十三條之規定，減輕其刑。

三、對於觸法少年為科刑時不得宣告褫奪公權

褫奪公權者，乃法院依據國家賦予之職權，對於應宣告刑罰之犯罪人，除宣告刑罰外，並一併剝奪其享有公權之資格，所為之刑罰也，為從刑之一種，故必須附隨於主刑而宣告。由於褫奪公權必須從屬於主刑，才得以科處之一種刑罰，故學者稱之為：「附加刑」。褫奪公權，目的在剝奪犯罪人享有公法上一定權利之資格，故又稱為：「資格刑」。又因為褫奪公權，有限制犯罪人行使公權能力之效果，故學者又稱之為：「能力刑」。另外，有些學者認為褫奪公權，即係減損榮譽，加犯人以恥辱，故亦稱為：「名譽刑」。

公權之行使，必須行使之人具有高尚之操守，良好之品德，始能澄清政治，掃除不良積弊，維護國家之信譽，謀求社會福祉。犯罪之人，多為操守不正，品德低劣，行為不端者，若使受刑人享有公權，後果堪虞，故對於受刑罰宣告之犯罪人，必須剝奪其公權資格，以防貽害國家與社會。

依刑法第三十六條之規定，所謂褫奪公權者，乃褫奪下列之公權資格：

㈠為公務員之資格

即被褫奪公權者，在一定之期間內，失去為公務員之資格，不能再服

公職或再任用為公務員也。

(二)為公職候選人之資格

即被褫奪公權者，在一定之期間內，失去服公職或登記為公職候選人之資格，不能再任職或競選民意代表或民選官吏，如「立法委員」、「直轄市、縣市議會議員」、「直轄市、縣市鄉鎮長」……等是也。

褫奪公權，依刑法第三十七條第一、二項之規定，分為終身褫奪及定期褫奪兩種，凡宣告死刑或無期徒刑者，宣告褫奪公權終身，即屬於前一種。凡宣告一年以上有期徒刑，依其犯罪之性質，認為有褫奪公權之必要者，宣告褫奪公權一年以上十年以下，即屬於後一種。褫奪公權，於裁判時一併宣告之。

由於本法第七十八條第一項有「對於少年不得宣告褫奪公權」之規定，故縱使犯罪之少年，所犯係刑法第二百七十二條第一項殺直系血親尊親屬之罪，依前本法（民國六十九年七月四日修正公布之本法第七十五條）之規定應科處死刑或無期徒刑者，亦不得於宣告刑事處分時，一併宣告褫奪公權終身，如刑法第三十七條第一項之規定。即使觸法之少年，經宣告一年以上有期徒刑者，亦不能適用刑法第三十七條第二項之規定，一併宣告褫奪公權，蓋所以保護少年之名譽，使其日後仍得享有公權資格，行使國家賦予之公權能力也。

四、對於觸犯少年為科刑時不得宣告強制工作

依刑法第九十條之規定，有犯罪之習慣或因遊蕩或懶惰成習而犯罪者，得於刑之執行前，令入勞動場所，強制工作。

強制工作，為刑法保安處分之一種，其目的在促使有犯罪之習慣或因遊蕩或懶惰成習而犯罪之人，能從事勞動、勤奮工作，養成刻苦耐勞之精神，改善有犯罪傾向之性行。

少年為應保護之人，為防其因強制工作，致影響身心之健康、人格之健全發展，故本法於八十九年二月二日修正公布時，特在第七十八條第一項增列「對於少年不得宣告……強制工作」之明文規定。

參、科刑之特別處遇

少年犯罪應科刑者,除應依本法或刑法之規定,為減輕其刑之處遇外,並得視少年犯罪之案情,為種種科刑上之特別處遇,如免除其刑、宣告緩刑……等,茲分別概述之。

一、得免除其刑之案情

少年犯最重本刑為十年以下有期徒刑之罪,如顯可憫恕,認為依刑法第五十九條之規定,減輕其刑仍嫌過重,且以受保護處分為適當者,得免除其刑(見少年事件七四條Ⅰ項)。蓋本法採保護主義,對於少年之刑事處分以減輕為原則,故不問少年所犯係何罪,只要最重本刑為十年以下有期徒刑,認為顯可憫恕,並依刑法第五十九條之規定減輕其刑,而仍嫌過重者,得宣告免除其刑,以為處遇。唯少年法院於宣告免除其刑後,得斟酌情形,為交付保護管束、交付安置輔導,或令入感化教育處所施以感化教育之保護處分。倘受免除其刑宣告之少年,另有酗酒習慣者,應一併令入相當處所,實施禁戒之處分;其身體或精神狀態顯有缺陷者,應一併令入相當處所,實施治療之處分。可知宣告免除其刑之處遇,雖不執行其刑罰,但仍須交付執行保護管束、安置輔導、感化教育、禁戒或治療……等之保護處分,其用意無非在藉處分之執行,以矯正少年之不良行為,轉移少年之不良氣質,改變少年之不良習慣,使少年能重適社會正常生活,不致再次犯罪。

二、得宣告緩刑之案情

少年受三年以下有期徒刑、拘役或罰金之宣告,合於刑法第七十四條第一項第一、二款之規定,認為以暫不執行為適當者,得宣告緩刑(見少年事件七九)。蓋少年既然係初次犯罪,且其所觸犯刑罰法律之情節相當輕微,無重大惡性之情事,縱然執行處分亦無多大實益,故少年法院認為以暫不執行為適當者,得宣告緩刑,並交付保護管束,俾受緩刑宣告之少年,

能於緩刑期間內，接受專人之保護、管束、監督與輔導，不致再次犯罪。緩刑乃猶豫刑罰之執行，與免除其刑之性質截然不同，為避免執行刑罰致受刑之少年濡染惡習起見，對於初次犯罪且情節輕微之觸法少年，自以宣告緩刑之處遇較為妥善，此為科刑時之特別處遇。

肆、科刑之適用法律問題

科處少年之刑事處分，必須依據法律，即所謂適用法律問題。由於本法第一條之一即有「少年刑事案件之處理，依本法之規定；本法未規定者，適用其他法律」之規定，故少年刑事處分之酌科，除依據本法之規定外，凡本法未規定者，適用刑法、或其他有關之法律。

少年為應保護之人，而非應懲罰之人，故少年之有犯罪行為，除非不得已，以受刑事處分為適當者外，應儘量避免科處刑事處分；即使不得已而科處刑事處分，亦應儘量減輕其刑，以示體恤。本法雖沿用刑法第十八條第二項之規定，對於少年刑事處分之酌科，採得減主義；且少年犯罪應科刑者，不得處死刑或無期徒刑。本刑為死刑或無期徒刑者，減輕其刑。在過去，凡參加妨害公共秩序之不良少年組織，而觸犯刑罰法律者，本法前第七十六條有「不適用本法減輕其刑之規定」之規定，且其領導分子，尚須加重其刑至二分之一。唯新修正之本法，已將第七十六條之原規定刪除。

少年受刑之宣告，經執行完畢或赦免後，適用關於公權資格之法令時，視為未曾犯罪（見少年事件七八條 II 項）。此為保護少年之政策，用以保障少年之公權資格，俾少年來日能有服公職之機會，以發揮所長、服務社會、造福人類。蓋少年一旦受刑之宣告，經執行完畢或赦免後，倘留存其前科紀錄，認為曾犯罪，無疑剝奪其公權資格，使其永生無以服公職，行使公權能力，不平至甚。為保障其公權資格，保全其前途，少年受刑之宣告，經執行完畢或赦免者，適用關於公權資格之法令時，認為未曾犯罪，使其有充任律師、會計師、醫師或其他服公職之機會，並有行使公權之資格。

第五節　少年刑事處分之種類

少年法院科處少年之刑事處分，必須依據刑法之規定。刑法明文規定之刑事處分，可分為主刑及從刑，前者有死刑、無期徒刑、有期徒刑、拘役、罰金等五種，後者有褫奪公權、沒收及追徵、追繳與抵償等三種。唯新修正之刑法，從刑已無沒收及追徵、追繳與抵償等二種。

主刑 (Hauptstrafe)，又稱「本刑」，乃得以獨立科處之刑罰，包括死刑、無期徒刑、有期徒刑、拘役、罰金等五種刑事處分。從刑 (Nebenstrafe)，又稱「附加刑」，乃附加於主刑而科處之刑罰，例如褫奪公權之宣告。兩者雖然有所區別，但實務上常有併合宣告之情形。

「死刑」又稱為「生命刑」。「無期徒刑」、「有期徒刑」、「拘役」等三種刑事處分，又稱為「自由刑」。「罰金」之刑事處分，稱為「財產刑」。而「褫奪公權」之刑事處分，則稱為「名譽刑」或「能力刑」或「權力刑」或「資格刑」，茲依通常適用於成年人或少年之刑事處分，列舉如下。

壹、生命刑

生命刑 (Todesstrafe) 又稱死刑，乃剝奪犯罪行為人生命法益之刑罰。生命刑雖然可將怙惡不悛、惡性甚深之犯罪人，使之永遠隔離社會以維安全，但其剝奪生命法益所運用之「死刑」方法與手段，畢竟十分殘酷，因此，晚近常有廢止死刑之議論。刑法雖仍保存死刑，但其適用範圍，已大為減少，科處唯一死刑之罪，已廢止不用（如刑三三三條III項、三三四條）。而以死刑為選擇刑者，亦僅十多種罪情。少年觸犯刑罰法律情節重大者，雖不得科處死刑，本刑為死刑者仍應減輕其刑（刑六三條），但少年如觸犯刑法第二百七十二條第一項之殺直系血親尊親屬之罪者，在過去，仍得科處死刑（此為維護我國固有之倫理道德傳統之緣故也），唯現在已取消得科處死刑之規定（前本法第七十五條之規定已刪除）。

貳、自由刑

自由刑 (Freiheitsstrafe)，乃剝奪犯罪行為人身體自由之刑罰，在現今刑事審判上應用甚廣，且富彈性，可斟酌犯罪人之犯罪情節，為不同刑期之個別處遇，同時可藉自由刑之執行，將犯罪人拘置於監獄內，施以教誨、課以勞役，足以矯正惡性，養成其勤勞習慣，使受刑人在出獄後，能重作新民，不再犯罪，故向為各國刑事裁判上所常適用。我國刑法規定之自由刑，有徒刑及拘役二種，而徒刑又有無期徒刑及有期徒刑之分，茲析述如下：

一、無期徒刑

無期徒刑，乃將犯罪行為人終身禁錮於監獄內，剝奪其身體自由，並使之與社會隔離之刑罰，又稱為「無期限的長期自由刑」。無期徒刑，雖係終身剝奪犯罪人之身體自由，但未剝奪其生命法益，與死刑有別；且受刑人在刑期內，如行狀善良，有悛悔實據者，只要逾一定之法定期間，即可藉假釋出獄而復歸社會，確具激勵作用。我刑法規定科處唯一無期徒刑者，雖僅首謀內亂罪一種（刑一○○條Ⅰ項），但以無期徒刑為選擇刑者，卻尚有三十種罪情之多。少年（未滿十八歲）之觸犯刑罰法律，不論罪情如何重大，均不得科處死刑或無期徒刑，而本刑為死刑或無期徒刑者，得減輕其刑（刑六三）。換言之，死刑或無期徒刑減輕者，為二十年以下十五年以上有期徒刑（刑六四條Ⅱ項及六五條Ⅱ項）。

二、有期徒刑

有期徒刑，乃將犯罪行為人在一定之期間內，將之拘禁於監獄內，剝奪其身體自由，並暫時使其隔離社會之一種刑罰，又稱之為「有期限的彈性自由刑」。有期徒刑，因其刑期較富彈性，審判之法官可自由斟酌犯罪行為人之罪情，個別予以不同之處遇，故向為各國刑事審判上所採用。我國刑法上規定之有期徒刑，最低度為二月，最高度為十五年，遇有加減時，得加至二十年，減至二月未滿（刑三三條 3 款），而執行審判任務之法官，得在此限

度內，斟酌犯罪行為人之罪情，科處適當之刑罰以處遇之。少年之觸犯刑罰法律，應科處刑罰者，得一律減輕其刑。且得減輕其刑至二分之一。

三、拘　役

拘役，乃將犯罪情節輕微，且惡性較輕、可望改善之犯罪行為人，在一定之期間內，將之拘置於特定之場所，使服勞役，並短期間剝奪其身體自由之刑罰，又稱之為「有彈性的短期自由刑」。我刑法規定，拘役之刑期，在一日以上，六十日未滿，遇有加重時，得加至一百二十日（刑三三條 4 款），執行審判任務之法官，得在此範圍內，自由斟酌行為人之犯罪情狀，量刑處遇之。拘役，依刑法之規定，除得減輕其刑至二分之一外（刑六六），受拘役宣告之犯罪行為人，如其犯罪動機在公益或道義上顯可宥恕者亦得易以訓誡（刑四三），故少年之誤觸刑罰法律，如經少年法院之法官審判結果，認為以宣告拘役為宜者，得減輕其刑至二分之一，如少年之觸法動機在公益或道義上顯可宥恕者，得易以訓誡。

參、財產刑

財產刑 (Vermoegensstrafe)，乃剝奪犯罪行為人財產法益之刑罰。所謂財產，係指動產與不動產而言，前者如金錢、有價證券……等，後者如房屋、田地等是；個人既因自己之勞力而擁有一定數量之財產，自有自行使用、收益與處分之權，絕不容許任何人之侵占、使用、收益與處分，唯國家為懲罰犯罪行為人之不法行為，或為預防供犯罪所使用之物再次被犯罪行為人所使用，乃有剝奪犯罪行為人財產法益之財產刑。財產刑，依刑法以前之規定，原分罰金、沒收及追徵、追繳、抵償等三種，唯新修正之刑法，沒收及其附隨之追徵，已成為財物之強制處分。茲析述如下：

一、罰　金

罰金，乃法院以判決令犯罪情節輕微、而毋須拘禁於特定場所之犯罪行為人，於法定期間內繳納一定數量金額之刑罰也，為主刑之一。罰金，

刑法規定之最低度為新臺幣一千元以上（刑三三條 5 款），最高度則無明文規定，而僅規定科罰金時，應審酌犯人之資力及因犯罪所得之利益。如所得之利益超過罰金最多額時，得於所得利益之範圍內酌量加重（刑五八），可見科罰金之多寡頗富彈性。罰金與罰鍰，甚易混淆，其實罰金為刑事罰，罰鍰為行政罰，兩者性質上並不相同。罰金，依刑法之明文規定，又可分為下列幾種類型：

㈠專科罰金

以罰金為唯一法定刑，如刑法第二百六十六條之賭博罪情是。

㈡選科罰金

以罰金與其他法定刑併列，而由審判法官選擇其一，如認為科處罰金較為適當者，即宣告罰金之刑罰，如刑法第一百十七條之妨害國交罪情是。

㈢併科罰金

即就刑法規定之數種主刑中，除科處他種主刑之外，並同時一併科處罰金之刑罰，如刑法第二百五十九條第一項之為人施打嗎啡或以館舍供人吸食鴉片之吸食煙毒罪情是。

㈣易科罰金

即受短期自由刑之宣告，因執行顯無必要，而以罰金（以新臺幣一千元、二千元或三千元折算一日）代替短期自由刑之執行，如刑法第四十一條之規定是。

少年之觸犯刑罰法律，如其情節輕微，且少年無不良習癖，毋須拘禁於特定之場所者，少年法院經審理結果，自得依刑法之規定，科處罰金之刑事處分，如本法第七十九條「少年犯罪受三年以下有期徒刑、拘役或罰金之宣告……」之規定，即可證明。

二、沒　收

沒收，從狹義而言，乃指以強制之方式，將與犯罪有關之物歸入國庫之處分。沒收有一般沒收與特別沒收之分，前者係將犯罪行為人之全部財產沒收而歸屬國庫，後者係將與犯罪有關之特定財物沒收而歸屬國庫，現

今各國刑法所採者多屬後者一類。沒收，依我國刑法之先前規定，為從刑之一種，與主刑有從屬關係，故在宣告科處之刑罰時，常附隨於主刑而宣告，如主刑未經宣告，即不得為沒收之宣告，又若主刑之宣告，經裁決撤銷，沒收之處分亦視同撤銷；惟違禁物之沒收，雖無主刑之宣告，亦得單獨宣告（刑四〇），又免除其刑者仍得專科沒收（刑三九），此為刑法之以前規定。自刑法再次修正後，沒收，已成為財物之強制處分，其可得沒收之物，依刑法之規定有下列幾種：

(一)違禁物

違禁物即法律上禁止私人製造、販賣、運輸、持有或使用之物，如爆裂物、軍用槍砲子彈、鴉片、嗎啡、安非他命、走私之大麻、偽造之貨幣……等。違禁物，不問屬於犯罪人與否，均應沒收之。

(二)供犯罪所用或供犯罪預備之物

供犯罪所用之物，乃行為人於實施犯罪行為時，所使用之犯罪工具，如殺人之兇刀、毀容之鹽酸……等是。供犯罪預備之物，乃行為人於實施犯罪行為之前，所預先備置之犯罪工具或物品，如印製偽鈔所備置之製鈔紙、電腦、印表機、防偽線壓模器、浮水印壓模器及其他工具，或為搶劫銀行鈔票所備置之槍械、子彈、汽油彈、瓦斯槍……以及竊得使用之汽車、機車等交通工具是。供犯罪所用或犯罪預備之物，屬於犯罪行為人者，得沒收之。

(三)因犯罪所得之物

因犯罪所得之物，大多為不法之利益，故如屬於犯罪行為人者，得予以沒收，例如竊盜所得之錢幣、項鍊、手錶、鑽石戒指、錄影機、汽車……等，以及搶劫、綁架、賭博所獲取之金錢等是。

少年觸犯刑罰法律，經少年法院以刑事案件審判結果，如認為少年以受刑事處分為宜者，得宣告刑事處分，倘少年有可得沒收之物，如違禁物、供犯罪所用之物、供犯罪預備之物、因犯罪所得之物……等等，自得依刑法之規定沒收之。至於保護事件之調查與審理，因本法有「刑法及其他法律有關沒收之規定，於第二十八條、第二十九條、第四十一條及前條之裁

定準用之」之規定（少年事件四三），故少年保護事件，不論其調查結果為不付審理之裁定，或審理結果為種種保護處分之諭知，倘觸法之少年，有上述種種可得沒收之物，自得依法沒收之。另少年法院認供本法第三條第二款各目行為所用或所得之物不宜發還者，亦得沒收之。

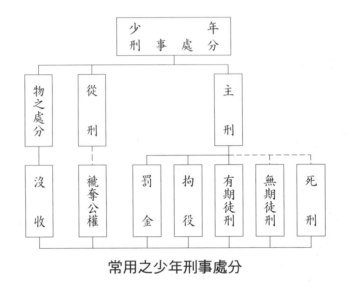

常用之少年刑事處分

第六節　少年有期徒刑之執行

少年法院於審判少年刑事案件後，倘認為觸法之少年以受有期徒刑之執行為適當，而不宜免除其刑或宣告緩刑者，得為有期徒刑之刑事處分宣告❹。

少年既因觸犯刑罰法律，受有期徒刑之宣告，自應送交特定之場所執行。依本法第八十條之規定：「少年受刑人徒刑之執行，應注意監獄行刑法

---

❹　因刑法第六十三條有「未滿十八歲人……犯罪者，不得處死刑或無期徒刑」之明文規定，故少年的刑之執行，已無無期徒刑，僅有有期徒刑、拘役等兩種短期自由刑，均由少年矯正機構收容、教化與矯治。

第三條、第八條及第三十九條第二項之規定」，因此，執行少年之有期徒刑，應注意執行場所之規定、少年受刑人資料之通知、少年受刑人應有之教化措施，如品德暨生活教育……等之輔導，茲依監獄行刑法有關之規定，分別概述之。

壹、執行少年有期徒刑之場所

受有期徒刑宣告之觸法少年，其年齡大致在十四歲以上、十八歲未滿，年歲尚輕，閱歷尚淺，模仿性高，習染性強，因此其有期徒刑之執行，苟與成年犯監禁同一處所，耳濡目染，頗易濡染惡習，腐蝕品德，教化之效未宏，流弊反而產生，究非妥善之策，故監獄行刑法第三條有下列四項之規定：

(一)受刑人未滿十八歲者，應收容於少年矯正機構

受有期徒刑宣告之少年，滿十八歲者，依規定應監禁於成人監獄，未滿十八歲者，應監禁於少年監獄，唯民國八十六年五月十四日公布之修正條文，已明定未滿十八歲者，應收容於少年矯正機構。

(二)收容中滿十八歲而殘餘刑期不滿三個月者，得繼續收容於少年矯正機構

少年受刑人於未滿十八歲時，被收容於少年矯正機構，於收容中滿十八歲，依規定應轉入成人監獄，唯其殘餘之刑期不滿三個月，為防止轉入成人監獄後，濡染惡習，得繼續收容於少年矯正機構，至刑期屆滿為止。唯殘餘刑期在三個月以上者，不包括在內，得另行斟酌考慮。

(三)受刑人在十八歲以上未滿二十三歲者，依其教育需要，得收容於少年矯正機構至完成該級教育階段為止

受徒刑宣告之成年人，倘其年齡在十八歲以上未滿二十三歲者，依規定應監禁於成人監獄，唯如受刑人尚未完成大專院校或高級中等教育，或國民中學教育，依教育上之需要，得例外繼續收容於少年矯正機構，至完成大專院校或高級中等教育或國民中學教育為止。

(四)少年矯正機構之設置及矯正教育之實施，另以法律定之

　　關於少年矯正機構之設置及矯正教育之實施，已於民國八十六年五月二十八日由總統令公布新制定之「少年矯正學校設置及教育實施通則」之法律一種，已明定執行少年有期徒刑之處所，為少年矯正學校，凡受有期徒刑宣告之少年，一律收容於少年矯正學校，由其通盤實施矯正教育，以矯正其不良習性，促其改過自新，適應社會生活。

貳、少年受刑人資料之通知

　　依監獄行刑法第八條之規定，「少年受刑人之犯罪原因、動機、性行、境遇、學歷、經歷、身心狀況，及可供行刑上參考之事項，應於其入監時，由指揮執行機關通知監獄」。唯現在之少年監獄，已改稱少年矯正學校，執行有期徒刑之處所，亦由少年監獄，改為少年矯正學校，故受有期徒刑宣告之觸法少年，於入校接受矯正教育時，指揮執行機關（檢察官或審判法官）應將其犯罪原因、動機、性行、境遇、學歷、經歷、身心狀況及可供處遇參考之事項通知矯正學校，俾作為個別或團體輔導之參考資料，以矯正其不良習性，改善其性格，促其改過自新。

參、對於少年受刑人應有之教化措施

　　依監獄行刑法第三十九條第二項之規定，「對於少年受刑人應注意德育、陶冶品性，並應施以社會生活必須之科學教育及技能訓練」。現今執行少年有期徒刑之處所，既由「少年監獄」改設「少年矯正學校」，則有期徒刑之執行，已由學校之教育方式所替代，而先前之「服刑」觀念，亦為矯正教育所取代。依矯正學校之教學實施措施而言，矯正學校之教學以人格輔導、品德教育及知識技能傳授為目標，並強化輔導工作，以增進受徒刑學生之社會適應能力。就生活管教措施而言，矯正學校以輔導、教化之方式為之，以養成受刑學生之良好生活習慣，增進其生活適應能力，且受徒刑之學生，與受拘役之學生，分別住宿，以避免受徒刑之學生，將不良習性傳給受拘役之學生。受徒刑之學生，有違背團體生活紀律之行為時，得施以告誡；或勞動服務一日至五日，每日以二小時為限；或停止戶外活動

一日至三日。

　　矯正學校之入校、編班、獎懲、累進處遇、出校等種種措施，以及教學實施、生活管理等對於少年受刑人應有的教化措施，與感化教育之實施類同，且同為由少年矯正學校收容、教育。本書既然在第三章第八節第五項感化教育之執行，已將矯正教育之實施敘述詳盡，則本節不另加說明。

第七節　觸法少年之緩刑

　　少年苟有觸犯本法第二十七條第一項第一款或第二項之罪情，經地方法院檢察署之檢察官，於案件為偵查後，認為有起訴之必要，應即向該管少年法院提起公訴。少年法院對於公訴之少年刑事案件，經踐行審判程序後，如認為少年所受三年以下有期徒刑、拘役或罰金之宣告，以暫不執行為適當者，得宣告緩刑之處遇。

　　觸法少年之緩刑處遇，旨在避免少年於矯正機構習染惡習之流弊，蓋短期徒刑，大多施諸於初次觸法或觸法情節輕微之少年，而此等閱歷尚淺之少年，惡習未深，一旦置諸少年受刑人聚居之處所，則耳濡目染，惡習日積，善性日泯，改善之效未宏，弊害已生，為避免惡性不深之少年，於短期徒刑執行期間，習染惡習，自以宣告緩刑為妥善之策。本節擬就緩刑之意義、宣告緩刑之要件、緩刑之期間與效力、緩刑期內之保護管束、緩刑之撤銷等分別概述之。

壹、緩刑之意義

　　緩刑 (Bedingte Strafaussetzung) 者，乃對於初次犯罪及輕微犯罪者，雖宣告短期徒刑、拘役或罰金之處分，但因其惡性輕微，認為以暫不執行為適當，故預定一定之期間，暫緩其刑之執行，如於緩刑期內更犯罪，則撤銷緩刑之宣告，交付執行其應執行之刑；反之，如緩刑期滿，而緩刑之宣告未經撤銷者，其所宣告之刑失其效力，則受緩刑宣告之人，視同未曾犯

罪之制度也❺。

　　緩刑之立法例有二，一為緩宣告主義，又稱「刑罰宣告猶豫主義」，即對於有悛悔希望之犯罪人，在一定期間內緩其刑之宣告，如在此期間內保持善良行狀，則期間屆滿，毋庸更為有罪之判決也。二為緩執行主義，又稱「刑罰執行猶豫主義」，即對於初次犯罪或輕微犯罪者，雖宣告其刑，但緩其刑之執行，此種「刑罰執行猶豫主義」之制度，又分為下列三種型態：

㈠附條件罪刑宣告主義

　　即緩刑期滿，而未撤銷緩刑時，其罪刑之宣告失效，與自始未受罪刑之宣告者同。

㈡附條件緩執行主義

　　即緩刑期滿，而未撤銷緩刑時，免其刑之執行，但仍保留其所宣告之刑之效力。

㈢附條件赦免主義

　　即緩刑期滿，而未撤銷緩刑時，以特赦免其刑之執行。

　　以上，所述之緩刑立法例，自刑事政策觀點而論，仍以緩宣告主義較合於教育刑之要求。

　　緩刑之制度，或猶豫其刑之宣告，或猶豫其刑之執行，其目的均在避免初次犯罪或犯罪情節輕微者，於短期徒刑之執行期間，濡染惡習之弊害，故學理上又稱之為「刑罰之猶豫」(Bedingte Verurteilung)。

　　本法對於少年犯罪人緩刑之宣告，係沿用刑法之制度，採「緩執行主義」，或稱「刑罰猶豫執行主義」，即對於初次觸犯刑罰法律，或觸法情節輕微之少年，仍宣告其短期徒刑、拘役或罰金之處分，但緩其刑之執行，使受緩刑宣告之觸法少年，仍得復歸社會，並在少年法院少年保護官之監督、管束、保護與輔導之下，能重新做人，改過遷善，倘緩刑期滿，而其所宣告之緩刑未被撤銷者，則視同未受刑之宣告，故又稱為「附條件罪刑宣告主義」❻。

---

❺　引自林紀東著，《刑事政策學》，五十四年十二月，正中書局印行，第一六二頁。

❻　見周冶平著，《刑法概要》，五十七年一月，三民書局印行，第一二二至一二三頁。

貳、宣告緩刑之要件

　　少年刑事案件，經少年法院審判結果，如具備一定之條件，認為其所宣告之短期徒刑、拘役或罰金之處分，以暫不執行為適當者，得宣告緩刑，並將受緩刑宣告之少年，交付保護管束。

　　由於本法第七十九條對於少年之緩刑宣告，有「刑法第七十四條緩刑之規定，於少年犯罪受三年以下有期徒刑、拘役或罰金之宣告者適用之」之規定，故宣告少年犯罪人之緩刑，必須具備下列各項要件：

㈠須受三年以下有期徒刑、拘役或罰金之宣告

　　不論少年觸犯何種刑罰法律，凡宣告之刑，係三年以下有期徒刑、拘役或罰金者，始得斟酌情形，為緩刑之宣告。但三年以上有期徒刑之重刑，則不得為緩刑之宣告。另成年犯之緩刑宣告，須受二年以下有期徒刑、拘役或罰金之宣告，二年以上有期徒刑之宣告，不得為緩刑之處遇，可見少年犯之宣告緩刑條件，較之成年犯為寬大。

㈡須前未曾故意犯罪受有期徒刑以上刑之宣告

　　少年從前或曾有觸犯刑罰法律之行為，但因情節輕微，僅受訓誡、保護管束或感化教育……等之保護處分，或僅受拘役、罰金之宣告，而未曾受有期徒刑以上刑之宣告；或者少年從未觸犯刑罰法律，因之未曾受有期徒刑以上刑之宣告；由於此類少年惡性不深，縱然現在因觸犯刑罰法律，而受三年以下有期徒刑、拘役或罰金之宣告，但仍值得寬恕與同情，故必要時仍得為緩刑宣告之考慮。

㈢前因故意犯罪受有期徒刑以上刑之宣告經執行完畢或赦免後五年以內未曾因故意犯罪受有期徒刑以上刑之宣告

　　少年從前雖曾有觸犯刑罰法律之行為，並受有期徒刑以上刑之宣告(拘役或罰金之宣告，不包括在內)，但已執行完畢或經赦免後，五年以內未曾再觸犯刑罰法律；或五年之內，曾有再觸犯刑罰法律之行為，但因為情節輕微，僅受拘役或罰金之宣告，而未曾受有期徒刑以上刑之宣告，由於並非累犯，惡性不深，縱然現在因再觸犯刑罰法律，而受三年以下有期徒刑、

拘役或罰金之宣告，但仍得為緩刑宣告之考慮。

(四)須以暫不執行為適當

即少年法院對於觸法之少年，雖已宣告三年以下有期徒刑、拘役或罰金之刑罰，但認為以暫不執行其所宣告之刑，應較為適當者，得為緩刑宣告之考慮。唯適當不適當，無一定之標準，可由少年法院審酌少年觸法之情節以及個別之情狀為裁奪之依據。

至於宣告少年緩刑時，得斟酌情形，命少年為下列各款事項：

(一)向被害人道歉。

(二)立悔過書。

(三)向被害人支付相當數額之財產或非財產之損害賠償。

(四)向公庫支付一定之金額。

(五)向指定之政府機關、政府機構、行政法人、社區或其他符合公益目的之機構或團體提供四十小時以上二百四十小時以下之義務勞務。

(六)完成戒癮治療、精神治療、心理輔導或其他適當之處遇措施。

(七)保護被害人安全之必要命令。

(八)預防再犯所為之必要命令。

參、緩刑之期間與效力

緩刑之期間與效力，本法無明文規定，但依本法第一條之一之規定：「……少年刑事案件之處理，依本法之規定；本法未規定者，適用其他法律」。故緩刑之期間與效力，可適用刑法有關之規定，茲分述之。

(一)緩刑之期間

依刑法第七十四條第一項之規定，緩刑之期間為二年以上五年以下，由法院於緩刑宣告時衡情酌定之，其期間自裁定之日起算。

少年法院就觸法之少年，為緩刑之宣告時，得在二年以上五年以下之期間，為斟酌決定，並於宣告緩刑之主文內諭知其緩刑之期間，並諭知交付保護管束。

(二)緩刑之效力

緩刑之效力，依宣告緩刑所採之主義而不同。凡採刑罰宣告猶豫主義 (System of Conditional Release) 者，緩刑乃在一定期間緩其刑之宣告，如緩刑期間未再犯罪，毋庸為科刑判決。凡採附條件刑罰宣告主義 (Bedingte Verurteilung) 者，緩刑乃對被告為科刑之宣告，於一定之期間內緩其刑之執行，如緩刑期間未再犯罪，則刑之宣告失效。凡採附條件執行猶豫主義 (Bedingte Straferlass) 者，緩刑乃對被告為科刑之宣告，於一定之期間內緩其刑之執行，如緩刑期間未再犯罪，即免其刑之執行，但宣告刑之效力，依然存在。凡採附條件特赦主義 (Bedingte Begnadigung) 者，緩刑乃對被告為科刑之宣告，而以行政處分，於一定之期間內緩其刑之執行，如緩刑期間未再犯罪，即必須予以赦免。

我刑法第七十六條因有「緩刑期滿而緩刑之宣告，未經撤銷者，其刑之宣告，失去效力」之規定，因此，其所採者為「附條件刑罰宣告主義」，故受緩刑之宣告，而緩刑期滿未經撤銷者，其刑之宣告即失去效力❼。

肆、緩刑期內之保護管束

觸法之少年，受緩刑之宣告，而在緩刑期間應付保護管束者，依本法第八十二條第一項之規定，由少年法院少年保護官行之。

少年法院少年保護官，於執行保護管束之期間，對於受緩刑宣告之觸法少年，自應依本法第五十一條之規定，告少年以應遵守之事項，與之常保接觸，注意其行動，隨時加予指示，並就少年之教養、醫治疾病、謀求職業及改善環境，予以相當輔導。為執行前述職務，少年保護官尚應與少年之法定代理人或現在保護少年之人為必要之洽商。其次，少年及兒童保護事件執行辦法中有關保護管束的規定，少年法院少年保護官在執行保護管束任務時，亦得斟酌需要、靈活運用。

伍、緩刑之撤銷

少年犯罪人受緩刑之宣告，而於緩刑期內有刑法第七十五條第一項第

---

❼　見蔡墩銘著，《刑法總論》，五十八年四月，三民書局印行，第三三〇及三三一頁。

一、二款之情事發生；或者有刑法第七十五條之一「足認原宣告之緩刑，難收其預期效果，而有執行刑罰之必要」情事者，自應撤銷緩刑之宣告。茲就應撤銷與得撤銷之二種情形，分別概述之。

一、應撤銷緩刑宣告之情形

依刑法第七十五條第一項第一、二款之規定，應撤銷緩刑宣告之事由，不外有下列二種情形：

㈠緩刑期內故意犯他罪而在緩刑期內受六月以上有期徒刑之宣告確定者

少年犯罪人之緩刑，得依刑法第七十四條第一項之規定，宣告二年以上五年以下之緩刑期間；唯受緩刑宣告之少年，如於緩刑期間故意犯他罪，而在緩刑期內受六月以上有期徒刑之宣告確定者，則顯示受緩刑宣告之少年惡性甚深，無悛改之決心，應即予以撤銷緩刑，以免姑息、寬縱（刑七五條Ⅰ項）。

㈡緩刑前故意犯他罪而在緩刑期內受六月以上有期徒刑之宣告確定者

即受緩刑宣告之少年，於緩刑宣告前曾故意犯他罪，未被發見，而在緩刑宣告後，於緩刑期內被發見，受六月以上有期徒刑之宣告確定，則表明受緩刑宣告之少年，素行不良，操守不正，且並非初次犯罪，故應撤銷其緩刑之宣告（見刑七五條Ⅱ項）。

二、得撤銷緩刑宣告之情形

依本法第八十二條之規定，少年在緩刑期內應付保護管束，但在緩刑期內違反保護管束應遵守之事項而情節重大者，依前刑法第九十三條第三項之規定，得撤銷其緩刑之宣告❽。唯民國九十四年二月二日修正公布之刑法，已取消此項規定，而在刑法第七十五條之一增訂得撤銷緩刑宣告之

---

❽　前刑法第九十三條第三項及第九十四條之規定，已不適用於少年緩刑之宣告及保護管束之執行。

條件，茲列舉如下：

受緩刑之宣告而有下列情形之一，足認原宣告之緩刑難收其預期效果而有執行刑罰之必要者，得撤銷其宣告：

一、緩刑前因故意犯他罪，而在緩刑期內受六月以下有期徒刑、拘役或罰金之宣告確定者。

二、緩刑期內因故意犯他罪，而在緩刑期內受六月以下有期徒刑、拘役或罰金之宣告確定者。

三、緩刑期內因過失更犯罪，而在緩刑期內受有期徒刑之宣告確定者。

四、違反刑法第七十四條第二項第一款至第八款所定負擔情節重大者。

至於少年在緩刑期間，違反保護管束應遵守的事項，情節重大者，因其並非更犯他罪，故僅得由少年保護官，聲請少年法院裁定撤銷保護管束，令入感化教育處所，施以感化教育，而不能依循往例，撤銷緩刑之宣告。

第八節　受刑少年之假釋

少年刑事處分執行之目的，原在藉處分之執行，以培養受刑少年良好之品德，陶冶其性情，改善其行狀，並施以社會生活必須之科學教育及技能訓練，使受刑少年日後出校，能重適社會正常生活，發揮一己之長，開創自己美好之前途與幸福。

受刑少年受有期徒刑之執行，於執行之期間內，倘已能悛悔改過，敦品勵行，保持善良行狀，則執行有期徒刑之目的已達，縱然殘餘之刑期，尚未執行期滿，只要合乎法定之條件，即可予以釋放出校，毋須執行至刑期屆滿，此乃刑法上之假釋制度。

假釋制度之執行，無非在鼓舞受徒刑執行之受刑人，能悛悔向上，改過遷善，早日出監，以避免執行期間之浪費，俾受刑人達到法定條件，而確實有悛悔實據者，即能獲得假釋出監之優遇，毋庸執行至刑期屆滿，一方面固可防止監獄之過度飽和，一方面亦可減少監獄內管理上之不便，的

確是一種良好之刑事政策。本法擷取刑法之美制，對於受徒刑執行之受刑少年，以明文規定，只要無期徒刑逾七年後（已不適用，因少年之犯罪，不得科處無期徒刑），有期徒刑逾執行期三分之一後，而確有悛悔實據者，亦得提早釋放出校。本節擬就假釋之意義、假釋之條件、假釋之期間、假釋期中之保護管束、假釋之撤銷等五項，分別概述之。

壹、假釋之意義

假釋 (Bedingte Entlassung) 者，乃受徒刑執行之犯人，經過法定期間，確有悛悔實據，而由監獄長官呈請司法行政最高官署（即現今之法務部）許可後，暫時釋放出監；釋放出監後，如在一定期間內，不再犯罪，其未執行之刑，視同已執行論；反之，如在假釋期內再犯罪，而受有期徒刑以上刑之宣告時，則撤銷其假釋，將應執行之刑，重新送監執行之制度也。

徒刑之執行，其目的原在改善犯人，培養其重適社會正常生活之能力，受刑人於執行徒刑期間，既知悛悔，則科刑之目的已達，殊無繼續執行其徒刑之必要，故假釋為激勵受刑人勇於向善，並用以救濟長期自由刑弊害之一種優良制度。

假釋制度，於西元一八二九年首創於澳大利亞 (Australia)，其後漸行於英國 (U.K.) 本土，以至於歐洲 (Europe) 大陸，現在各國之刑法莫不採之。由於此制係對於接受自由刑之犯人，於執行達一定刑期後，附以條件釋放出獄者，故學說上亦稱為：附條件釋放 (Vorlaeufige Entlassung, Beurlaubungssystem, Bedingte Entlassung)❾。

貳、假釋之條件

觸法少年受有期徒刑之執行，如確有悛悔實據，在一定條件下，亦得仿照刑法之假釋制度，暫停執行其徒刑，而將受刑之少年，予以釋放出校。

本法對於少年受刑人之假釋，較之刑法對於成年受刑人之假釋，在條件上實寬大許多，例如本法第八十一條第一項有如此之規定，即「少年受

❾ 引自韓忠謨著，《刑法原理》，六十一年八月，第四八一頁。

徒刑之執行而有悛悔實據者，無期徒刑逾七年後（本規定已不適用，因未滿十八歲少年之犯罪,不得科處無期徒刑),有期徒刑逾執行期三分之一後，得予假釋」；而刑法第七十七條則有「受徒刑之執行，而有悛悔實據者，無期徒刑逾二十五年，有期徒刑逾二分之一，累犯逾三分之二，……得許假釋出獄……」之規定。茲就少年受刑人假釋之必具條件，列舉如下：

㈠須受有期徒刑之執行

即受刑之少年，須因觸犯刑罰法律，致受少年法院為有期徒刑之宣告，並已實際受刑之執行者為限，拘役之執行，不包括在內。

㈡有期徒刑之執行須逾法定之期間

即受刑之少年，在少年矯正機構接受徒刑之執行，已逾得予假釋之法定期間，例如有期徒刑之執行，已逾執行期三分之一，且有期徒刑之執行已滿六個月。

㈢須有悛悔實據

即受刑之少年，在少年矯正機構接受徒刑之執行後，已能悔悟前非，並有足資證明之確實紀錄，如 1.保持善行而受獎賞。 2.不曾違反少年矯正機構規律而受懲罰。 3.已有悛悔之誠意表示。 4.受教化之成績優良。

受徒刑執行之少年，苟於少年矯正機構執行徒刑之期間，確有悛悔實據，而具備得予假釋之條件者（即有期徒刑之執行逾執行期三分之一後），少年矯正機構應聲請少年法院裁定准許假釋出校❿。

參、假釋之期間

受刑少年既經假釋出校，則顯示其已悔悟前非，能以堅定之信心，重適社會正常生活，而不致再誤入歧途，重蹈法網。

少年受刑人，既經假釋出校，則其行動、舉止已恢復先前之自由，不受任何人之拘束，唯為防範其再觸犯刑罰法律，刑法上設有一定之假釋期

---

❿　刑法第六十三條因有「未滿十八歲人……犯罪者，不得處死刑或無期徒刑」之明文規定，故本法第八十一條「少年受徒刑之執行而有悛悔實據者，無期徒刑逾七年後……得予假釋」之規定，已不適用。

間，俾作為試驗、觀察之期間。

本法對於受刑少年假釋出校後之假釋期間，雖未作任何規定，但可依本法之適用法律原則，適用刑法之有關規定，故假釋之期間，無期徒刑為二十年，有期徒刑則以所餘之刑期為期間（見刑七九）。

基於此，凡受有期徒刑執行之少年，經假釋出校後，在有期徒刑所餘刑期內，未經撤銷假釋者，其未執行之刑，視同執行論（刑七九條Ⅰ項），但假釋中因他罪受刑之執行者，其執行之期間不算入假釋期內（刑七九條Ⅱ項）。

肆、假釋期中之保護管束

少年受刑人一經假釋出校，並非放其自由，不加任何拘束，而是尚須依本法之規定，在假釋期間交付保護管束，俾防少年於假釋期間，因脫離少年矯正機構之監視，致再次觸犯刑罰法律。

依本法第八十二條之規定，少年在假釋期中應付保護管束者，由少年法院少年保護官行之。因此，少年保護官，在執行保護管束時，應依本法第五十一條之規定，告少年以應遵守之事項，與之常保接觸，注意其行動，隨時加以指示，並就少年之教養、醫治疾病、謀求職業及改善環境，予以相當輔導。必要時，應與少年之法定代理人或現在保護少年之人為必要之洽商。其次，少年及兒童保護事件執行辦法中有關保護管束之規定，少年法院少年保護官，在執行保護管束任務時，亦得斟酌需要、靈活運用。

伍、假釋之撤銷

假釋出校之受刑少年，係因受徒刑執行之期間，確有悛悔實據，行狀善良，並逾法定之執行期間，特准其提前出校，以示寬大。

受刑少年既經釋放出校，自應重新做人，安分守法，不得再有越軌行為。苟於假釋期內，不服從少年保護官之勸導，而有嚴重違反保護管束應遵守之事項之情節，或有再觸犯刑罰法律之行為，而有撤銷其假釋之必要者，撤銷其假釋，茲參照刑法之規定列舉說明之。

㈠假釋期中再觸犯刑罰法律受有期徒刑以上刑之宣告者

即受假釋出校之少年，於假釋期中因故意再次觸犯刑罰法律，而經少年法院以裁定為有期徒刑以上刑之宣告，則顯示少年未能真正改善行狀，應即撤銷其假釋；但因過失於假釋期中再觸犯刑罰法律，而受拘役或罰金之宣告者，得不撤銷其假釋（見刑七八）。

㈡假釋期中違反保護管束應遵守之事項情節重大者

假釋出校之少年，在假釋期內應服從少年保護官之指導，切實屬行保護管束應遵守之事項，不得陽奉陰違，更不得故意違反保護管束應遵守之事項；倘若假釋出校之少年，有違反保護管束應遵守之事項而情節重大者，在過去，得撤銷假釋（見前刑九三條III項），並執行殘餘之刑期，至刑期屆滿。假釋撤銷後，其因假釋出校之日數，不算入殘餘刑期內，即其假釋所殘餘之刑期，仍應全部執行（見前刑七八條III項）。

唯民國九十四年二月二日修正公布的刑法第七十八條，已明定「假釋中因故意更犯罪，受有期徒刑以上刑之宣告者，於判決確定後六月以內，撤銷其假釋」。而舊刑法第九十三條第三項「違反保護管束規則情節重大者，得撤銷假釋」之規定，已刪除不用。

至於，少年在假釋期間，違反保護管束應遵守的事項，情節重大者，僅得由少年保護官聲請少年法院裁定撤銷保護管束，將所餘之執行期間，令入感化教育處所，施以感化教育。

第五章　附　則

　　本法對於少年保護事件及少年刑事案件之處理，雖然逐條規定極為詳盡，又曾經過多次之大幅修正，但是對於保護少年之法條，容或有未盡規定之事項，因此本法於附則一章，特別將媒體資訊揭示少年事件之禁止、少年前科紀錄之塗銷與保密、少年法定代理人忽視教養之處分、重懲教唆幫助利用少年犯罪之成人、兒童觸法行為之處理、外國觸法少年之驅逐出境、本法輔助法規之制定、本法之施行等有關之事項，分別予以列舉敍述，用以補充本法規定之不足，茲分別概述之。

第一節　媒體資訊揭示少年事件之禁止

　　媒體、資訊為現在科技時代的社會文明產物，對於人類精神生活的調劑、知識的獲得、見聞的增廣、訊息的傳達，影響至大。媒體通常包括電影、電視、廣播、新聞紙、雜誌以及其他出版品……等等。而資訊通常包括傳真、及時下最受重視的電腦資訊網路系統的訊息或資料……等等。電影、電視是借助影像、語言、聲音來表達情意的一種媒體；廣播、報導是借助語言、聲音來傳布訊息的一種媒體；新聞紙、雜誌及其他出版品，是借助通行的文字符號來報導訊息的一種媒體；而傳真、電腦資訊是借助輸入的資料，以及資訊網路程式的運作，來傳達訊息的一種媒體。

　　撇開電影、傳真不談，舉凡電視臺、廣播臺的設立，均須依規定申請許可；而新聞紙、雜誌及其他出版品的發行，亦須事先辦妥登記手續。電視臺、廣播臺既經申請許可，而獲得許可證，自然可以即時開始播放、或廣播；而新聞紙、雜誌及其他出版品，既然已辦妥登記，亦可即時著手編

輯、排版、付印、發行。

電視、廣播、新聞紙、雜誌及其他出版品，雖然有報導新聞、發表輿論、評論政事、介紹風俗民情、揭開社會善惡面目、揚善棄惡等言論自由，但不得報導有妨害他人名譽之不實情事，更不得煽惑群眾暴亂或犯罪，故仍有其法律上的限制。

少年為國家未來的棟樑、社會的中堅，國家的未來，有賴他（她）們的胼手胝足、努力建設，故少年倘若因一時衝動、糊塗，誤觸刑罰法律，必須寄予同情、寬恕，況少年為應受保護之人，而非應受懲罰之人，因此電視、廣播、新聞紙、雜誌或其他出版品……等媒體，以及電腦資訊網路系統，不得以公開的方式，揭示有關少年保護事件或少年刑事案件之記事或照片，使閱讀者、觀看者或聆聽者足以知悉某人係該保護事件受調查、審理之少年，或該刑事案件之被告。

關於媒體資訊不得揭示保護事件或刑事案件之少年照片或記事一節，本法第八十三條有「任何人不得於媒體、資訊或以其他公示方式揭示有關少年保護事件或少年刑事案件之記事或照片，使閱者由該項資料足以知悉其人為該保護事件受調查、審理之少年或該刑事案件之被告。違反前項規定者，由主管機關依法予以處分」之規定，故不論是電視、廣播的新聞報導主持人或播報員，或新聞報、雜誌社的社長、記者或撰稿人；或電腦（網路系統）的輸入資料者，只要有違反本法第八十三條規定之情形者，主管機關均得依法予以處分。

第二節　少年前科紀錄之塗銷與保密

少年為具有人格之人。國家未來之前途，有賴這一代少年之振興圖強；社會未來的遠景，有賴這一代少年之努力建設，因此，此時此刻，對於羽毛未豐、可塑性高之少年，自應特別加以扶植與保護。

雖然時下有不少閱歷尚淺、年歲尚輕之少年，或因先天環境之缺陷，

致失教失養，有傾向犯罪歧途之可能；或因父母之縱容，致有驕縱放蕩、兇狠殘酷、冥頑不馴之偏激性格；或因朋儕之蠱惑，致有吸毒、酗酒、嚼檳榔之習癖；或因好奇心之驅使，色情之誘惑，致頻頻猥褻女童等等；對於此輩惹是生非之少年，吾人伸手予以援助猶恐不及，焉能妄加唾棄羞辱?!

　　為保護少年之名譽及前途，少年苟有觸犯刑罰法律之行為，或有觸犯刑罰法律之虞之行為，經少年法院調查或審理結果，不論所為之裁定，係不付審理之裁定，或不付保護處分之裁定；抑或所為之轉介輔導處分、保護處分或刑事處分經執行完畢，只要在相當期間內未再觸犯刑罰法律，則表明少年已能悔悟前非，徹底改過，自毋須再追究少年過去的所作所為，翻閱少年過去的前科紀錄，而對少年仍不斷的加以追蹤、監視，甚至訓斥、告誡。

　　關於少年前科行為之撤銷，本法第八十三條之一第一項有「少年受第二十九條第一項之轉介處分執行完畢二年後，或受保護處分或刑之執行完畢或赦免三年後，或受不付審理或不付保護處分之裁定確定後，視為未曾受各該宣告」。少年既受轉介處分執行完畢已逾二年，或受保護處分或刑之執行完畢或赦免已逾三年，而未曾再觸犯刑罰法律或習染有觸犯刑罰法律之虞之行為，則表明少年受處分之執行後，確已能改過自新，鞭策自己，自應視為未曾受各該宣告，以示寬恕、體諒。至於受不付審理或不付保護處分裁定確定之少年保護事件，因其情節輕微，無庸登錄資料，視同未曾受少年法院之調查或審理。

　　唯倘若少年之保護事件，法院、檢察官、司法警察官或其他警察機關，在移送少年法院調查或審理之前，已登錄其前科行為及有關資料，而該少年之保護事件，經少年法院踐行調查或審理後，為不付審理或不付保護處分之裁定確定；或該少年受轉介處分完畢已逾二年，未曾再受處分之宣告；或該少年受保護處分或刑之執行完畢或赦免已逾三年，未曾再受保護處分或刑事處分之宣告，雖然依本法第八十三條之一第一項之規定，可視為未曾有前科之行為，或未曾受各該宣告，但其法院、檢察官、司法警察官或其他警察機關所保存之前科紀錄及有關資料又將如何處理？關於前科紀錄

之處理問題，本法第八十三條之一第二項又有「少年法院於前項情形應通知保存少年前科紀錄及有關資料之機關，將少年之前科紀錄及有關資料予以塗銷」之規定。

　　少年之前科紀錄及有關資料，既然經有關機關一律予以塗銷，則表明少年未曾觸犯刑罰法律或未曾有觸犯刑罰法律之虞之行為,沒有前科紀錄，未曾受少年法院之調查及審理，如同一性行良好、循規蹈矩、知法守法之好少年一般，其對少年之激勵、體恤、寬恕，不可謂不周全。唯倘若受少年法院通知之有關機關或登錄少年前科紀錄及有關資料之相關人，竟陽奉陰違或因業務上之過失，未曾塗銷該少年之前科紀錄或有關資料者，一經查覺得依法究辦。故本法第八十三條之二又有「違反前條規定，未將少年之前科紀錄及有關資料塗銷……者，處六月以下有期徒刑、拘役或新臺幣三萬元以下罰金」之規定。

　　又少年保護事件，在少年法院踐行調查或審理程序中，而尚未作裁定之前，其少年之非行紀錄及有關資料，如非為少年本人之利益或經少年本人之同意，少年法院或其他任何機關不得提供，此項保護少年之名譽或保障少年個人資料之祕密措施,本法第八十三條之一第三項有極明確之規定，故除少年、少年之法定代理人或現在保護少年之人所選任之輔佐人，得請少年法院或其他有關機關，提供所需的少年前科紀錄及有關資料，俾作為輔助少年維護權益的有利武器外，少年法院或其他任何機關，不得任意提供未經少年本人同意，或非為少年本人利益為目的之有關紀錄及資料，以確保少年個人之隱私、祕密及名譽。唯倘若有任何執行公務之人，提供未經少年本人同意，或非為少年本人之利益為目的之前科紀錄及有關資料給與他人者，如新聞記者，一經查覺仍須依法究辦。故本法第八十三條之二有「違反前條規定將少年之前科紀錄及有關資料……無故提供者，處六月以下有期徒刑、拘役或新臺幣三萬元以下罰金」之規定。

第三節　少年法定代理人忽視教養之處分

少年之法定代理人，係代理少年行使法律行為之特定人，此特定人常為少年之直系血親尊親屬（如父母是）或實際負有監護責任之最近親屬（如兄姊是）。而監護人則現在實際承擔少年監護責任之特定人，此特定人不一定是少年之直系血親尊親屬或最近親屬，如少年負笈市區，住宿親戚家，受親戚（如舅父）之監護，則此一親戚（如舅父）乃少年現時之監護人。

少年之法定代理人或監護人，不問是否與少年有血緣關係抑或姻親關係，平日生活起居，既然同在一室，朝夕相處，則相互間之感情，必然十分濃厚。特別是少年之年歲尚輕，閱歷尚淺，做人做事尚須仰賴其指點，生活起居尚須仰賴其管束，品德操守尚須仰賴其鞭策，求學交友尚須仰賴其訓勉，謀職立業尚須仰賴其關照，因此少年之法定代理人或監護人與少年之關係，如同血濃於水，十分密切。換言之，少年之法定代理人或監護人，既負有監護少年之責，則自應善加教養、悉心扶植，使少年能出人頭地，成為社會上有用之材。

唯少年苟有觸犯刑罰法律或有觸犯刑罰法律之虞之行為，而為少年法院諭知保護處分或刑之宣告，則顯示少年之法定代理人或監護人，未善盡教養之責，應給與親職教育之機會。故本法第八十四條第一項有「少年之法定代理人或監護人，因忽視教養，致少年有觸犯刑罰法律之行為，或有第三條第二款觸犯刑罰法律之虞之行為，而受保護處分或刑之宣告，少年法院得裁定命其接受八小時以上五十小時以下之親職教育輔導」之規定。

少年之法定代理人或監護人，經少年法院以裁定命其接受八小時以上五十小時以下之親職教育輔導後，必然十分不悅、不服，倘拒不接受該項裁定之處分，又將如何？關於此一問題之解決，本法第八十四條第二項又有如此之規定，即「拒不接受前項親職教育輔導或時數不足者，少年法院得裁定處新臺幣三千元以上一萬元以下罰鍰，經再通知仍不接受者，得按

次連續處罰，至其接受為止」。此項罰鍰的裁定，得為民事強制執行名義，由少年法院囑託各該地方法院民事執行處強制執行之，免徵執行費（少年事件八四條Ⅲ項）。少年之法定代理人或監護人，經少年法院為罰鍰之處分後，一方面須向地方法院民事執行處繳交罰鍰，一方面尚須接受親職教育輔導，至時數屆滿為止。倘經再通知接受該項親職教育輔導而仍拒不接受者，少年法院得按次連續處罰，至其接受為止。又倘經連續處罰三次以上者，少年法院並得裁定公告法定代理人或監護人之姓名，以示炯戒。可見少年之法定代理人或監護人之接受親職教育輔導，乃不可拒絕、逃避之義務與責任。唯少年之法定代理人或監護人，對於少年法院之罰鍰處分，如有不服，得準用本法第六十三條及刑事訴訟法第四百零六條至第四百十四條之規定，向原為裁定之少年法院提起抗告，以謀救濟（少年事件八四條Ⅳ項）。但少年之法定代理人或監護人，如經接受親職教育輔導後，竟又忽視教養，致少年再次觸犯刑罰法律，或有觸犯刑罰法律之虞之行為，經少年法院再次調查或審理結果，認為少年之法定代理人或監護人，未善盡教養少年之責，且情節嚴重者，少年法院得裁定公告其姓名，以示懲戒。此項裁定，少年之法定代理人或監護人，不得抗告（少年事件八四條Ⅴ及Ⅵ項）。

第四節　重懲教唆幫助利用少年犯罪之成人

少年因年幼無知，理智脆弱，稍一遭受外界之刺激或蠱惑，則傾向犯罪之邊緣，自毀前途而不自知。

正因為少年年幼無知，心靈純潔，可塑性大，虞犯性高，故必須加予保護，俾免任其踏入歧途，白白斷送錦繡前程。

苟有少年濡染犯罪傾向之虞犯行為，或有進一步觸犯刑罰法律之企圖者，不論何人知悉，均得基於愛護之胸懷，予以規勸或制止，豈能忍心袖手旁觀？

　　縱然少年年幼可欺，涉世未深，亦不能於其無犯罪之意念之時，故意予以唆使、幫助、利用或與之共同實施犯罪之行為，使其陷入犯罪之深淵，不能自拔、自救。

　　本法為貫徹保護少年之立法政策，特在第八十五條第一項規定，凡「成年人教唆、幫助或利用未滿十八歲之人犯罪或與之共同實施犯罪者，依其所犯之罪，加重其刑至二分之一」。

　　所謂成年人者，依民法第十二條之規定，「滿二十歲為成年」。唯依民法第九百八十條及刑法第十八條第二項之規定，本法所稱之成年人，應指十八歲以上之人。教唆他人犯罪者，乃指教唆人對於被教唆人，在其無犯罪意念或犯罪意念尚在猶豫期間，以教唆之方法，使之發生犯罪之意念與決心，並進而實施犯罪之行為也。幫助他人犯罪者，乃指行為人在實施犯罪之前或實施犯罪之時，另一行為人故意予以幫助，使其犯罪之行為發生預期之效果也。利用他人犯罪者，乃利用行為人之年幼無知，使其實施犯罪之行為，以達成利用者犯罪之企圖也。共同實施犯罪者，謂二人以上，基於共同之犯罪意念，而共同實施犯罪之行為也。

　　少年本性純潔，苟無犯罪之意念，成年人毋須予以教唆；縱然少年有犯罪之慾念與企圖，成年人一旦獲悉或知情，亦應加予規勸、阻止，豈能予以幫助，以助長其威勢？少年雖年幼無知，憨直可欺，成年人亦不得利用其愚昧，以遂其自己犯罪之企圖；更不能與其共同實施犯罪之行為，使其犯罪之實施行為獲得便宜，並促使他人誤蹈法網。成年人苟有教唆、幫助或利用未滿十八歲之人犯罪，或與之共同實施犯罪者，則顯示其惡性甚深，有意促成少年犯罪，陷少年於罪惡之深淵，有違保護少年之意旨，故應依其所犯之罪，加重其刑至二分之一。並得以裁定，命其負擔本法第六十條第一項保護處分所需教養費用之全部或一部，同時斟酌情形公告其姓名，以示炯戒（少年事件八五條 II 項）。

第五節　兒童觸法行為之處理

　　本法所稱之少年，係指十二歲以上十八歲未滿之人（少年事件二）。故未滿十二歲之人，應屬於兒童。

　　十二歲以上十八歲未滿之少年，苟有觸犯刑罰法律或有濡染犯罪傾向之虞犯行為者（如少年事件三條之情形），少年法院自應適用本法之規定處理之。唯未滿十二歲之兒童，苟有觸犯刑罰法律之行為者，少年法院倘不加予處理，並特別保護，其行為則無以矯正、改善，勢必愈陷愈深，難以自拔，甚至更加驕縱猖狂，肆意橫行，目無法紀，危害社會之安全，誠非所宜。故本法特增訂第八十五條之一之規定，凡「七歲以上未滿十二歲之人，有觸犯刑罰法律之行為者，由少年法院適用少年保護事件之規定處理之」。又「前項保護處分之執行，應參酌兒童福利法之規定，由行政院會同司法院訂定辦法行之」。

　　依此規定，凡七歲以上未滿十二歲之兒童，雖然年齡尚幼，不負刑事責任，但如有觸犯刑罰法律之行為者（少年事件三條 2 款之虞犯行為不包括在內），仍得依本法第八十五條之一之規定，由少年法院適用少年保護事件之規定（不適用少年刑事案件），予以調查及審理，並得依兒童觸法之情節，暨個別之情狀與需要，為應否付保護處分，及應選擇何種保護處分以處遇兒童之措施及決定。唯諭知保護處分後，其處分之執行，應參酌兒童福利法之規定，儘量實施保護措施，並依行政院、司法院共同訂定之辦法實施之。至於未滿十二歲之兒童，有本法第三條第二款之虞犯行為者，因本法無明文規定得予以處理，故原則上可由兒童之法定代理人或現在保護少年之人，對其嚴加管教；或由兒童就讀學校之導師，予以訓誨、輔導，而毋須移送少年法院處理。

第六節　外國觸法少年之驅逐出境

外國少年（非外國使節家屬中之少年），凡隨同父母或其他親屬朋友或單獨居住於我中華民國之領域內者，不論係觀光、就學或就業，也不論是長久居住抑或暫時居留，苟有觸犯刑罰法律之行為，或有本法第三條第二款觸犯刑罰法律之虞之行為，因無享有治外法權，得由本國具有管轄權之少年法院依法處理之。

外國少年之保護事件，經少年法院踐行調查或審理結果，以裁定所為之轉介處分、保護處分或緩刑期內之交付保護管束者，得以驅逐出境代之（見少年事件八三條之三 I 項）。所謂驅逐出境者，乃不許觸犯刑罰法律或有觸犯刑罰法律之虞之外國少年，居留於我中華民國之領域內，而將之遣回國籍地或其他經入境許可之地區的一種保安處分。此項驅逐出境之處分，可以代替轉介處分、保護處分或緩刑期內交付保護管束之執行。

驅逐出境之處分，依本法第八十三條之三第二項之規定，得由少年調查官或少年保護官，斟酌情形，向少年法院聲請，由司法警察機關執行之。

第七節　本法輔助法規之制定

本法係我國處理未滿十八歲少年事件之法律，為刑法及刑事訴訟法之特別法。從本法之體制而言，本法為刑事法又為行政法，為實體法又為程序法，是一部很特別且體系相當完整之法典。

唯少年事件之處理，除適用本法之規定外，尚須準用本法以外之其他法律，如刑法、刑事訴訟法、保安處分執行法……等是，且必須有輔助法規，以備應用，俾彌補本法規定之不全，使事件之處理，暨處分之執行，均有法規可據。

輔助法規之制定，本法第五十二條第二項、第八十五條之一第二項、第八十六條等，均有明文規定，此項輔助法規，有須立法院通過，總統公布者，即通常所稱之法律；有須行政機關或司法機關，依其法定職權或基於法律之授權而制定者，即通常所稱之命令。茲就本法輔助法規之制定方式，列舉如下：

壹、由立法機關制定者

依中央法規標準法第二條之規定，「法律得定名為法、律、條例或通則」，必須經立法院通過，總統公布，始生效力。本法由立法機關制定或通過之輔助法規，計有：

(一)少年觀護所設置及實施通則

依舊本法第二十六條第三項之規定而制定之「少年觀護所條例」，共四章、三十四條，於中華民國五十三年九月四日，由總統令公布。唯經數次修正後，現分五章、三十七條。且「少年觀護所條例」之法規名稱，已修正為「少年觀護所設置及實施通則」。

(二)少年輔育院條例

依民國五十一年一月三十一日總統令公布之前本法第五十二條第二項之規定而制定，共七章，全文五十二條，於民國五十六年八月二十八日經總統令公布，並於民國六十年十一月一日由行政院發布施行。其後修正條文數次，唯民國八十六年五月二十八日總統令制定公布「少年矯正學校設置及教育實施通則」之法規後，因未公布廢止不用「少年輔育院條例」，致少年輔育院與少年矯正學校，皆成為感化教育之執行處所。

(三)少年矯正學校設置及教育實施通則

依本法第五十二條第二項及監獄行刑法第三條第四項之規定而制定，共四章、八十六條，於中華民國九十二年一月二十二日，由總統令公布。而中華民國五十六年八月二十八日，由總統令公布之少年輔育院條例，並未公布廢止不用。僅於本法第八十五條明定「少年輔育院條例於法務部依本通則規定就少年輔育院完成矯正學校之設置後，不再適用」之條文。

貳、由相關機關訂定者

依中央法規標準法第三條之規定,「各機關發布之命令,得依其性質,稱為規程、規則、細則、辦法、綱要、標準或準則」,均由執行機關依其法定職權,或基於法律之授權而制定者。本法由相關機關依法律之授權,而訂定之輔助法規,計有:

㈠兒童保護處分執行辦法

依本法第八十五條之一第二項規定,此項兒童保護處分執行辦法,應由行政院會同司法院訂定之。唯行政院會同司法院共同訂定之兒童保護處分執行辦法,則併合於少年保護事件執行辦法中,其法規名之為:「少年及兒童保護事件執行辦法」,由司法院於中華民國七十年三月六日發布,計分四章、三十五條,而兒童保護處分執行辦法,則分別規定於第三章兒童保護處分之執行之條文中。唯本執行辦法,迄今已修正發布多次,並將原「管訓處分」修正為「保護處分」,「管訓事件」修正為「保護事件」。

㈡本法施行細則

依本法第八十六條第一項之規定,本法施行細則,由司法院會同行政院定之。在最初本法施行細則係由司法行政部於民國六十年六月二十一日發布,並經民國六十五年二月十二日之修正,民國六十五年二月十四日之施行,其後本法第八十六條第一項修正後,此項本法施行細則乃由司法院、行政院於民國六十九年十二月三十一日修正公布,全文共十九條。唯民國八十七年五月四日再次修正公布,全文增至二十一條。民國九十年六月二十九日又修正若干條文。

㈢少年保護事件審理細則

依本法第八十六條第二項之規定,此項少年保護事件審理細則,由司法院定之。唯此項少年保護事件審理細則,最初係由司法行政部所訂定,並經民國六十五年二月十二日之修正及民國六十五年二月十四日之施行公布,最後於民國六十九年十一月二十五日由司法院再次修正公布,全文共四十三條。唯民國八十八年三月五日修正發布之全文,已增至五十一條。

㈣少年保護事件執行辦法

依本法第八十六條第三項之規定，此項少年保護事件執行辦法，由行政院會同司法院定之。唯此項少年保護事件執行辦法，最初係由司法行政部會同內政部定之，並於民國六十五年二月十二日公布，民國六十五年二月十四日施行，全文共二十六條。其後本法第八十六條第二項之條文修正後，司法院曾會同行政院再次將少年保護事件執行辦法予以修正，除原法規定名為：「少年及兒童保護事件執行辦法」外，並於民國七十年三月六日由司法院發布，全文共四章、三十五條。唯迄今此項「少年及兒童保護事件執行辦法」已修正發布多次，共四章、四十五條。

㈤少年不良行為及虞犯之預防辦法

依本法第八十六條第四項之規定，此項少年不良行為及虞犯之預防辦法，由內政部會同法務部、教育部定之。

以上所列舉之輔助法規，有由立法機關制定者，有由行政機關及司法機關訂定者，前者如少年觀護所設置及實施通則、少年矯正學校設置及教育實施通則；後者如本法施行細則、少年保護事件審理細則、少年及兒童保護事件執行辦法……等均如前所述；唯司法機關訂定之地方（少年）法院少年志工設置要點，少年法院（庭）與司法警察機關處理少年事件聯繫辦法……等等，雖非依據本法之規定而制定，但仍不失為本法之輔助法規，得依實務上之需要而予以適用。

第八節　本法之施行

本法於制定後，曾經立法院三讀通過，並經總統於民國五十一年一月三十一日令公布，唯未公布施行之日期，故尚不生施行之效力。

本法公布後，曾於民國五十六年八月一日修正若干條文，後於民國六十年五月十四日，再由總統令修正若干條文，並公布自同年七月一日起施行，自此以後，本法始發生法律上之效力。

　　唯本法自施行以來，若干條文之適用，不適合實務上之要求，故於民國六十五年二月十二日再次修正若干條文，並自同年同月十四日開始施行。

　　本法雖經迭次修正，法條較為詳盡、完整，但尚有若干條文有置疑之處，是故民國六十九年七月四日總統再令修正公布第八十五條之一及第八十六條之修正條文。修正後之本法實施逾十七年，由於理論與實務方面，均發生瑕疵，故於民國八十六年十月二十九日再由總統令，公布大幅修正之少年事件處理法法規，並於第八十七條第二項規定：「本法修正條文自公布日實行」之明文。

　　現行之本法，雖已臻完備，但實務上仍面臨瓶頸，致有八十九年二月二日、九十一年六月五日、九十四年五月十八日之修正公布，其詳細情形於本書第一編第三章中，已有完整的論述。

參考書目

1. 《少年法概論》，林紀東編著，六十一年十月，國立編譯館出版
2. 《少年事件處理法論》，林紀東著，六十七年七月，黎明文化事業公司出版
3. 《少年事件處理法論》，劉日安著，五十六年五月，著作者發行
4. 《中美少年法》，劉日安著，六十八年一月，漢苑出版社出版
5. 《少年事件處理法新論》，朱勝群著，六十五年三月，著作者發行
6. 《少年事件處理法概論》，劉作揖著，七十一年五月，三民書局印行
7. 《保安處分執行法論》，劉作揖著，七十二年十月，黎明文化事業公司出版
8. 《少年觀護工作》，劉作揖著，七十五年五月，五南圖書出版公司出版
9. 《少年犯罪與觀護制度》，周震歐著，六十七年七月，中國學術著作獎助委員會出版
10. 《中外觀護制度之比較研究》，丁道源編著，七十二年三月，中央文物供應社發行
11. 《現代觀護制度之理論與實際》，房傳珏著，六十六年六月，著作者發行
12. 《刑事政策學》，林紀東著，五十四年十二月，正中書局印行
13. 《刑事政策》，張甘妹著，六十八年三月，三民書局印行
14. 《刑法原理》，韓忠謨著，六十一年八月，著作者發行
15. 《刑法總論》，蔡墩銘著，五十八年四月，三民書局印行
16. 《刑法各論》，蔡墩銘著，五十八年九月，三民書局印行
17. 《刑法總則之比較與檢討》，楊建華著，七十一年三月，著作者發行
18. 《刑法特論》，林山田著，六十七年九月，三民書局印行
19. 《刑法總論》，梁恒昌著，六十九年十月，著作者發行
20. 《刑法概要》，周冶平著，五十七年一月，三民書局印行
21. 《刑事訴訟法實務》，陳樸生著，五十七年七月，著作者發行
22. 《新刑事訴訟法論》，梁恒昌著，七十一年九月，著作者發行
23. 《刑事訴訟法概要》，蔡墩銘著，五十八年九月，三民書局印行
24. 《刑事訴訟法論》，蔡墩銘著，六十八年十一月，五南圖書出版公司出版
25. 《民法概要》，何孝元著，五十八年五月，三民書局印行
26. 《民法總則大意》，楊與齡著，六十八年九月，五南圖書出版公司出版
27. 《犯罪學概論》，周冶平著，五十六年四月，三民書局總經銷
28. 《犯罪學原論》，張甘妹著，六十五年六月，漢苑出版社印行
29. 《犯罪心理學》，周震歐著，七十年一月，著作者發行
30. 《犯罪心理學》，曾燕萍著，五十七年十月，陽明雜誌社出版
31. 《輔導原理》，吳鼎著，七十年五月，五南圖書出版公司出版
32. 《輔導原理與實施》，孫邦正、陳石貝譯，六十六年十一月，正中書局印行
33. 《心理指導與心理治療》，李長貴著，六十九年四月，幼獅文化事業公司出版

34. 《諮商理論與技術》，呂勝瑛著，七十三年六月，五南圖書出版公司出版

35. 《監獄學》，林紀東著，六十六年一月，三民書局印行

36. 《社會工作》，白秀雄著，六十五年十二月，三民書局印行

37. 《個案研究與輔導》，王宮田著，六十七年七月，偉文圖書公司印行

38. 《個案研究理論與實務》，劉作揖著，七十七年十月，黎明文化事業公司出版

39. 《倫理學》，范錡著，五十七年四月，臺灣商務印書館印行

40. 日本《少年法》，菊田幸一著，二〇〇二年四月，株式會社北樹出版

41. 日本《少年法》，守山正、後藤弘子編著，二〇〇九年三月，株式會社成文堂（補訂 2 版）出版

42. 日本《刑法總論》，西田典之著，二〇一〇年十月，株式會社弘文堂（二版二刷）出版

43. 日本《刑法總論講義》，松宮孝明著，二〇〇九年三月，株式會社成文堂（第四版）出版

44. 日本《新六法》，永井憲一等編，二〇一一年版，株式會社三省堂印行

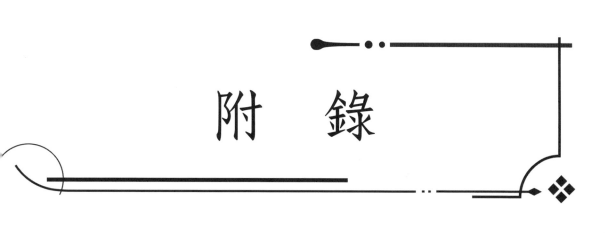

附　　錄

一、少年事件處理法

民國五十一年一月三十一日總統令公布全文八十條

民國五十六年八月一日總統令修正公布第四二、六四條條文

民國六十年五月十四日總統令修正公布全文八十七條

民國六十五年二月十二日總統令修正公布部分條文及第三章第三節節名

民國六十九年七月四日總統令修正公布第八五條之一、八六條條文

民國八十六年十月二十九日總統令修正公布全文八十七條

民國八十九年二月二日總統令修正公布部分條文

民國九十一年六月五日總統令修正公布第八四條條文

民國九十四年五月十八日總統令修正公布第二四、二九、四二、六一、八四條;並刪除第六八條條文

第一章　總　則

第一條

　　為保障少年健全之自我成長,調整其成長環境,並矯治其性格,特制定本法。

第一條之一

　　少年保護事件及少年刑事案件之處理,依本法之規定;本法未規定者,適用其他法律。

第二條

　　本法稱少年者,謂十二歲以上十八歲未滿之人。

第三條

　　左列事件,由少年法院依本法處理之:

　　一　少年有觸犯刑罰法律之行為者。

　　二　少年有左列情形之一,依其性格及環境,而有觸犯刑罰法律之虞者:

　　　㈠經常與有犯罪習性之人交往者。

　　　㈡經常出入少年不當進入之場所者。

　　　㈢經常逃學或逃家者。

　　　㈣參加不良組織者。

　　　㈤無正當理由經常攜帶刀械者。

　　　㈥吸食或施打煙毒或麻醉藥品以外之迷幻物品者。

　　　㈦有預備犯罪或犯罪未遂而為法所不罰之行為者。

第三條之一

　　警察、檢察官、少年調查官、法官於偵查、調查或審理少年事件時,應告知少年犯罪事實或虞犯事由,聽取其陳述,並應告知其有選任輔佐人之權利。

第四條

少年犯罪依法應受軍事審判者，得由少年法院依本法處理之。

第二章　少年法院之組織

第五條

直轄市設少年法院，其他縣（市）得視其地理環境及案件多寡分別設少年法院。

尚未設少年法院地區，於地方法院設少年法庭。但得視實際情形，其職務由地方法院原編制內人員兼任，依本法執行之。

高等法院及其分院設少年法庭。

第五條之一

少年法院分設刑事庭、保護庭、調查保護處、公設輔佐人室，並應配置心理測驗員、心理輔導員及佐理員。

第五條之二

少年法院之組織，除本法有特別規定者外，準用法院組織法有關地方法院之規定。

第五條之三

心理測驗員、心理輔導員及佐理員配置於調查保護處。

心理測驗員、心理輔導員，委任第五職等至薦任第八職等。佐理員委任第三職等至薦任第六職等。

第六條

（刪除）

第七條

少年法院院長、庭長及法官、高等法院及其分院少年法庭庭長及法官、公設輔佐人，除須具有一般之資格外，應遴選具有少年保護之學識、經驗及熱忱者充之。

前項院長、庭長及法官遴選辦法，由司法院定之。

第八條

（刪除）

第九條

少年調查官職務如左：

一　調查、蒐集關於少年保護事件之資料。

二　對於少年觀護所少年之調查事項。

三　法律所定之其他事務。

少年保護官職務如左：

一　掌理由少年保護官執行之保護處分。

二　法律所定之其他事務。

少年調查官及少年保護官執行職務，應服從法官之監督。

第十條

調查保護處置處長一人，由少年調查官或少年保護官兼任，綜理及分配少年調查及保護事務；其人數合計在六人以上者，應分組辦事，各組並以一人兼任組長，襄助處長。

第十一條

心理測驗員、心理輔導員、書記官、佐理員及執達員隨同少年調查官或少年保護官執行職務者，應服從其監督。

第十二條

（刪除）

第十三條

少年法院兼任處長或組長之少年調查官、少年保護官薦任第九職等或簡任第十職等，其餘少年調查官、少年保護官薦任第七職等至第九職等。

高等法院少年法庭少年調查官薦任第八職等至第九職等或簡任第十職等。

第三章　少年保護事件

第一節　調查及審理

第十四條

少年保護事件由行為地或少年之住所、居所或所在地之少年法院管轄。

第十五條

少年法院就繫屬中之事件，經調查後認為以由其他有管轄權之少年法院處理，可使少年受更適當之保護者，得以裁定移送於該管少年法院；受移送之法院，不得再行移送。

第十六條

刑事訴訟法第六條第一項、第二項，第七條及第八條前段之規定，於少年保護事件準用之。

第十七條

不論何人知有第三條第一款之事件者，得向該管少年法院報告。

第十八條

檢察官、司法警察官或法院於執行職務時，知有第三條之事件者，應移送該管少年法院。

對於少年有監督權人、少年之肄業學校或從事少年保護事業之機構，發現少年有第三條第二款之事件者，亦得請求少年法院處理之。

第十九條

少年法院接受第十五條、第十七條及前條之移送、請求或報告事件後，應先由少年調查官調查該少年與事件有關之行為、其人之品格、經歷、身心狀況、家庭情形、社會環境、教育程度以及其他必要之事項，提出報告，並附具建議。

少年調查官調查之結果，不得採為認定事實之唯一證據。

少年法院訊問關係人時，書記官應製作筆錄。

第二十條

少年法院審理少年保護事件，得以法官一人獨任行之。

第二十一條

少年法院法官或少年調查官對於事件之調查，必要時得傳喚少年、少年之法定代理人或現在保護少年之人到場。

前項調查，應於相當期日前將調查之日、時及處所通知少年之輔佐人。

第一項之傳喚，應用通知書，記載左列事項，由法官簽名；其由少年調查官傳喚者，由少年調查官簽名：

一　被傳喚人之姓名、性別、年齡、出生地及住居所。

二　事由。

三　應到場之日、時及處所。

四　無正當理由不到場者，得強制其同行。

傳喚通知書應送達於被傳喚人。

第二十二條

少年、少年之法定代理人或現在保護少年之人，經合法傳喚，無正當理由不到場者，少年法院法官得依職權或依少年調查官之請求發同行書，強制其到場。但少年有刑事訴訟法第七十六條所列各款情形之一，少年法院法官並認為必要時，得不經傳喚，逕發同行書，強制其到場。

同行書應記載左列事項，由法官簽名：

一　應同行人之姓名、性別、年齡、出生地、國民身分證字號、住居所及其他足資辨別之特徵。但年齡、出生地、國民身分證字號或住居所不明者，得免記載。

二　事由。

三　應與執行人同行到達之處所。

四　執行同行之期限。

第二十三條

同行書由執達員、司法警察官或司法警察執行之。

同行書應備三聯，執行同行時，應各以一聯交應同行人及其指定之親友，並應注意同行人之身體及名譽。

執行同行後，應於同行書內記載執行之處所及年、月、日；如不能執行者，記載其情形，由執行人簽名提出於少年法院。

第二十三條之一

少年行蹤不明者，少年法院得通知各地區少年法院、檢察官、司法警察機關協尋之。但不得公告或登載報紙或以其他方法公開之。

協尋少年，應用協尋書，記載左列事項，由法官簽名：

一　少年之姓名、性別、年齡、出生地、國民身分證字號、住居所及其他足資辨別之

特徵。但年齡、出生地、國民身分證字號或住居所不明者，得免記載。

二　事件之內容。

三　協尋之理由。

四　應護送之處所。

少年經尋獲後，少年調查官、檢察官、司法警察官或司法警察，得逕行護送少年至應到之處所。

協尋於其原因消滅或顯無必要時，應即撤銷。撤銷協尋之通知，準用第一項之規定。

第二十四條

刑事訴訟法關於人證、鑑定、通譯、勘驗、證據保全、搜索及扣押之規定，於少年保護事件性質不相違反者準用之。

第二十五條

少年法院因執行職務，得請警察機關、自治團體、學校、醫院或其他機關、團體為必要之協助。

第二十六條

少年法院於必要時，對於少年得以裁定為左列之處置：

一　責付於少年之法定代理人、家長、最近親屬、現在保護少年之人或其他適當之機關、團體或個人，並得在事件終結前，交付少年調查官為適當之輔導。

二　命收容於少年觀護所。但以不能責付或以責付為顯不適當，而需收容者為限。

第二十六條之一

收容少年應用收容書。

收容書應記載左列事項，由法官簽名：

一　少年之姓名、性別、年齡、出生地、國民身分證字號、住居所及其他足資辨別之特徵。但年齡、出生地、國民身分證字號或住居所不明者，得免記載。

二　事件之內容。

三　收容之理由。

四　應收容之處所。

第二十三條第二項之規定，於執行收容準用之。

第二十六條之二

少年觀護所收容少年之期間，調查或審理中均不得逾二月。但有繼續收容之必要者，得於期間未滿前，由少年法院裁定延長之；延長收容期間不得逾一月，以一次為限。收容之原因消滅時，少年法院應將命收容之裁定撤銷之。

事件經抗告者，抗告法院之收容期間，自卷宗及證物送交之日起算。

事件經發回者，其收容及延長收容之期間，應更新計算。

裁定後送交前之收容期間，算入原審法院之收容期間。

少年觀護所之組織，以法律定之。

第二十七條

少年法院依調查之結果，認少年觸犯刑罰法律，且有左列情形之一者，應以裁定移送於有管轄權之法院檢察署檢察官：

一　犯最輕本刑為五年以上有期徒刑之罪者。

二　事件繫屬後已滿二十歲者。

除前項情形外，少年法院依調查之結果，認犯罪情節重大，參酌其品行、性格、經歷等情狀，以受刑事處分為適當者，得以裁定移送於有管轄權之法院檢察署檢察官。

前二項情形，於少年犯罪時未滿十四歲者，不適用之。

第二十八條

少年法院依調查之結果，認為無付保護處分之原因或以其他事由不應付審理者，應為不付審理之裁定。

少年因心神喪失而為前項裁定者，得令入相當處所實施治療。

第二十九條

少年法院依少年調查官調查之結果，認為情節輕微，以不付審理為適當者，得為不付審理之裁定，並為下列處分：

一　轉介兒童或少年福利或教養機構為適當之輔導。

二　交付兒童或少年之法定代理人或現在保護少年之人嚴加管教。

三　告誡。

前項處分，均交由少年調查官執行之。

少年法院為第一項裁定前，得斟酌情形，經少年、少年之法定代理人及被害人之同意，命少年為下列各款事項：

一　向被害人道歉。

二　立悔過書。

三　對被害人之損害負賠償責任。

前項第三款之事項，少年之法定代理人應負連帶賠償之責任，並得為民事強制執行之名義。

第三十條

少年法院依調查之結果，認為應付審理者，應為開始審理之裁定。

第三十一條

少年或少年之法定代理人或現在保護少年之人，得隨時選任少年之輔佐人。

犯最輕本刑為三年以上有期徒刑之罪，未經選任輔佐人者，少年法院應指定適當之人輔佐少年。其他案件認有必要者亦同。

前項案件，選任輔佐人無正當理由不到庭者，少年法院亦得指定之。

前兩項指定輔佐人之案件，而該地區未設置公設輔佐人時，得由少年法院指定適當之人輔佐少年。

公設輔佐人準用公設辯護人條例有關規定。

少年保護事件中之輔佐人，於與少年保護事件性質不相違反者，準用刑事訴訟法辯護人之相關規定。

第三十一條之一

選任非律師為輔佐人者，應得少年法院之同意。

第三十一條之二

輔佐人除保障少年於程序上之權利外，應協助少年法院促成少年之健全成長。

第三十二條

少年法院審理事件應定審理期日。審理期日應傳喚少年、少年之法定代理人或現在保護少年之人，並通知少年之輔佐人。

少年法院指定審理期日時，應考慮少年、少年之法定代理人、現在保護少年之人或輔佐人準備審理所需之期間。但經少年及其法定代理人或現在保護少年之人之同意，得及時開始審理。

第二十一條第三項、第四項之規定，於第一項傳喚準用之。

第三十三條

審理期日，書記官應隨同法官出席，製作審理筆錄。

第三十四條

調查及審理不公開。但得許少年之親屬、學校教師、從事少年保護事業之人或其他認為相當之人在場旁聽。

第三十五條

審理應以和藹懇切之態度行之。法官參酌事件之性質與少年之身心、環境狀態，得不於法庭內進行審理。

第三十六條

審理期日訊問少年時，應予少年之法定代理人或現在保護少年之人及輔佐人陳述意見之機會。

第三十七條

審理期日，應調查必要之證據。

少年應受保護處分之原因、事實，應依證據認定之。

第三十八條

少年法院認為必要時，得為左列處置：

　　一　少年為陳述時，不令少年以外之人在場。

　　二　少年以外之人為陳述時，不令少年在場。

第三十九條

少年調查官應於審理期日出庭陳述調查及處理之意見。

少年法院不採少年調查官陳述之意見者，應於裁定中記載不採之理由。

第四十條

少年法院依審理之結果，認為事件有第二十七條第一項之情形者，應為移送之裁定；有

同條第二項之情形者，得為移送之裁定。

第四十一條

少年法院依審理之結果，認為事件不應或不宜付保護處分者，應裁定諭知不付保護處分。

第二十八條第二項、第二十九條第三項、第四項之規定，於少年法院認為事件不宜付保護處分，而依前項規定為不付保護處分裁定之情形準用之。

第四十二條

少年法院審理事件，除為前二條處置者外，應對少年以裁定諭知下列之保護處分：

一　訓誡，並得予以假日生活輔導。

二　交付保護管束並得命為勞動服務。

三　交付安置於適當之福利或教養機構輔導。

四　令入感化教育處所施以感化教育。

少年有下列情形之一者，得於為前項保護處分之前或同時諭知下列處分：

一　少年染有煙毒或吸用麻醉、迷幻物品成癮，或有酗酒習慣者，令入相當處所實施禁戒。

二　少年身體或精神狀態顯有缺陷者，令入相當處所實施治療。

第一項處分之期間，毋庸諭知。

第二十九條第三項、第四項之規定，於少年法院依第一項為保護處分之裁定情形準用之。

第四十三條

刑法及其他法律有關沒收之規定，於第二十八條、第二十九條、第四十一條及前條之裁定準用之。

少年法院認供本法第三條第二款各目行為所用或所得之物不宜發還者，得沒收之。

第四十四條

少年法院為決定宜否為保護處分或應為何種保護處分，認有必要時，得以裁定將少年交付少年調查官為六月以內期間之觀察。

前項觀察，少年法院得徵詢少年調查官之意見，將少年交付適當之機關、學校、團體或個人為之，並受少年調查官之指導。

少年調查官應將觀察結果，附具建議提出報告。

少年法院得依職權或少年調查官之請求，變更觀察期間或停止觀察。

第四十五條

受保護處分之人，另受有期徒刑以上刑之宣告確定者，為保護處分之少年法院，得以裁定將該處分撤銷之。

受保護處分之人，另受保安處分之宣告確定者，為保護處分之少年法院，應以裁定定其應執行之處分。

第四十六條

受保護處分之人，復受另件保護處分，分別確定者，後為處分之少年法院，得以裁定定其應執行之處分。

依前項裁定為執行之處分者，其他處分無論已否開始執行，視為撤銷。

第四十七條

少年法院為保護處分後，發見其無審判權者，應以裁定將該處分撤銷之，移送於有審判權之機關。

保護處分之執行機關，發見足認為有前項情形之資料者，應通知該少年法院。

第四十八條

少年法院所為裁定，應以正本送達於少年、少年之法定代理人或現在保護少年之人、輔佐人及被害人，並通知少年調查官。

第四十九條

文書之送達，適用民事訴訟法關於送達之規定。但對於少年、少年之法定代理人、現在保護少年之人或輔佐人，及被害人或其法定代理人不得為左列之送達：

一 公示送達。

二 因未陳明送達代收人，而交付郵局以為送達。

第二節 保護處分之執行

第五十條

對於少年之訓誡，應由少年法院法官向少年指明其不良行為，曉諭以將來應遵守之事項，並得命立悔過書。

行訓誡時，應通知少年之法定代理人或現在保護少年之人及輔佐人到場。

少年之假日生活輔導為三次至十次，由少年法院交付少年保護官於假日為之，對少年施以個別或群體之品德教育，輔導其學業或其他作業，並得命為勞動服務，使其養成勤勉習慣及守法精神；其次數由少年保護官視其輔導成效而定。

前項假日生活輔導，少年法院得依少年保護官之意見，將少年交付適當之機關、團體或個人為之，受少年保護官之指導。

第五十一條

對於少年之保護管束，由少年保護官掌理之；少年保護官應告少年以應遵守之事項，與之常保接觸，注意其行動，隨時加以指示；並就少年之教養、醫治疾病、謀求職業及改善環境，予以相當輔導。

少年保護官因執行前項職務，應與少年之法定代理人或現在保護少年之人為必要之洽商。

少年法院得依少年保護官之意見，將少年交付適當之福利或教養機構、慈善團體、少年之最近親屬或其他適當之人保護管束，受少年保護官之指導。

第五十二條

對於少年之交付安置輔導及施以感化教育時，由少年法院依其行為性質、身心狀況、學

業程度及其他必要事項，分類交付適當之福利、教養機構或感化教育機構執行之，受少年法院之指導。

感化教育機構之組織及其教育之實施，以法律定之。

第五十三條

保護管束與感化教育之執行，其期間均不得逾三年。

第五十四條

少年轉介輔導處分及保護處分之執行，至多執行至滿二十一歲為止。

執行安置輔導之福利及教養機構之設置及管理辦法，由少年福利機構及兒童福利機構之中央主管機關定之。

第五十五條

保護管束之執行，已逾六月，著有成效，認無繼續之必要者，或因事實上原因，以不繼續執行為宜者，少年保護官得檢具事證，聲請少年法院免除其執行。

少年、少年之法定代理人、現在保護少年之人認保護管束之執行有前項情形時，得請求少年保護官為前項之聲請，除顯無理由外，少年保護官不得拒絕。

少年在保護管束執行期間，違反應遵守之事項，不服從勸導達二次以上，而有觀察之必要者，少年保護官得聲請少年法院裁定留置少年於少年觀護所中，予以五日以內之觀察。

少年在保護管束期間違反應遵守之事項，情節重大，或曾受前項觀察處分後，再違反應遵守之事項，足認保護管束難收效果者，少年保護官得聲請少年法院裁定撤銷保護管束，將所餘之執行期間令入感化處所施以感化教育，其所餘之期間不滿六月者，應執行至六月。

第五十五條之一

保護管束所命之勞動服務為三小時以上五十小時以下，由少年保護官執行，其期間視輔導之成效而定。

第五十五條之二

第四十二條第一項第三款之安置輔導為二月以上二年以下。

前項執行已逾二月，著有成效，認無繼續執行之必要者，或有事實上原因以不繼續執行為宜者，負責安置輔導之福利或教養機構、少年、少年之法定代理人或現在保護少年之人得檢具事證，聲請少年法院免除其執行。

安置輔導期滿，負責安置輔導之福利或教養機構、少年、少年之法定代理人或現在保護少年之人認有繼續安置輔導之必要者，得聲請少年法院裁定延長，延長執行之次數以一次為限，其期間不得逾二年。

第一項執行已逾二月，認有變更安置輔導之福利或教養機構之必要者，少年、少年之法定代理人或現在保護少年之人得檢具事證或敘明理由，聲請少年法院裁定變更。

少年在安置輔導期間違反應遵守之事項，情節重大，或曾受第五十五條之三留置觀察處分後，再違反應遵守之事項，足認安置輔導難收效果者，負責安置輔導之福利或教養機

構、少年之法定代理人或現在保護少年之人得檢具事證，聲請少年法院裁定撤銷安置輔導，將所餘之執行期間令入感化處所施以感化教育，其所餘之期間不滿六月者，應執行至六月。

第五十五條之三

少年無正當理由拒絕接受第二十九條第一項或第四十二條第一項第一款、第三款之處分，少年調查官、少年保護官、少年之法定代理人或現在保護少年之人、少年福利或教養機構，得聲請少年法院核發勸導書，經勸導無效者，各該聲請人得聲請少年法院裁定留置少年於少年觀護所中，予以五日內之觀察。

第五十六條

執行感化教育已逾六月，認無繼續執行之必要者，得由少年保護官或執行機關檢具事證，聲請少年法院裁定免除或停止其執行。

少年或少年之法定代理人認感化教育之執行有前項情形時，得請求少年保護官為前項之聲請，除顯無理由外，少年保護官不得拒絕。

第一項停止感化教育之執行者，所餘之執行時間，應由少年法院裁定交付保護管束。

第五十五條之規定，於前項之保護管束準用之；依該條第四項應繼續執行感化教育時，其停止期間不算入執行期間。

第五十七條

第二十九條第一項之處分、第四十二條第一項第一款之處分及第五十五條第三項或第五十五條之三之留置觀察，應自處分裁定之日起，二年內執行之；逾期免予執行。

第四十二條第一項第二款、第三款、第四款及同條第二項之處分，自應執行之日起，經過三年未執行者，非經少年法院裁定應執行時，不得執行之。

第五十八條

第四十二條第二項第一款、第二款之處分期間，以戒絕治癒或至滿二十歲為止；其處分與保護管束一併諭知者，同時執行之；與安置輔導或感化教育一併諭知者，先執行之。但其執行無礙於安置輔導或感化教育之執行者，同時執行之。

依禁戒或治療處分之執行，少年法院認為無執行保護處分之必要者，得免其保護處分之執行。

第五十九條

少年法院法官因執行轉介處分、保護處分或留置觀察，於必要時，得對少年發通知書、同行書或請有關機關協尋之。

少年保護官因執行保護處分，於必要時得對少年發通知書。

第二十一條第三項、第四項、第二十二條第二項、第二十三條及第二十三條之一規定，於前二項通知書、同行書及協尋書準用之。

第六十條

少年法院諭知保護處分之裁定確定後，其執行保護處分所需教養費用，得斟酌少年本人或對少年負扶養義務人之資力，以裁定命其負擔全部或一部；其特殊清寒無力負擔者，

豁免之。

　　前項裁定，得為民事強制執行名義，由少年法院囑託各該法院民事執行處強制執行，免徵執行費。

第三節　抗告及重新審理

第六十一條

　　少年、少年之法定代理人、現在保護少年之人或輔佐人，對於少年法院所為下列之裁定有不服者，得提起抗告。但輔佐人提起抗告，不得與選任人明示之意思相反：

一　第二十六條第一款交付少年調查官為適當輔導之裁定。

二　第二十六條第二款命收容之裁定。

三　第二十六條之二第一項延長收容之裁定。

四　第二十七條第一項、第二項之裁定。

五　第二十九條第一項之裁定。

六　第四十條之裁定。

七　第四十二條之處分。

八　第五十五條第三項、第五十五條之三留置觀察之裁定及第五十五條第四項之撤銷保護管束執行感化教育之處分。

九　第五十五條之二第三項延長安置輔導期間之裁定、第五項撤銷安置輔導執行感化教育之處分。

十　駁回第五十六條第一項聲請免除或停止感化教育執行之裁定。

十一　第五十六條第四項命繼續執行感化教育之處分。

十二　第六十條命負擔教養費用之裁定。

第六十二條

　　少年行為之被害人或其法定代理人，對於少年法院之左列裁定，得提起抗告：

一　依第二十八條第一項所為不付審理之裁定。

二　依第二十九條第一項所為不付審理，並為轉介輔導、交付嚴加管教或告誡處分之裁定。

三　依第四十一條第一項諭知不付保護處分之裁定。

四　依第四十二條第一項諭知保護處分之裁定。

　　被害人已死亡或有其他事實上之原因不能提起抗告者，得由其配偶、直系血親、三親等內之旁系血親、二親等內之姻親或家長家屬提起抗告。

第六十三條

　　抗告以少年法院之上級法院為管轄法院。

　　對於抗告法院之裁定，不得再行抗告。

第六十四條

　　抗告期間為十日，自送達裁定後起算。但裁定宣示後送達前之抗告亦有效力。

刑事訴訟法第四百零七條至第四百十四條及本章第一節有關之規定，於本節抗告準用之。

第六十四條之一

諭知保護處分之裁定確定後，有左列情形之一，認為應不付保護處分者，少年保護官、少年、少年之法定代理人、現在保護少年之人或輔佐人得聲請為保護處分之少年法院重新審理：

　　一　適用法規顯有錯誤，並足以影響裁定之結果者。

　　二　因發見確實之新證據，足認受保護處分之少年，應不付保護處分者。

　　三　有刑事訴訟法第四百二十條第一項第一款、第二款、第四款或第五款所定得為再審之情形者。

刑事訴訟法第四百二十三條、第四百二十九條、第四百三十條前段、第四百三十一條至第四百三十四條、第四百三十五條第一項、第二項、第四百三十六條之規定，於前項之重新審理程序準用之。

為保護處分之少年法院發見有第一項各款所列情形之一者，亦得依職權為應重新審理之裁定。

少年受保護處分之執行完畢後，因重新審理之結果，須受刑事訴追者，其不利益不及於少年，毋庸裁定移送於有管轄權之法院檢察署檢察官。

第六十四條之二

諭知不付保護處分之裁定確定後有左列情形之一，認為應諭知保護處分者，少年行為之被害人或其法定代理人得聲請為不付保護處分之少年法院重新審理：

　　一　有刑事訴訟法第四百二十二條第一款得為再審之情形者。

　　二　經少年自白或發見確實之新證據，足認其有第三條行為應諭知保護處分者。

刑事訴訟法第四百二十九條、第四百三十一條至第四百三十四條、第四百三十五條第一項、第二項及第四百三十六條之規定，於前項之重新審理程序準用之。

為不付保護處分之少年法院發見有第一項各款所列情形之一者，亦得依職權為應重新審理之裁定。

第一項或前項之重新審理於諭知不付保護處分之裁定確定後，經過一年者不得為之。

第四章　少年刑事案件

第六十五條

對於少年犯罪之刑事追訴及處罰，以依第二十七條第一項、第二項移送之案件為限。

刑事訴訟法關於自訴之規定，於少年刑事案件不適用之。

本章之規定，於少年犯罪後已滿十八歲者適用之。

第六十六條

檢察官受理少年法院移送之少年刑事案件，應即開始偵查。

第六十七條

檢察官依偵查之結果，對於少年犯最重本刑五年以下有期徒刑之罪，參酌刑法第五十七條有關規定，認以不起訴處分而受保護處分為適當者，得為不起訴處分，移送少年法院依少年保護事件審理；認應起訴者，應向少年法院提起公訴。依第六十八條規定由少年法院管轄之案件，應向少年法院起訴。

前項經檢察官為不起訴處分而移送少年法院依少年保護事件審理之案件，如再經少年法院裁定移送，檢察官不得依前項規定，再為不起訴處分而移送少年法院依少年保護事件審理。

第六十八條

（刪除）

第六十九條

對於少年犯罪已依第四十二條為保護處分者，不得就同一事件再為刑事追訴或處罰。但其保護處分經依第四十五條或第四十七條之規定撤銷者，不在此限。

第七十條

少年刑事案件之偵查及審判，準用第三章第一節及第三節有關之規定。

第七十一條

少年被告非有不得已情形，不得羈押之。

少年被告應羈押於少年觀護所。於年滿二十歲時，應移押於看守所。

少年刑事案件，於少年法院調查中之收容，視為未判決前之羈押，準用刑法第四十六條折抵刑期之規定。

第七十二條

少年被告於偵查審判時，應與其他被告隔離。但與一般刑事案件分別審理顯有困難或認有對質之必要時，不在此限。

第七十三條

審判得不公開之。

第三十四條但書之規定，於審判不公開時準用之。

少年、少年之法定代理人或現在保護少年之人請求公開審判者，除有法定不得公開之原因外，法院不得拒絕。

第七十四條

法院審理第二十七條之少年刑事案件，對於少年犯最重本刑十年以下有期徒刑之罪，如顯可憫恕，認為依刑法第五十九條規定減輕其刑仍嫌過重，且以受保護處分為適當者，得免除其刑，諭知第四十二條第一項第二款至第四款之保護處分，並得同時諭知同條第二項各款之處分。

前項處分之執行，適用第三章第二節有關之規定。

第七十五條

（刪除）

第七十六條

（刪除）

第七十七條

（刪除）

第七十八條

對於少年不得宣告褫奪公權及強制工作。

少年受刑之宣告，經執行完畢或赦免者，適用關於公權資格之法令時，視為未曾犯罪。

第七十九條

刑法第七十四條緩刑之規定，於少年犯罪受三年以下有期徒刑、拘役或罰金之宣告者適用之。

第八十條

少年受刑人徒刑之執行，應注意監獄行刑法第三條、第八條及第三十九條第二項之規定。

第八十一條

少年受徒刑之執行而有悛悔實據者，無期徒刑逾七年後，有期徒刑逾執行期三分之一後，得予假釋。

少年於本法施行前，已受徒刑之執行者，或在本法施行前受徒刑宣告確定之案件於本法施行後受執行者，準用前項之規定。

第八十二條

少年在緩刑或假釋期中應付保護管束，由少年法院少年保護官行之。

前項保護管束之執行，準用第三章第二節保護處分之執行之規定。

第五章　附　則

第八十三條

任何人不得於媒體、資訊或以其他公示方式揭示有關少年保護事件或少年刑事案件之記事或照片，使閱者由該項資料足以知悉其人為該保護事件受調查、審理之少年或該刑事案件之被告。

違反前項規定者，由主管機關依法予以處分。

第八十三條之一

少年受第二十九條第一項之轉介處分執行完畢二年後，或受保護處分或刑之執行完畢或赦免三年後，或受不付審理或不付保護處分之裁定確定後，視為未曾受各該宣告。

少年法院於前項情形應通知保存少年前科紀錄及有關資料之機關，將少年之前科紀錄及有關資料予以塗銷。

前項紀錄及資料非為少年本人之利益或經少年本人同意，少年法院及其他任何機關不得提供。

第八十三條之二

違反前條規定未將少年之前科紀錄及有關資料塗銷或無故提供者，處六月以下有期徒

刑、拘役或新臺幣三萬元以下罰金。

第八十三條之三

外國少年受轉介處分、保護處分或緩刑期內交付保護管束者,得以驅逐出境代之。

前項驅逐出境,得由少年調查官或少年保護官,向少年法院聲請,由司法警察機關執行之。

第八十四條

少年之法定代理人或監護人,因忽視教養,致少年有觸犯刑罰法律之行為,或有第三條第二款觸犯刑罰法律之虞之行為,而受保護處分或刑之宣告,少年法院得裁定命其接受八小時以上五十小時以下之親職教育輔導。

拒不接受前項親職教育輔導或時數不足者,少年法院得裁定處新臺幣三千元以上一萬元以下罰鍰;經再通知仍不接受者,得按次連續處罰,至其接受為止。其經連續處罰三次以上者,並得裁定公告法定代理人或監護人之姓名。

前項罰鍰之裁定,得為民事強制執行名義,由少年法院囑託各該地方法院民事執行處強制執行之,免徵執行費。

第一項及第二項罰鍰之裁定,受處分人得提起抗告,並準用第六十三條及刑事訴訟法第四百零六條至第四百十四條之規定。

少年之法定代理人或監護人有第一項前段情形,情況嚴重者,少年法院並得裁定公告其姓名。

前項裁定不得抗告。

第八十五條

成年人教唆、幫助或利用未滿十八歲之人犯罪或與之共同實施犯罪者,依其所犯之罪,加重其刑至二分之一。

少年法院得裁定命前項之成年人負擔第六十條第一項教養費用全部或一部,並得公告其姓名。

第八十五條之一

七歲以上未滿十二歲之人,有觸犯刑罰法律之行為者,由少年法院適用少年保護事件之規定處理之。

前項保護處分之執行,應參酌兒童福利法之規定,由行政院會同司法院訂定辦法行之。

第八十六條

本法施行細則,由司法院會同行政院定之。

少年保護事件審理細則,由司法院定之。

少年保護事件執行辦法,由行政院會同司法院定之。

少年不良行為及虞犯之預防辦法,由內政部會同法務部、教育部定之。

第八十七條

本法自中華民國六十年七月一日施行。

本法修正條文自公布日施行。

二、少年事件處理法施行細則

民國六十年六月二十一日司法行政部令發布全文十四條
民國六十五年二月十二日司法行政部令修正發布全文十九條
民國六十九年十二月三十一日司法院行政院令修正發布全文十九條
民國八十七年五月四日司法院行政院令修正發布全文二十一條
民國九十年六月二十九日司法院行政院令修正發布第一、八、九條；刪除第一七條；並增訂
第三之一條條文

第一條

本細則依少年事件處理法第八十六條第一項規定訂定之。

本細則所稱本法，係指中華民國八十六年十月三十一日修正生效之少年事件處理法。

第二條

本法規定由少年法院行使之職權，於尚未設少年法院地區，由地方法院設少年法庭依本
法執行之。但少年法庭得不分設刑事庭、保護庭、調查保護處及公設輔佐人室。

第三條

本法所稱少年刑事案件，係指十四歲以上，觸犯刑罰法律，經依本法第二十七條移送檢
察官開始偵查之案件。其依本法第六十五條第三項經檢察官開始偵查之案件，亦同。

第三條之一

少年觸犯刑罰法律，於滿十八歲後，始經報告、移送或請求少年法院之事件，仍由少年
法院依中華民國八十九年二月四日修正生效之少年事件處理法第三章之規定處理。但
事件繫屬後已滿二十歲者，少年法院應以裁定移送有管轄權之法院檢察署檢察官。

第四條

本法施行前已受理之事件，除有特別規定外，其以後之調查、審理及執行程序，均應依
本法之規定處理。

第五條

本法施行前僅依修正前本法第三條第二款第六目規定移送少年法庭之事件，於本法施
行後，應視其進行情形，分別諭知不付審理或不付保護處分之裁定；收容中之少年，並
應立即釋放。

前項事件經裁定交付管訓處分確定者，其尚未執行或未執行完畢之管訓處分，於本法施
行後，免予執行或繼續執行。

第六條

本法施行後尚未裁定開始審理之事件，其未經審理前調查者，應依本法第十九條第一項
之規定處理。

第七條

本法施行前已命收容之少年，其收容期間之計算，於本法施行後，仍依修正前之規定處理。

第八條

檢察官受理一般刑事案件，發現被告於犯罪時未滿十八歲者，應移送該管少年法院。但被告已滿二十歲者，不在此限。

前項但書情形，檢察官應適用本法第四章之規定進行偵查，認應起訴者，應向少年法院提起公訴。

少年刑事案件，少年法院就犯罪事實之一部移送者，其效力及於全部，檢察官應就全部犯罪事實加以偵查。

第九條

中華民國八十九年二月四日修正生效之少年事件處理法生效前，已依修正前第二十七條第一項、第二項移送檢察官或提起公訴之案件，依修正生效後之規定處理。但案件已判決確定者，不在此限。

第十條

少年法院於調查或審理中，對於觸犯告訴乃論之罪，而其未經告訴、告訴已經撤回或已逾告訴期間之十四歲以上少年，應逕依少年保護事件處理，毋庸裁定移送檢察官。

檢察官偵查少年刑事案件，認有前項情形者，應依刑事訴訟法第二百五十二條第五款規定為不起訴處分，並於處分確定後，將案件移送少年法院依少年保護事件處理。其因未經告訴或告訴不合法而未為處分者，亦同。

少年法院審理少年刑事案件，認有第一項情形者，應依刑事訴訟法第三百零三條第三款之規定諭知不受理判決，並於判決確定後，依少年保護事件處理。其因檢察官起訴違背本法第六十五條第一項、第三項規定，經依刑事訴訟法第三百零三條第一款之規定諭知不受理判決確定，而應以少年保護事件處理者，亦同。

前三項所定應依保護事件處理之情形，於少年超過二十一歲者，不適用之。

第十一條

檢察官、司法警察官或法院於執行職務時，知七歲以上未滿十二歲之兒童有觸犯刑罰法律之行為者，應依本法第八十五條之一第一項移送該管少年法院。

不論何人知兒童有前項之行為者，得向該管少年法院報告。

第十二條

檢察官對少年法院依本法第二十七條第一項第一款規定移送之案件，經偵查結果，認為係犯該款規定以外之罪者，應依刑事訴訟法第二百五十五條第一項規定為不起訴處分，並於處分確定後，將案件移送少年法院。

第十三條

少年受保安處分之保護管束宣告，並另受保護處分之保護管束宣告，依本法第四十五條第二項定其應執行處分者，少年法院得裁定執行其一，或併執行之。

第十四條

本法第五十七條第一項有關第四十二條第一項第一款處分之執行期間規定，於本法施行後宣告之事件始有適用。

第十五條

修正前本法第六十一條及第六十二條規定不得抗告之裁定，依本法規定得為抗告，其確定在本法生效前者，仍不得抗告；其確定在本法生效後者，適用本法之規定。

第十六條

本法第六十四條之二之規定，於本法施行後受理之案件始有適用。

第十七條

（刪除）

第十八條

少年法院審理少年刑事案件認有必要時，得依本法第十九條第一項規定辦理。

第十九條

本法第八十三條之一第二項、第三項關於塗銷少年前科紀錄及有關資料與不得無故提供之規定，於本法施行前之少年事件，亦有適用。

前項紀錄及有關資料塗銷之規定，於法院不適用之。

第二十條

本法第八十三條之一第二項所稱之少年前科紀錄及有關資料，係指保存機關依其主管業務就同條第一項事件或案件所建立之移送、調查、偵查、審理、執行之紀錄，但不含保存機關因調查、偵查、審理、執行該事件或案件所編纂之卷宗。

第二十一條

本細則自發布日施行。

三、少年保護事件審理細則

民國六十九年十一月二十五日司法院函發布

民國八十八年三月五日司法院函修正發布全文五十一條及法規名稱（原「少年管訓事件審理細則」）

民國九十年五月三十日司法院函修正發布第二〇條條文

民國九十三年十月二十八日司法院令修正發布第四二條條文

民國九十八年三月五日司法院修正發布第二、九、一九、二〇、二二、二三、四九、五〇條條文；刪除第四條條文

第一條

　　本細則依少年事件處理法（以下簡稱為本法）第八十六條第二項規定訂定之。

第二條

　　本法第十七條之報告及第十八條之移送或請求，應表明下列事項：

　　　一　少年、少年之法定代理人或現在保護少年之人姓名、住居所、電話號碼，少年性別、出生年月日、出生地、國民身分證字號或其他足資辨別之特徵。

　　　二　少年觸犯刑罰法律或虞犯之事實。

　　　三　有關證據及可資參考之資料。

　　本法第十八條第一項之移送，應以書面為之，同法第十七條之報告及第十八條第二項之請求，得以書面或言詞為之。其以言詞為之者，報告人或請求人應就前項各款所列事項分別陳明，由書記官記明筆錄，交報告人或請求人簽名或按指印。

　　少年法院為受理前項言詞報告或請求，得設置適當處所，並印製報告或請求之書面格式備用。

第三條

　　警察機關之移送書，除應記載前條所規定之事項外，並應一併附送扣押物及有關資料。

第四條

　　（刪除）

第五條

　　少年法院先後受理同一少年之本法第三條所列事件，應併案處理之。

第六條

　　少年法院對於保護事件管轄權之有無，除別有規定外，應以受理時為準。

第七條

　　少年法院受理本法第三條之事件，依調查結果，認無管轄權者，應以裁定移送於有管轄權之少年法院。

第八條

少年法院之法官、書記官、通譯之迴避，準用刑事訴訟法有關之規定。

少年調查官、少年保護官、心理測驗員、心理輔導員之迴避，準用刑事訴訟法有關書記官迴避之規定。

第九條

本法第三十一條第二項之事件，如未選任輔佐人，或其選任之非律師為少年法院所不同意者，少年法院應於調查及審理程序中指定適當之人輔佐少年。

少年法院依前項或本法第三十一條第三項規定指定適當之人時，得指定法院公設辯護人或律師輔佐少年。

第十條

選任輔佐人應以書面為之，除律師外，並應記載受選任人與少年之關係。

前項選任之輔佐人，除律師外，少年法院認為被選任人不適當時，得禁止之。

輔佐人之選任，應於每審級為之。

輔佐人於審理中得檢閱卷宗及證物，並得抄錄或攝影。調查中經法官同意者，亦同。

第十一條

少年保護事件之調查及審理，法官、書記官執行職務時，均得不著制服，其他人員在少年法院執行職務時，亦同。

第十二條

執行同行時，應各以同行書之一聯交付應同行人及其指定之親友。應同行人不願或無法指定親友者，應記明筆錄或於同行書上註記事由。

第十三條

執行同行認有必要時，得檢查應同行人之身體。

檢查婦女之身體，應命婦女行之。但不能由婦女行之者，不在此限。

第十四條

少年法院於將少年責付於其他適當之機關、團體或個人前，得通知少年調查官先行聯繫。

少年法院於少年責付後，得將少年交付少年調查官為適當之輔導。

前項情形，少年法院得依少年之需要，就輔導方法為適當之指示，並得準用有關保護管束之規定。

第二項事件終結前，少年調查官應提出輔導報告。

第十五條

少年法院受理少年事件後，應即通知少年調查官為必要之調查，並得指示應調查之事項、範圍與期限。

少年調查官除有特殊情事經陳明法官外，應如期完成調查，提出報告，並附具對少年處遇之具體建議。

第十六條

少年調查官依本法第十九條第一項為調查，須與少年、少年之法定代理人或現在保護少年之人及其他關係人談話時，得現場訪談或以通知書傳喚到院談話，談話時並得錄音及製作筆錄，筆錄由陳述人簽名或按指印。

前項錄音、筆錄及調查報告，少年法院於審理時，經踐行證據調查程序後，得為裁定之依據。

第一項情形，少年調查官於必要時，得以電話或其他科技設備談話，並製作談話紀錄或留存談話往來紀錄，少年法院審理時，經踐行證據調查程序並經當事人承認者，得為裁定之依據。

第十七條

同一少年同時有本法第三條第一款、第二款之二件以上事件繫屬，少年法院依調查或審理結果，將第一款之事件裁定移送檢察官者，在少年刑事案件處分或裁判確定前，少年法院得停止少年保護事件之調查或審理。

前項情形，少年經受有期徒刑以上刑之宣告確定，少年法院除認有另付保護處分之必要者外，得依本法第二十八條第一項以其他事由不應付審理或依第四十一條第一項以事件不宜付保護處分為由，裁定諭知不付審理或不付保護處分。

第十八條

少年法院得囑託其他少年法院或相關之機關，就繫屬中之少年事件，為必要之協助。

第十九條

少年法院對於少年調查官提出之處遇意見之建議，經徵詢少年、少年之法定代理人或現在保護少年之人及輔佐人之同意，依本法第二十九條第一項為不付審理之裁定並當場宣示者，得僅由書記官將主文記載於筆錄，不另作裁定書。但認定之事實與報告、移送或請求之內容不同者，應於宣示時一併告知事實及理由要旨，並記載於筆錄。

前項筆錄正本或節本之送達，準用本法第四十八條之規定，並與裁定正本之送達，有同一之效力。

第二十條

少年調查官為執行本法第二十九條第一項各款之處分，得通知少年、少年之法定代理人或現在保護少年之人到場。

第二十一條

少年法院依調查結果，認為有下列情形之一者，應諭知不付審理之裁定：

一　報告、移送或請求之要件不備，而無法補正或不遵限補正者。

二　本法第三條第一款之事件，如屬告訴乃論之罪未經告訴或其告訴已經撤回或已逾告訴期間，而於裁定前已滿二十一歲者。

三　本法第三條第二款之事件，裁定前少年已滿二十一歲者。

四　同一事件，業經有管轄權之少年法院為實體上之裁定確定者。

五　少年因另受感化教育處分之裁判確定，無再受其他保護處分執行之必要者。

　　六　少年現居國外，於滿二十一歲前無法回國，事實上無法進行調查，或罹疾病，短期內顯難痊癒，無法受保護處分之執行，或已死亡者。

　　七　其他不應或不宜付審理之事由。

第二十二條

少年法院開始審理之裁定，得於調查時以言詞為之，並由書記官記明筆錄。其經到場之少年及其法定代理人或現在保護少年之人同意者，得即時開始審理。

前項即時開始審理情形，於少年輔佐人聲請檢閱卷宗及證物時，少年法院應另行指定審理期日。

第二十三條

少年法院依本法第四十四條規定將少年交付觀察時，應於裁定內指定其觀察期間，並得就應觀察事項為適當之指示。

少年經依本法第四十四條第二項交付適當之機關、學校、團體或個人為觀察時，少年調查官應與各該受交付者隨時保持聯繫，並為適當之指導。

前二項觀察之執行，除另有規定外，得準用有關執行保護管束之規定。

少年調查官應於觀察期滿後十四日內，就觀察結果提出報告，並附具對少年處遇之具體建議。

第二十四條

第一次審理期日之傳喚通知書，至遲應於五日前送達。

第二十五條

審理期日除有特別規定外，少年不到庭者不得審理。

第二十六條

審理期日，少年拒絕陳述或未受許可而退庭者，得不待其陳述逕行審理及裁定。

第二十七條

審理期日，少年、少年之法定代理人或現在保護少年之人經合法傳喚無正當理由不到場者，少年法院認為應依本法第二十七條第一項、第二項、第四十一條或第四十二條第一項第一款裁定之事件，得不待其陳述，逕行審理及裁定。

第二十八條

審理期日，應由審理之法官始終出庭，如有更易者，應更新審理程序。

第二十九條

審理非一次期日所能終結者，除有特別情形者外，應於次日連續開庭；如下次開庭因故間隔至十五日以上者，應更新審理程序。

第三十條

審理期日，應由書記官製作審理筆錄，記載下列事項及其他一切審理程序：

　　一　審理之少年法院及年月日時。

　　二　法官、少年調查官、書記官、通譯之姓名。

　　三　少年、少年之法定代理人或現在保護少年之人、輔佐人之姓名。

四　少年不出庭者，其事由。

五　訊問證人、鑑定人或其他關係人事項。

六　少年調查官、少年之法定代理人或現在保護少年之人、輔佐人陳述之要旨。

七　當庭宣讀或告以要旨之文書。

八　當庭出示之證據。

九　當庭實施之扣押或勘驗。

十　法官命令記載或關係人聲請經法官許可記載之事項。

十一　最後與少年陳述之機會。

十二　裁定之宣示。

受訊問人就前項筆錄中，關於其陳述之部分，得請求朗讀或交其閱覽，如請求將記載增、刪、變更者，應附記其陳述。

第三十一條

審理筆錄，應於每次開庭後二日內整理之。

第三十二條

審理筆錄應由法官簽名，法官有事故時，僅由書記官簽名，書記官有事故時，僅由法官簽名，並分別附記其事由。

第三十三條

審理期日之審理程序專以審理筆錄為證。

第三十四條

審理筆錄內，引用附卷之文書或表示將文書附錄者，其文書所記載之事項與記載筆錄者，有同一之效力。

第三十五條

已審理終結之事件在宣示前，遇有必要情形，少年法院得裁定重開審理。

第三十六條

宣示裁定，應自審理終結之日起，七日內為之。

第三十七條

宣示裁定應向少年為之。但少年不到庭者，不在此限。

第三十八條

宣示裁定，不以參與審理之法官為限。

第三十九條

未經審理程序之裁定毋庸宣示。

第四十條

保護處分之裁定書，應分別記載主文、事實與理由。

第十九條之規定，於前項為保護處分之裁定時準用之。

第四十一條

諭知安置輔導處分之裁定書，應於主文中指明受交付之機構名稱。

前項情形，如受交付機構無法接受少年，應由少年法院另以裁定指定之。

第四十二條

諭知保護處分之裁定書，應於理由內分別記載下列事項：

一　認定應付保護處分事實所憑之證據及其認定之理由。

二　對於少年有利之證據不採納者，其理由。

三　依本法第四十二條第一項各款諭知保護處分及其執行方式所審酌之理由。

四　對於少年調查官到庭陳述意見不採納者，其理由。

五　諭知沒收或附隨處分者，其理由。

六　適用之法律。

第四十三條

諭知親職教育輔導處分之裁定書，應於主文中指明其執行之時數。

第十九條之規定，於為前項親職教育輔導處分之裁定時準用之。

第四十四條

不得抗告之裁定經當庭宣示者，得僅命記載於筆錄；未經當庭宣示者，應以適當方法通知受裁定人。

第四十五條

裁定得為抗告者，其抗告期間及提出抗告狀之法院，應於宣示時一併告知，並應記載於送達之裁定正本、筆錄正本或節本。

第四十六條

本法第六十一條及第六十二條規定得為抗告之人，對於少年法院依第十九條第一項、第四十條第二項及第四十三條第二項規定製作筆錄之事件提起合法抗告者，原裁定法院應於七日內補行製作理由書，送達於少年及其他關係人。

第四十七條

少年保護事件經抗告者，收容中之少年應連同卷宗及證物，一併解送抗告法院。

抗告法院受理少年抗告事件，除抗告不合法定程式或顯無理由而應裁定駁回外，得準用有關少年法院調查及審理之規定，並通知少年調查官再為調查。

高等法院或其分院少年法庭對於抗告事件，除有由原裁定法院續為調查之必要外，應自為裁定。

第四十八條

收容於少年觀護所之少年，經諭知不付審理、不付保護處分或訓誡者，視為撤銷收容。但抗告期間得命責付。

第四十九條

被收容之少年，於抗告期間內，向少年觀護所長官提出抗告書狀，視為已向原審少年法院提起抗告。少年不能自作抗告書狀者，少年觀護所公務員應為之代作。

第五十條

少年觀護所長官接受抗告書狀後，應附記接受之年、月、日、時，送交原審之少年法院。

第五十一條

本細則自發布日施行。

四、少年及兒童保護事件執行辦法

民國六十年六月二十九日內政部司法行政部令發布

民國六十年十二月二十四日司法行政部令修正發布

民國六十五年二月十二日司法行政部令修正發布

民國六十五年十二月十七日內政部司法行政部令修正發布

民國七十年三月六日行政院司法院令修正發布

民國八十六年二月十四日行政院司法院令修正發布第二、三、一六、三一、三五條條文；並刪除第二一、二四條條文

民國八十九年九月二十日行政院司法院令修正發布全文四十五條及法規名稱（原「少年及兒童管訓事件執行辦法」）

第一章　通　則

第一條

> 本辦法依少年事件處理法（以下簡稱本法）第八十五條之一第二項及第八十六條第三項規定訂定之。

> 少年保護處分之執行，適用本辦法之規定。未滿十二歲之兒童，應受保護處分之執行者，亦同。

> 前項受保護處分之兒童，執行開始前或執行中已滿十五歲者，逕依本辦法第二章之規定執行之，不適用第三章之規定。

第二條

> 保護事件之執行，應注意受執行人之安全、智能、體能、名譽及尊嚴。

第三條

> 少年依其他法律應受感化教育或保護管束之執行者，仍適用本法及本辦法之規定；其行為時未滿十八歲而裁判時已滿十八歲者，亦同。本法及本辦法未規定者，仍適用其他法律之規定。

第二章　少年保護處分之執行

第四條

> 訓誡處分由少年法院法官執行，書記官應製作筆錄，由少年及其到場之法定代理人或現在保護少年之人與輔佐人簽名。

> 前項處分宣示時，少年及其法定代理人或現在保護少年之人在場捨棄抗告權，且無被害人者，得於宣示後當場執行。

> 執行訓誡處分時，少年法院法官應以淺顯易懂之言語加以勸導，並將曉諭少年應遵守之

事項，以書面告知少年及其法定代理人或現在保護少年之人。

第五條

假日生活輔導處分由少年法院法官於訓誡處分執行後，將少年交付少年保護官或依少年保護官之意見，交付其他具有社會、教育、輔導、心理學或醫學等專門知識之適當機關（構）、團體或個人，於假日利用適當場所行之。

前項所稱假日，不以國定例假日為限，凡少年非上課、非工作或無其他正當待辦事項之時間均屬之。

假日生活輔導交付適當機關（構）、團體或個人執行時，應由少年保護官指導，並與各該機關（構）、團體或個人共同擬訂輔導計畫，並保持聯繫；其以集體方式辦理者，應先訂定集體輔導計畫，經少年法院核定後為之。

少年於假日生活輔導期間，無正當理由遲到、早退且情節重大者，該次假日生活輔導不予計算。

第六條

保護管束及勞動服務處分由少年法院法官簽發執行書，連同裁判書及其他相關資料，交付少年保護官執行或依少年保護官之意見，將少年交付其他適當之福利或教養機構、慈善團體、少年之最近親屬或其他適當之人執行之。

少年法院法官為前項指揮執行時，除應以書面指定日期，命少年前往執行者之處所報到外，另應以書面通知少年之法定代理人或現在保護少年之人。

少年無正當理由未依指定日期報到，經少年保護官限期通知其報到，屆期仍不報到者，少年保護官得前往受執行少年住居所查訪，或報請少年法院法官簽發同行書，強制其到場；其有協尋之必要者，並應報請協尋之。

第七條

保護管束處分交由適當之福利或教養機構、慈善團體、少年之最近親屬或其他適當之人執行時，應由少年保護官指導，並與各該執行者共同擬訂輔導計畫，及隨時保持聯繫。

少年有前條第三項或本法第五十五條規定情事時，執行者應即通知指導之少年保護官為適當之處置。

第八條

保護管束處分之執行期間，自少年報到之日起算，至期間屆滿或免除、撤銷執行之日終止。

第九條

執行保護管束應依少年個別情狀告知其應遵守之事項，輔導其行為或就學、就醫、就業、就養及改善環境等事項，並應將輔導內容詳為記錄。

第十條

少年保護官每三個月應將執行或指導執行保護管束之少年輔導案卷，送調查保護處組長、處長檢閱後轉少年法院法官核備。

組長、處長應詳細檢閱少年輔導紀錄，並提供少年保護官必要之指導。

第十一條

調查保護處處長每三個月應召開個案研討會一次，請少年法院庭長、法官列席指導，召集全體少年保護官討論執行或指導執行之特殊個案。必要時，並得隨時召開之。

前項個案研討會，得邀集與討論個案有關之社政、教育、輔導、衛生醫療等機關（構）、團體或個人參加。

第十二條

勞動服務處分之執行期間，自少年開始勞動服務之時起算，至服務時間屆滿之時終止。

前項執行期間，少年未依指示從事勞動服務者，其時間不予計算。

第十三條

在保護管束期間，少年應遵守下列事項：

　　一　保持善良品性，不得與素行不良之人交往。

　　二　服從少年法院及執行保護管束者之命令。

　　三　不得對被害人、告訴人或告發人尋釁。

　　四　將身體健康、生活情況及工作環境等情形報告執行保護管束者。

　　五　非經執行保護管束者許可，不得離開受保護管束地七日以上。

　　六　經諭知勞動服務者，應遵照執行保護管束者之命令，從事勞動服務。

　　七　其他經少年保護官指定必須遵守之事項。

少年違反前項應遵守事項，少年保護官依本法第五十五條第三項或第四項規定，聲請少年法院裁定時，應檢具輔導紀錄及其他相關事證。

第十四條

少年違反前條規定，經少年法院依本法第五十五條第三項或第五十六條第四項規定裁定留置觀察時，由少年法院法官簽發通知書傳喚之。少年經合法傳喚無正當理由不到場者，得發同行書強制其到場，並於少年到場後，通知少年保護官。

留置觀察期間，少年保護官應與少年觀護所保持聯繫，並由少年觀護所將留置觀察之輔導紀錄函報少年法院。

依本法第五十五條之三規定裁定留置觀察者，準用前二項之規定。

第十五條

少年於保護管束及勞動服務處分執行中，遷往他少年法院管轄區域者，原少年法院得檢送有關資料，移轉該少年住居所或所在地之少年法院繼續執行。

第十六條

受保護管束少年應徵集、志願入營服役或入軍事學校就讀時，除依本法第五十五條第一項規定認為以不繼續執行為宜者外，少年法院得交由其服役部隊或就讀學校之長官執行之。但退役離營或離校時，原保護管束期間尚未屆滿，又無免除執行之事由者，應由原少年法院繼續執行之。

第十七條

少年法院如認執行保護管束者不宜執行時，得另行指定執行保護管束者執行之。

第十八條

少年法院得視實際需要，聘請志願服務之機構、團體或個人協助輔導少年。

第十九條

安置輔導處分由少年法院法官簽發執行書，連同裁判書及其他相關資料，交付少年保護官執行之。

少年保護官應通知少年依執行書指定之日期報到，轉付福利或教養機構執行之。

第六條第二項後段、第三項之規定，於前項執行準用之。

第二十條

安置輔導處分之執行期間，自少年報到之日起算，至期間屆滿或免除、撤銷執行之日終止。

第二十一條

少年保護官與執行安置輔導者，應共同訂定輔導計畫，並保持聯繫。

前項計畫，宜使少年有重返家庭、學校及參加社會活動之機會，期能達成安置輔導之目的。

第二十二條

執行安置輔導，應提供適當之居住處所，並予妥善之生活照顧，對少年施以個別或群體之品德教育，輔導其學業或其他作業，使其養成勤勉習慣及守法精神。

執行安置輔導，應按月將少年安置輔導紀錄函報少年法院，並應於輔導結束後十日內，將結束日期連同執行情形相關資料，通知原發交執行之少年法院。

第二十三條

感化教育處分由少年法院法官簽發執行書，連同裁判書及其他相關資料，交付感化教育機關（構）執行。依本法第五十五條第四項、第五十五條之二第五項及第五十六條第四項規定將所餘之執行期間交付感化教育時，並應附送保護管束或安置輔導期間執行紀錄及相關資料。

第二十四條

感化教育處分之執行期間，自交付執行之日起算，至期間屆滿或免除、停止執行之日終止。

前項處分確定前，經少年法院裁定命收容或羈押於少年觀護所者，得以收容與羈押期間折抵感化教育處分執行之期間；少年觀護所並應將少年在所期間實施矯治之成績，移送感化教育執行機關（構），作為執行成績之一部。

第二十五條

感化教育處分之執行，除本法及本辦法有特別規定者外，適用其他法律有關之規定。

第二十六條

少年法院得指派少年保護官與感化教育執行機關（構）隨時保持聯繫，並得指派適當之人共同輔導少年。

第二十七條

少年法院受理本法第五十六條第一項免除或停止感化教育之聲請，得命感化教育執行機關（構）提供該少年在感化教育期間之紀錄及相關資料，並得指派少年保護官實地查證，瞭解詳情。

前項規定，於少年保護官受理本法第五十六條第二項規定之請求時，準用之。

第二十八條

少年經依本法第五十六條第一項及第三項規定交付保護管束者，感化教育機關（構）應將該少年感化教育期間之紀錄及相關資料函送少年法院，並應將預定移出之日期，與執行保護管束之少年保護官密切聯繫。

感化教育機關（構）已依前條規定將少年之紀錄及相關資料函送少年法院者，如無其他新紀錄、資料，得免再函送。

第二十九條

少年保護官於受本法第五十五條第二項或第五十六條第二項之請求而拒絕時，應自受請求時起十四日內，以書面敘明拒絕理由，函復請求人。

第三十條

宣告多數保護管束或感化教育處分時，除依本法第四十五條、第四十六條或本法施行細則第十三條規定處理外，準用保安處分執行法第四條之一之有關規定執行之；保護處分與保安處分併存時，亦同。

第三十一條

少年法院於少年有下列情形之一時，應通知各保存少年前科紀錄及有關資料之機關（構），將其依主管業務所建立之移送、調查、偵查、審理及執行等紀錄及資料塗銷之：

一　受本法第二十九條第一項之轉介處分執行完畢滿二年。

二　受保護處分之執行完畢或撤銷確定滿三年。

三　受刑之執行完畢或赦免滿三年。

四　受不付審理之裁定確定。但本法第二十九條第一項之裁定，不在此限。

五　受不付保護處分之裁定確定。

六　受無罪判決確定。

少年法院應於下列期限前，為前項之通知：

一　不付審理裁定、不付保護處分裁定或無罪判決確定者，裁判確定後十日內。

二　受轉介處分、受保護處分或刑之執行者，應塗銷日期十日前。

第三十二條

前條應受通知塗銷紀錄及資料及機關（構），依下列情形定之：

一　轉介處分、假日生活輔導、保護管束、安置輔導、不付審理、不付保護處分裁定：受轉介之福利或教養機關（構）、受交付執行假日生活輔導之機關（構）、團體、受交付執行保護管束之福利或教養機構、慈善團體、執行安置輔導機關（構）、內政部警政署、少年案發時戶籍地警察局、原移案機關、禁戒或勒戒機關（構）、

治療或戒治機關（構）。

二 感化教育：臺灣高等法院檢察署、少年矯正機關（構）、內政部警政署、少年案發時戶籍地警察局、原移案機關。

三 刑事判決、不起訴處分：臺灣高等法院檢察署、原偵查地方法院檢察署、少年矯正機關（構）、內政部警政署、少年案發時戶籍地警察局、原移案機關。

少年前科紀錄及有關資料之塗銷，除應依前項規定通知有關機關（構）外，並依下列規定辦理：

一 少年為性侵害犯罪防治法或家庭暴力防治法之加害人者，另應通知內政部性侵害防治委員會或家庭暴力防治委員會。

二 曾通知少年輔導委員會、更生保護會、直轄市、縣（市）社政、勞工或教育主管機關者，另應通知各該曾受通知機關或單位。

三 有其他曾受通知之機關（構）、團體者，另應通知該機關（構）、團體。

第三十三條

少年之法定代理人或監護人受親職教育輔導處分者，由少年法院法官簽發執行書，連同裁定書及其他相關資料，交由少年保護官自行或轉交適當之教育訓練機構或團體執行之。

前項受執行之人自行參加經少年保護官認可之訓練課程者，以其訓練課程之時數折抵相當執行時數。

執行親職教育輔導認有必要時，得報請少年保護官通知少年到場，共同接受家族團體輔導。

第三章　兒童保護處分之執行

第三十四條

兒童保護處分之執行，除本章有特別規定外，準用前章之規定。

第三十五條

兒童不解簽名之意義者，免在訓誡處分執行筆錄簽名。

第三十六條

少年法院指揮執行兒童保護管束處分時，應以書面指定日期，命兒童之法定代理人或現在保護兒童之人，帶領兒童向少年保護官報到。

兒童無正當理由未依指定日期報到時，由少年保護官限期通知其法定代理人或現在保護兒童之人帶領其前來報到。

第三十七條

少年法院執行兒童保護管束處分時，應遴選具有兒童教育、兒童福利或兒童心理學之專門知識者，充任執行保護管束者。

第三十八條

執行保護管束者與受保護管束兒童接談時，應選擇適當之處所為之。

第三十九條

少年法院交付留置觀察、安置輔導或感化教育之兒童，以能自理生活者為限。

第四十條

對於兒童之安置輔導、感化教育處分，應視個案情節及矯治不良習性之需要，分別交由寄養家庭、兒童福利、教養、身心障礙福利服務機構或其他適當處所執行之。

各少年法院得在管轄區域內徵聘生活美滿並熱心兒童福利之家庭為寄養家庭，接受兒童之寄養。

第一項之教養處所設置前，得將受感化教育處分兒童交付少年矯正機關（構）執行之。但應與受感化教育處分少年隔離，並採家庭型態之教養方式執行之。

第四十一條

對兒童之感化教育處分，其執行期間應給予維護身心健康、促進正常發育及增進生活知識所必要之教養；為課業輔導時，應力求配合現行國民教育學制。

第四章　附　則

第四十二條

少年法院執行保護處分認有必要時，得洽請少年及兒童福利主管機關為必要之協助。

第四十三條

少年法院、少年保護官及其他執行保護處分者，應督促受執行人之法定代理人或現在保護受執行人之人善盡親職教育之責。受執行人如係在學中，並應加強與其就讀學校聯繫。

前項受執行人之法定代理人或現在保護受執行人之人為政府機關時，由少年法院、少年保護官負督促之責。

第四十四條

轉介處分或保護處分執行者，應於執行完畢或執行中經撤銷確定而停止執行後十日內，報請少年法院備查；其為受囑託執行者，應報請原裁定少年法院備查。

檢察機關應於少年刑罰執行完畢或赦免後十日內，將執行完畢日期連同執行情形相關資料，通知原發交執行之少年法院。

第四十五條

本辦法自發布日施行。

五、少年觀護所設置及實施通則

民國五十三年九月四日總統公布全文三十四條；六十年九月十六日行政院令自六十年七月一日施行

民國六十一年一月二十九日總統修正公布第三、五至八、一三至一六條；並增訂第一七條條文，原第一七條改為第一八條，以下條文依次遞改

民國六十三年十二月二十一日總統修正公布第五至七及一三至一六條；並刪除第一七條條文

民國六十八年四月四日總統修正公布第一三條條文

民國六十九年七月二十三日總統令修正公布第四、一九條條文

民國九十一年一月二十五日總統令修正公布名稱及全文三十七條（原「少年觀護所條例」）

民國九十六年七月十一日總統令修正公布第一一條條文

第一章　總　則

第一條

　　本通則依少年事件處理法第二十六條之二第五項制定之一。

第二條

　　少年觀護所隸屬於高等法院檢察署，其設置地點及管轄，由高等法院檢察署報請法務部核定之。

　　關於少年保護事件少年之收容及少年刑事案件審理中少年之羈押事項，並受該管法院及其檢察署之督導。

第三條

　　少年觀護所以協助調查依法收容少年之品性、經歷、身心狀況、教育程度、家庭情形、社會環境及其他必要之事項，供處理時之參考。

第四條

　　少年觀護所之組織及被收容少年之處理，依本通則之規定。

　　依少年事件處理法第七十一條收容之刑事被告，與依同法第二十六條收容之少年，應予分界。

　　女性少年與男性少年，應分別收容。

第二章　組　織

第五條

　　少年觀護所分設鑑別、教導及總務三組；容額在三百人以上者，並設醫務組。

第六條

鑑別組掌理事項如下:

一　少年之個案調查事項。

二　少年之心理測驗事項。

三　少年指紋、照相等事項。

四　少年處遇之建議事項。

五　少年社會環境之協助調查事項。

六　其他鑑別事項。

第七條

教導組掌理事項如下:

一　少年生活之指導事項。

二　少年之教學事項。

三　少年習藝之指導事項。

四　少年之康樂活動事項。

五　少年之同行護送及戒護事項。

六　少年接見、發受書信及送入物品之處理事項。

七　少年紀律之執行事項。

八　少年之飲食、衣類、臥具用品之分給、保管事項。

九　所內戒護勤務之分配及管理事項。

十　其他教導事項。

第八條

醫務組掌理事項如下:

一　全所衛生計畫設施事項。

二　少年之健康檢查事項。

三　傳染病之預防事項。

四　少年疾病之醫治事項。

五　病室之管理事項。

六　藥品調劑、儲備及醫療器材之管理事項。

七　藥物濫用之防治及輔導等事項。

八　少年疾病、死亡之陳報及通知事項。

九　其他醫務事項。

未設醫務組者，前項業務由教導組兼辦。

第九條

總務組掌理事項如下:

一　文件之收發、撰擬及保存事項。

二　印信之典守事項。

　三　經費之出納事項。

　四　建築修繕事項。

　五　少年之入所、出所登記事項。

　六　名籍簿、身分簿之編製及管理事項。

　七　糧食之收支、保管、核算及造報事項。

　八　其他不屬於各組之事項。

第十條

少年觀護所之類別及員額，依附表之規定。

各少年觀護所應適用之類別，由法務部視其容額擬訂，報請行政院核定之。

第十一條

少年觀護所置所長一人，職務列薦任第九職等至簡任第十職等，承監督長官之命，綜理全所事務，並指揮監督所屬職員；置副所長一人，職務列薦任第八職等至第九職等，襄助所長處理全所事務。

第十二條

少年觀護所置組長，職務列薦任第七職等至第八職等；專員、調查員、導師，職務均列薦任第六職等至第八職等；管理師，職務列薦任第七職等；組員、技士，職務均列委任第五職等或薦任第六職等至第七職等；主任管理員、操作員，職務均列委任第四職等至第五職等，其中二分之一職務得列薦任第六職等；管理員、辦事員，職務均列委任第三職等至第五職等；書記，職務列委任第一職等至第三職等。

醫務組組長，列師(二)級；醫師、藥師、醫事檢驗師、護理師均列師(三)級，藥劑生、醫事檢驗生、護士，均列士（生）級。

本通則修正施行前僱用之管理員、僱員，其未具公務人員任用資格者，得繼續僱用至其離職為止。

第十三條

少年觀護所設女所者，置主任一人，職務列薦任第七職等至第八職等，管理女所事務。女所之主任、主任管理員及管理員均以女性擔任。

第十四條

少年觀護所所長、副所長、鑑別、教導組組長及女所主任，應就具有下列資格之一者遴任之：

　一　經觀護人考試或觀護官考試及格者。

　二　經少年調查官、少年保護官考試及格者。

　三　經監獄官考試或犯罪防治人員特考及格者。

前項所稱人員，應遴選具有少年保護之學識、經驗及熱忱者充任之。

第十五條

少年觀護所設人事室，置主任一人，職務列薦任第七職等至第八職等，依法辦理人事管理事項；所需工作人員應就本通則所定員額內派充之。

第十六條

少年觀護所設會計室，置會計主任一人，職務列薦任第七職等至第八職等，依法辦理歲計、會計事項；所需工作人員應就本通則所定員額內派充之。

第十七條

少年觀護所設統計室，置統計主任一人，職務列薦任第七職等至第八職等，依法辦理統計事項；所需工作人員應就本通則所定員額內派充之。

第十八條

少年觀護所設政風室，置主任一人，職務列薦任第七職等至第八職等，依法辦理政風事項；事務較簡者，其政風業務由其上級機關之政風機構統籌辦理；所需工作人員應就本通則所定員額內派充之。

第十九條

第十一條至第十三條、第十五條至第十八條所定列有官等職等人員，其所適用之職系，依公務人員任用法之規定，就有關職系選用之。

醫事人員依醫事人員人事條例規定進用之。

第三章　入所及出所

第二十條

少年觀護所於少年入所時，應辦理下列事項：

一　查驗身分證及法官或檢察官簽署之文件。

二　製作調查表及身分單，並捺印指紋及照相。

三　檢查身體、衣物。女性少年之檢查由女管理員為之。

四　指定所房並編號。

第二十一條

少年觀護所非有該管法官或檢察官之通知，不得將被收容之少年釋放。

第二十二條

被收容之少年應釋放者，觀護所於接到釋放通知書之當日，即予釋放。釋放前，應令其按捺指紋，並與調查表詳為對照。移送法院之少年，經法院法官或檢察官當庭將其釋放者，應即通知觀護所。

第二十三條

被收容之少年移送感化教育機構者，應附送調查表、身分單及觀護鑑別之紀錄。

第二十四條

被收容之少年在所死亡者，應即陳報該管法官、檢察官，並通知其家屬。

第四章　處遇及賞罰

第二十五條

被收容少年之飲食,由所供應,並注意其營養。衣被及日常必需品自備,其無力負擔或自備者,由所供應。

前項經諭知保護處分,並受裁定負擔全部或一部教養費用,已先由所供應飲食、衣被或日常必需品者,應依少年事件處理法第六十條之規定辦理。

第二十六條

被收容之少年禁用菸、酒。

第二十七條

被收容之少年得閱讀書報。但私有之書報,須經檢查。

第二十八條

被收容之少年得接見親友、發受書信。但少年觀護所所長認為有礙於案情之調查與被收容少年之利益者,得不許其接見。

被收容少年之書信,觀護所所長認為必要時,得檢閱之。

第二十九條

接見時間,自上午九時至下午五時止,每次不得逾三十分鐘。但經少年觀護所所長許可者,不在此限。

第三十條

依少年事件處理法第三條第二款收容之在校少年,應通知其所肄業之學校,在觀護期內,學校應保留其學籍。

前項被收容之少年,經依同法第二十六條之二第一項撤銷收容裁定者,其原肄業之學校,應許其返校就讀。

第三十一條

少年觀護所得令被收容之少年,學習適當技藝,每日以二小時至四小時為限。

前項習藝所需之工具材料費用,由觀護所供給之,其習藝成品之盈餘,得充獎勵習藝少年之用。

第三十二條

被收容之少年,其在學校肄業者,得減少其學習技藝時間,督導進修學校所規定之課程。

第三十三條

被收容之少年罹患疾病,認為在所內不能適當之醫治者,得斟酌情形,報請該管法官或檢察官許可,保外醫治或移送病院。觀護所所長認為有緊急情形時,得先為前項處分,再行報核。

第三十四條

被收容之少年有下列各款行為之一時,應予獎賞:

    一　學習教育課程或技藝,成績優良者。

    二　行為善良,足為其他收容少年之表率者。

第三十五條

前條之獎賞方法如下:

　　一　公開嘉獎。

　　二　給與獎金、書籍或其他獎品。

第三十六條

　　被收容之少年有違背觀護所所規之行為時，得施以下列一款或數款之處罰：

　　一　告誡。

　　二　勞動服務一日至三日，每日以二小時為限。

第五章　附　則

第三十七條

　　本通則自公布日施行。

六、少年矯正學校設置及教育實施通則

民國八十六年五月二十八日總統令公布全文八十六條；並自八十七年四月十日施行
民國九十二年一月二十二日總統令修正公布第三三條；並增訂第三三之一條條文
民國九十九年五月十九日總統令修正公布第三九條條文

第一章　　總　　則

第一條

為使少年受刑人及感化教育受處分人經由學校教育矯正不良習性，促其改過自新，適應社會生活，依少年事件處理法第五十二條第二項及監獄行刑法第三條第四項規定，制定本通則。

第二條

少年矯正學校（以下簡稱矯正學校）之設置及矯正教育之實施，依本通則之規定；本通則未規定者，適用其他有關法律之規定。

第三條

本通則所稱矯正教育之實施，係指少年徒刑、拘役及感化教育處分之執行，應以學校教育方式實施之。

未滿十二歲之人，受感化教育處分之執行，適用本通則之有關規定，並得視個案情節及矯正需要，交其他適當兒童教養處所及國民小學執行之。

第四條

矯正學校隸屬於法務部，有關教育實施事項，並受教育部督導。

檢察官及地方法院少年法庭就有關刑罰、感化教育之執行事項，得隨時考核矯正學校。

第一項督導辦法，由教育部會同法務部定之。前項考核辦法，由行政院會同司法院定之。

第五條

教育部應會同法務部設矯正教育指導委員會並遴聘學者專家參與，負責矯正學校之校長、教師遴薦，師資培育訓練，課程教材編撰、研究、選用及其他教育指導等事宜。

前項委員會之設置辦法，由教育部會同法務部定之。

第六條

矯正學校分一般教學部及特別教學部實施矯正教育，除特別教學部依本通則規定外，一般教學部應依有關教育法令，辦理高級中等教育及國民中、小學教育，兼受省（市）主管教育行政機關之督導。

矯正學校之學生（以下簡稱學生），除依本通則規定參與特別教學部者外，應參與一般教學部，接受教育。

第一項一般教學部學生之學籍，應報請省（市）主管教育行政機關備查。其為國民教育

階段者，由學生戶籍所在地學校為之；其為高級中等教育階段者，由學生學籍所屬學校為之。

前項學生學籍管理辦法，由教育部定之。

第七條

學生對矯正學校所實施各項矯正教育措施，得陳述意見，矯正學校對於學生陳述之意見未予採納者，應以書面告知。

第八條

學生於其受不當侵害或不服矯正學校之懲罰或對其生活、管教之不當處置時，其本人或法定代理人得以言詞或書面向矯正學校申訴委員會申訴。

申訴委員會對前項申訴，除依監獄行刑法第七十八條、第七十九條或保安處分執行法第六十一條規定外，認有理由者，應予撤銷或變更原懲罰或處置；認無理由者，應予駁回。學生對申訴委員會之決定仍有不服時，得向法務部再申訴。法務部得成立再申訴委員會處理。學生並不得因其申訴或再申訴行為，受更不利之懲罰或處置。

申訴委員會由校長、副校長、秘書、教務主任、訓導主任及輔導主任組成之，並邀請社會公正人士三至五人參與，以校長為主席；法務部成立之再申訴委員會，應邀請總人數三分之一以上之社會公正人士參與。

申訴、再申訴案件處理辦法，由法務部定之。

第九條

原懲罰或處置之執行，除有前條第二項之情形外，不因申訴或再申訴而停止。但再申訴提起後，法務部於必要時得命矯正學校停止其執行。

申訴、再申訴案件經審查為有理由者，除對受不當侵害者，應予適當救濟外，對原懲罰或處置已執行完畢者，矯正學校得視情形依下列規定處理之：

　一　消除或更正不利於該學生之紀錄。

　二　以適當之方法回復其榮譽。

申訴、再申訴案件經審查為有理由者，對於違法之處置，應追究承辦人員之責任。

第二章　矯正學校之設置

第十條

法務部應分就執行刑罰者及感化教育處分者設置矯正學校。

前項學校之設置及管轄，由法務部定之。

第十一條

矯正學校應以中學方式設置，必要時並得附設職業類科、國民小學部，其校名稱某某中學。

矯正學校得視需要會同職業訓練主管機關辦理職業訓練。

第十二條

矯正學校設教務、訓導、輔導、總務四處、警衛隊及醫護室；各處事務較繁者，得分組辦事。

第十三條

教務處掌理事項如下：

一　教育實施計畫之擬訂事項。

二　學生之註冊、編班、編級及課程之編排事項。

三　學生實習指導及建教合作事項。

四　學生技能訓練、技能檢定之規劃及執行事項。

五　學生課業及技訓成績之考核事項。

六　圖書管理及學生閱讀書刊之審核事項。

七　校內出版書刊之設計及編印事項。

八　教學設備、教具圖書資料供應及教學研究事項。

九　與輔導處配合辦理輔導業務事項。

十　其他有關教務事項。

第十四條

訓導處掌理事項如下：

一　訓育實施計畫之擬訂事項。

二　學生生活、品德之指導及管教事項。

三　學生累進處遇之審查事項。

四　學生假釋、免除或停止執行之建議、陳報等事項。

五　學生紀律及獎懲事項。

六　學生體育訓練事項。

七　學生課外康樂活動事項。

八　與輔導處配合實施生活輔導事項。

九　其他有關訓導事項。

第十五條

輔導處掌理事項如下：

一　輔導實施計畫之擬訂事項。

二　建立學生輔導資料事項。

三　學生個案資料之調查、蒐集及研究事項。

四　學生智力、性向與人格等各種心理測驗之實施及解析事項。

五　學生個案資料之綜合研判與分析及鑑定事項。

六　實施輔導及諮商事項。

七　學生輔導成績之考核事項。

八　輔導性刊物之編印事項。

　九　學生家庭訪問、親職教育、出校後之追蹤輔導及更生保護等社會聯繫事項。

　十　輔導工作績效報告、檢討及研究事項。

　十一　其他有關學生輔導暨社會資源運用之規劃及執行事項。

第十六條

　總務處掌理事項如下：

　一　文件收發、撰擬及保管事項。

　二　印信典守事項。

　三　學生指紋、照相、名籍簿、身分簿之編製及管理事項。

　四　經費出納事項。

　五　學生制服、書籍供應及給養事項。

　六　房屋建築及修繕事項。

　七　物品採購、分配及保管事項。

　八　技訓器械、材料之購置及保管事項。

　九　學生入校、出校之登記事項。

　十　學生死亡及遺留物品處理事項。

　十一　其他不屬於各處、隊、室之事項。

第十七條

　警衛隊掌理事項如下：

　一　矯正學校之巡邏查察及安全防護事項。

　二　學生戒護及校外護送事項。

　三　天災事變、脫逃及其他緊急事故發生時之處置事項。

　四　武器、戒具之保管及使用事項。

　五　警衛勤務之分配及執行事項。

　六　其他有關戒護事項。

第十八條

　醫護室掌理事項如下：

　一　學校衛生計畫之擬訂及其設施與環境衛生清潔檢查指導事項。

　二　學生之健康檢查、疾病醫療、傳染病防治及健康諮詢事項。

　三　學生健康資料之管理事項。

　四　學生心理衛生之指導及矯治事項。

　五　藥品之調劑、儲備與醫療、檢驗器材之購置及管理事項。

　六　病舍管理及看護訓練事項。

　七　學生疾病與死亡之陳報及通知事項。

　八　其他有關醫護事項。

第十九條

　矯正學校置校長一人，聘任，綜理校務，應就曾任高級中學校長或具有高級中學校長任

用資格,並具有關於少年矯正之學識與經驗者遴任之。

校長之聘任,由法務部為之,並準用教育人員任用條例及其有關之規定。

第二十條

矯正學校置副校長一人,職務列薦任第九職等,襄理校務,應就具有下列資格之一者遴任之:

　一　曾任或現任矯正機構副首長或秘書,並具有少年矯正之學識與經驗,成績優良者。

　二　曾任中等學校主任三年以上,並具有公務人員任用資格,成績優良者。

　三　曾任司法行政工作薦任三年以上,並具有關於少年矯正之學識與經驗者。

第二十一條

矯正學校置教務主任、訓導主任、輔導主任各一人,分由教師及輔導教師中聘兼之。

第二十二條

矯正學校一般教學部及特別教學部置教師、輔導教師,每班二人,均依教師法及教育人員任用條例之規定聘任。但法務部得視需要增訂輔導教師資格。

每班置導師一人,由前項教師兼任之。

矯正學校得視教學及其他特殊需要,聘請兼任之教師、軍訓教官、護理教師及職業訓練師。

第二十三條

教導員負責學生日常生活指導、管理及課業督導業務,並協助輔導教師從事教化考核、性行輔導及社會連繫等相關事宜。

教導員應就具備下列資格之一者,優先遴任之:

　一　具有少年矯正教育專長者。

　二　具有社會工作專長或相當實務經驗者。

第二十四條

矯正學校置秘書一人,職務列薦任第八職等至第九職等;總務主任、隊長各一人,職務均列薦任第七職等至第九職等;教導員三十人至四十五人,職務均列薦任第六職等至第八職等;組員七人至十三人、技士一人,職務均列委任第五職等或薦任第六職等至第七職等;主任管理員三人至五人,職務列委任第四職等至第五職等,其中二人,得列薦任第六職等;管理員二十一人至三十五人、辦事員四人至六人,職務均列委任第三職等至第五職等;書記三人至五人,職務列委任第一職等至第三職等。

醫護室置主任一人,職務列薦任第七職等至第九職等;醫師一人,職務列薦任第六職等至第八職等;醫事檢驗師、藥師、護理師各一人,職務均列委任第五職等或薦任第六職等至第七職等;護士一人,職務列委任第三職等至第五職等。

第二十五條

依第十二條規定分組辦事者,各置組長一人,由教師或薦任人員兼任,不另列等。但訓導處設有女生組者,其組長應由女性教導員兼任。

第二十六條

矯正學校設人事室，置主任一人，職務列薦任第七職等至第九職等；事務較簡者，置人事管理員，職務列委任第五職等至薦任第七職等，依法辦理人事管理事項；其餘所需工作人員，就本通則所定員額內派充之。

第二十七條

矯正學校設會計室，置會計主任一人，職務列薦任第七職等至第九職等；事務較簡者，置會計員一人，職務列委任第五職等至薦任第七職等，依法辦理歲計、會計及統計事項；其餘所需工作人員，就本通則所定員額內派充之。

第二十八條

矯正學校設政風室，置主任一人，職務列薦任第七職等至第九職等，依法辦理政風事項；其餘所需工作人員，就本通則所定員額內派充之。事務較簡者，其政風業務由其上級機關之政風機構統籌辦理。

第二十九條

聘任人員之權利義務及人事管理事項，均適用或準用教育人事法令之規定辦理。

前項從事矯正教育者，應給予特別獎勵及加給；其獎勵及加給辦法，由教育部會同法務部擬訂，報行政院核定。

第三十條

第二十條、第二十四條、第二十六條至第二十八條所定列有官等、職等人員，其職務所適用之職系，依公務人員任用法第八條之規定，就有關職系選用之。

第三十一條

本通則施行前，少年輔育院原聘任之導師四十九人、訓導員三十人，其未具任用資格者，得占用第二十四條教導員之職缺，以原進用方式繼續留用至其離職或取得任用資格為止。

前項人員之留用，應先經法務部之專業訓練合格。訓練成績不合格者，其聘約於原聘任之輔育院完成矯正學校之設置前到期者，得續任至其聘約屆滿為止；其聘約於該矯正學校完成設置後到期者，得續任至該矯正學校完成設置為止。

前項之專業訓練，由法務部於本法公布後三年內分次辦理之，每人以參加一次為限；其專業訓練辦法，由法務部定之。

本通則施行前，原任少年輔育院之技師十二人、技術員九人，其未具任用資格者，得占用第二十四條技士、管理員、辦事員或書記之職缺，以原進用方式繼續留用其離職或取得任用資格為止。

第一項及第四項人員於具有其他職務之任用資格者，應優先改派。

本通則施行前，原任少年輔育院之雇員九十六人，其未具公務人員任用資格者，得占用第二十四條管理員、書記之職缺，繼續其僱用至離職時為止。

第一項、第四項及前項人員之留用、改派，應依第八十三條矯正學校之分階段設置，分別處理。

第三十二條

矯正學校設校務會議，由校長、副校長、秘書、各處、室主管及全體專任教師、輔導教師或其代表及教導員代表組成之，以校長為主席，討論校務興革事宜。每學期至少開會一次，必要時得召開臨時會議。

第三十三條

矯正學校設學生處遇審查委員會，由校長、副校長、秘書、教務主任、訓導主任、輔導主任、總務主任、醫護室主任及四分之一導師代表組成之，以校長為主席。

關於學生之累進處遇、感化教育之免除或停止執行之聲請及其他重大處遇事項，應經學生處遇審查委員會之決議；必要時，得請有關之教導員列席說明。但有急速處分之必要時，得先由校長行之，提報學生處遇審查委員會備查。

學生處遇審查委員會會議規則，由法務部定之。

第三十三條之一

矯正學校設假釋審查委員會，置委員七人至十一人，除校長、訓導主任、輔導主任為當然委員外，其餘委員由校長報請法務部核准後，延聘心理、教育、社會、法律、犯罪、監獄學等學者專家及其他社會公正人士擔任之。關於學生之假釋事項，應經假釋審查委員會之決議，並報請法務部核准後，假釋出校。

第三十四條

矯正學校設教務會議，由教務主任、訓導主任、輔導主任及專任教師、輔導教師代表組成之，以教務主任為主席，討論教務上重要事項。

第三十五條

矯正學校設訓導會議，由訓導主任、教務主任、輔導主任、醫護室主任、全體導師、輔導教師及教導員代表組成之，以訓導主任為主席，討論訓導上重要事項。

第三十六條

矯正學校設輔導會議，由輔導主任、教務主任、訓導主任、醫護室主任、全體輔導教師、導師及教導員代表組成之，以輔導主任為主席，討論輔導上重要事項。

第三章　矯正學校之實施

第一節　入校出校

第三十七條

學生入校時，矯正學校應查驗其判決書或裁定書、執行指揮書或交付書、身分證明及其他應備文件。

執行徒刑者，指揮執行機關應將其犯罪原因、動機、性行、境遇、學歷、經歷、身心狀況及可供處遇參考之事項通知矯正學校；執行感化教育處分者，少年法庭應附送該少年與其家庭及事件有關之資料。

第三十八條

學生入校時，矯正學校應依規定個別製作其名籍調查表等基本資料。

第三十九條

學生入校時，應行健康檢查；其有下列情形之一者，應令其暫緩入校，並敘明理由，請指揮執行機關或少年法庭斟酌情形送交其父母、監護人、醫院或轉送其他適當處所：

一　心神喪失。

二　現罹疾病，因執行而有喪生之虞。

三　罹法定傳染病、後天免疫缺乏症候群或其他經中央衛生主管機關指定之傳染病。

四　懷胎五月以上或分娩未滿二月。

五　身心障礙不能自理生活。

發現前項第三款情事時，應先為必要之處置。

第四十條

學生入校時，應檢查其身體及衣物。女生之檢查，由女性教導員為之。

第四十一條

學生入校時，應告以應遵守之事項，並應將校內各主管人員姓名及接見、通訊等有關規定，告知其父母或監護人。

第四十二條

學生入校後，依下列規定編班：

一　學生入校後之執行期間，得以完成一學期以上學業者，應編入一般教學部就讀。

二　學生入校後之執行期間，無法完成一學期學業者，或具有相當於高級中等教育階段之學力者，編入特別教學部就讀。但學生願編入一般教學部就讀者，應儘量依其意願。

三　學生已完成國民中學教育，不願編入一般教學部就讀，或已完成高級中等教育者，編入特別教學部就讀。

未滿十五歲國民教育階段之學生，除有第三條第二項之情形外，應儘量編入一般教學部就讀。

第四十三條

學生入校後，應由輔導處根據各有關處、室提供之調查資料，作成個案分析報告。但對於一年內分期執行或多次執行而入校者，得以覆查報告代之。

前項個案分析報告，應依據心理學、教育學、社會學及醫學判斷。一般教學部者，應於一個月內完成；特別教學部者，應於十五日內完成後，提報學生處遇審查委員會決定分班、分級施教方法。

第四十四條

學生出校時，應於核准命令預定出校日期或期滿之翌日午前，辦畢出校手續離校。

第四十五條

學生出校後之就學、就業及保護等事項，應於出校六週前完成調查並預行籌劃。但對執

行期間為四個月以內者，得於行第四十三條之調查時，一併為之。

矯正學校應於學生出校前，將其預定出校日期通知其父母、監護人或最近親屬；對應付保護管束者，並應通知觀護人。

矯正學校對於出校後就學之學生，應通知地方主管教育行政機關，並應將學生人別資料由主管教育行政機關納入輔導網路，優先推介輔導；主管教育行政機關對於學生之相關資料，應予保密。

矯正學校對於出校後就業之學生，應通知地方政府或公立就業服務機構協助安排技能訓練或適當就業機會。

矯正學校對於出校後未就學、就業之學生，應通知其戶籍地或所在地之地方政府予以適當協助或輔導。

矯正學校對於出校後因經濟困難、家庭變故或其他情形需要救助之學生，應通知更生保護會或社會福利機構協助；該等機構對於出校之學生請求協助時，應本於權責盡力協助。

第二項至第六項之通知，應於學生出校一個月前為之。矯正學校對於出校後之學生，應於一年內定期追蹤，必要時，得繼續連繫相關機關或機構協助。

第四十六條

矯正學校對於因假釋或停止感化教育執行而付保護管束之學生，應於其出校時，分別報知該管地方法院檢察署或少年法庭，並附送其在校之鑑別、學業及言行紀錄。

第四十七條

學生在校內死亡者，矯正學校應即通知其父母、監護人或最近親屬，並即報知檢察官相驗，聽候處理。

前項情形如無法通知或經通知無人請領屍體者，應冰存屍體並公告三個月招領。屆期無人請領者，埋葬之。

前二項情形，應專案報告法務部。

第四十八條

死亡學生遺留之金錢及物品，矯正學校應通知其父母或監護人具領；其無父母或監護人者，通知其最近親屬具領。無法通知者，應公告之。

前項遺留物，經受通知人拋棄或經通知逾六個月或公告後逾一年無人具領者，如係金錢，其所有權歸屬國庫；如係物品，得於拍賣後將其所得歸屬國庫；無價值者毀棄之。

第四十九條

學生脫逃者，矯正學校除應分別情形報知檢察官偵查或少年法庭調查外，並應報告法務部。

前項情形如有必要者，應函告主管教育行政機關。

第五十條

脫逃學生遺留之金錢及物品，自脫逃之日起，經過一年尚未緝獲者，矯正學校應通知其父母或監護人具領；其無父母或監護人者，通知其最近親屬具領。無法通知者，應公告之。

前項遺留物,經受通知人拋棄或經通知或公告後逾六個月無人具領者,依第四十八條第二項規定辦理。

第二節　教育實施

第五十一條

矯正學校之教學,應以人格輔導、品德教育及知識技能傳授為目標,並應強化輔導工作,以增進其社會適應能力。

一般教學部應提供完成國民教育機會及因材適性之高級中等教育環境,提昇學生學習及溝通能力。

特別教學部應以調整學生心性、適應社會環境為教學重心,並配合職業技能訓練,以增進學生生活能力。

第五十二條

矯正學校之一般教學部為一年兩學期;特別教學部為一年四期,每期以三個月為原則。

第五十三條

矯正學校每班學生人數不超過二十五人。但一班之人數過少,得行複式教學。

男女學生應分別管理。但教學時得合班授課。

第五十四條

矯正學校應依矯正教育指導委員會就一般教學部及特別教學部之特性所指導、設計之課程及教材,實施教學,並對教學方法保持彈性,以適合學生需要。

矯正學校就前項之實施教學效果,應定期檢討,並送請矯正教育指導委員會作調整之參考。

一般教學部之課程,參照高級中學、高級職業學校、國民中學、國民小學課程標準辦理。職業訓練課程,參照職業訓練規範辦理。

為增進學生重返社會之適應能力,得視學生需要,安排法治、倫理、人際關係、宗教與人生及生涯規劃等相關課程。

第五十五條

矯正學校對學生之輔導,應以個別或團體輔導之方式為之。一般教學部,每週不得少於二小時;特別教學部,每週不得少於十小時。

前項個別輔導應以會談及個別諮商方式進行;團體輔導應以透過集會、班會、聯誼活動、社團活動及團體諮商等方式進行。

輔導處為實施輔導,應定期召開會議,研討教案之編排、實施並進行專業督導。

第五十六條

矯正學校應儘量運用社會資源,舉辦各類教化活動,以增進學生學習機會,提昇輔導功能。

第五十七條

矯正學校得視實際需要,辦理校外教學活動;其辦法由法務部會同教育部定之。

第五十八條

矯正學校之一般教學部得依實際需要辦理國中技藝教育班、實用技能班及特殊教育班等班級。

一般教學部之學生，於寒暑假期間，得依其意願參與特別教學部；必要時並得命其參與。

第五十九條

矯正學校各級教育階段學生之入學年齡，依下列規定：

一 國民教育階段：六歲以上十五歲未滿。

二 高級中學、高級職業教育階段：十五歲以上十八歲未滿。前項入學年齡得針對個別學生身心發展狀況或學習、矯正需要，予以提高或降低。

前項入學年齡之提高或降低，應由矯正學校報請省（市）主管教育行政機關備查。

第六十條

矯正學校對於入校前曾因特殊情形遲延入學或休學之學生，應鑑定其應編入之適當年級，向主管教育行政機關申請入學或復學，並以個別或特別班方式實施補救教學。

原主管教育行政機關或原就讀學校於矯正學校索取學生學歷證明或成績證明文件時，應即配合提供。

第六十一條

矯正學校對於學生於各級教育階段之修業年限，認為有延長必要者，得報請主管教育行政機關核定之。但每級之延長，不得超過二年或其執行期限。

第六十二條

學生於完成各級教育階段後，其賸餘在校時間尚得進入高一級教育階段者，逕行編入就讀。

矯正學校對於下列學生得輔導其轉讀職業類科、特別教學部或其他適當班級就讀：

一 已完成國民義務教育，不適於或不願接受高級中學教育者。

二 已完成高級中等教育者。

第六十三條

學生於各級教育階段修業期滿或修畢應修課程，成績及格者，國民教育階段，由學生戶籍所在地發給畢業證書；高級中等教育階段，由學生學籍所屬學校發給畢業證書，併同原校畢（結）業生冊報畢（結）業資格，送請各該主管教育行政機關備查。

第六十四條

矯正學校得依學生之興趣及需要，於正常教學課程外，辦理課業或技藝輔導。

第六十五條

學生符合出校條件而未完成該教育階段者，學生學籍所屬學校應許其繼續就讀；其符合出校條件時係於學期或學年終了前者，矯正學校亦得提供食、宿、書籍許其以住校方式繼續就讀至學期或學年終了為止或安排其轉至中途學校寄讀至畢業為止。

第六十六條

前條學生欲至學籍所屬以外之學校繼續就讀者，得於其出校前，請求矯正學校代向其學

籍所屬之學校申請轉學證明書。

學生之轉學相關事宜，各該主管教育行政機關應於其權責範圍內協助辦理。

第六十七條

矯正學校畢（肄）業學生，依其志願，報考或經轉學編級試驗及格進入其他各級學校者，各該學校不得以過去犯行為由拒其報考、入學。

前項學生之報考、入學事宜，各該主管教育行政機關應於權責範圍內協助辦理。

第六十八條

第五十九條至第六十一條、第六十二條第一項、第六十三條及第六十五條至第六十七條規定，於特別教學部學生不適用之。

第三節　生活管教

第六十九條

學生之生活及管教，應以輔導、教化方式為之，以養成良好生活習慣，增進生活適應能力。

學生生活守則之訂定或修正，得由累進處遇至第二級（等）以上之學生推派代表參與；各班級並得依該守則之規定訂定班級生活公約。

第七十條

學生之住宿管理，以班級為範圍，分類群居為原則；對於未滿十二歲學生之住宿管理，以採家庭方式為原則。

執行拘役之學生，與執行徒刑之學生分別住宿。

十二歲以上之學生，有違反團體生活紀律之情事而情形嚴重者，得使獨居；其獨居期間，每次不得逾五日。

第七十一條

學生禁用菸、酒及檳榔。

第七十二條

矯正學校對於送入予學生或學生持有之書刊，經檢查後，認無妨害矯正教育之實施或學生之學習者，得許閱讀。

第七十三條

學生得接見親友。但有妨害矯正教育之實施或學生之學習者，得禁止或限制之；學生接見規則，由法務部定之。

學生得發、受書信。矯正學校並得檢閱之，如認有前項但書情形，學生發信者，得述明理由並經其同意刪除後再行發出；學生受信者，得述明理由並經其同意刪除再交學生收受；學生不同意刪除者，得禁止其發、受該書信。

第七十四條

對於執行徒刑、拘役或成化教育處分六個月以上之學生，為促其改悔向上，適於社會生活，應將其劃分等級，以累進方法處遇之。

學生之累進處遇，應分輔導、操行及學習三項進行考核，其考核人員及分數核給辦法，

由法務部另定之。

第一項之處遇，除依前項規定辦理外，受徒刑、拘役之執行者，依監獄行刑法、行刑累進處遇條例及其相關規定辦理；受感化育之執行者，依保安處分執行法及其相關規定辦理。

第七十五條

矯正學校對於罹患疾病之學生，認為在校內不能為適當之醫治者，得斟酌情形，報請法務部許可戒送醫院或保外醫治。但有緊急情形時，得先行處理，並即報請法務部核示。

前項情形，戒送醫院就醫者，其期間計入執行期間；保外就醫者，其期間不計入執行期間。

為第一項處理時，應通知學生之父母、監護人或最近親屬。

第七十六條

前條所定患病之學生，請求自費延醫至校內診治者，應予許可。

第四節 獎 懲

第七十七條

學生有下列各款行為之一時，予以獎勵：

　　一　行為善良，足為其他學生之表率者。

　　二　學習成績優良者。

　　三　有特殊貢獻，足以增進榮譽者。

　　四　有具體之事實，足認其已有顯著改善者。

　　五　有其他足資獎勵之事由者。

第七十八條

前條獎勵方法如下：

　　一　公開嘉獎。

　　二　發給獎狀或獎章。

　　三　增給累進處遇成績分數。

　　四　給與書籍或其他獎品。

　　五　給與適當數額之獎學金。

　　六　其他適當之獎勵。

第七十九條

執行徒刑、拘役之學生，有違背紀律之行為時，得施以下列一款或數款之懲罰：

　　一　告誡。

　　二　勞動服務一日至五日，每日以二小時為限。

　　三　停止戶外活動一日至三日。

執行感化教育之學生，有前項之行為時，得施以下列一款或二款之懲罰：

　　一　告誡。

　　二　勞動服務一日至五日，每日以二小時為限。

前二項情形，輔導教師應立即對受懲罰之學生進行個別輔導。

第八十條

學生受獎懲時，矯正學校應即通知其父母、監護人或最近親屬。

第四章　附　則

第八十一條

學生之教養相關費用，由法務部編列預算支應之。

第八十二條

矯正學校應視需要，定期舉辦親職教育或親子交流活動，導正親職觀念，強化學生與家庭溝通。

第八十三條

本通則施行後，法務部得於六年內就現有之少年輔育院、少年監獄分階段完成矯正學校之設置。

第八十四條

本通則施行後，原就讀少年監獄、少年輔育院補習學校分校者或就讀一般監獄附設補習學校之未滿二十三歲少年受刑人應配合矯正學校之分階段設置，將其原學籍轉入依第六條第三項所定之學籍所屬學校，並由矯正學校鑑定編入適當年級繼續就讀。

第八十五條

少年輔育院條例於法務部依本通則規定就少年輔育院完成矯正學校之設置後，不再適用。

第八十六條

本通則施行日期，由行政院以命令定之。

七、少年及家事法院組織法

民國九十九年十二月八日總統令公布全文五十三條
民國一〇二年五月八日總統令公布增訂第十九條之一條文，並修正第二條、第六條、第七條及第九條條文
民國一〇三年一月二十九日總統令公布修正第十一條條文

第一章　總　則

第一條

　　為保障未成年人健全之自我成長、妥適處理家事紛爭，並增進司法專業效能，特制定本法。

第二條

　　少年及家事法院，除法律別有規定外，管轄下列第一審事件：

　　一　少年事件處理法之案件。

　　二　家事事件法之事件。

　　三　其他法律規定由少年及家事法院、少年法院、地方法院少年法庭或家事法庭處理之事件。

　　前項第二款及第三款所生非訟事件之抗告事件，除法律別有規定外，由少年及家事法院管轄。

　　前二項事件，於未設少年及家事法院地區，由地方法院少年法庭、家事法庭辦理之。但得視實際情形，由專人兼辦之。

　　第一項及第二項之第一審事件，由少年及家事法院所在地之地方法院檢察署檢察官對應執行之。

第三條

　　少年及家事法院之設置地點，由司法院定之，並得視地理環境及案件多寡，增設少年及家事法院分院。

　　少年及家事法院管轄區域之劃分或變更，由司法院以命令定之。

　　高等法院及其分院設少年法庭、家事法庭。但得視實際情形由專人兼辦之。

第四條

　　少年及家事法院審判案件，以法官一人獨任或三人合議行之。

　　合議審判，以庭長充審判長；無庭長或庭長有事故時，以庭員中資深者充之，資同以年長者充之。

　　獨任審判，即以該法官行審判長之職權。

第五條

少年及家事法院之類別及員額，依附表之規定。

少年及家事法院應適用之類別及其變更，由司法院以命令定之。

第二章　法院組織編制及職等

第六條

少年及家事法院置法官。

少年及家事法院於必要時，得置法官助理，依相關法令聘用各種專業人員充任之；承法官之命，辦理訴訟案件程序之審查、法律問題之分析、資料之蒐集等事務。

具律師執業資格，經聘用充任法官助理期間，計入其律師執業年資。

第七條

少年及家事法院置院長一人，由法官兼任，綜理全院行政事務。

第八條

少年及家事法院設少年法庭、家事法庭。

少年法庭得分設保護庭、刑事庭；家事法庭得應法律規定或業務特性，分設專庭。

第九條

少年及家事法院之庭長，除由兼任院長之法官兼任者外，餘由其他法官兼任，監督各該庭事務。

第十條

少年及家事法院為辦理強制執行事務，得設執行處，或囑託地方法院民事執行處代為執行。

執行處置法官或司法事務官、書記官及執達員，辦理執行事務。

第十一條

少年及家事法院設公設辯護人室，置公設辯護人，薦任第七職等至第九職等或簡任第十職等至第十一職等；其公設辯護人合計在二人以上者，置主任公設辯護人，薦任第九職等或簡任第十職等至第十二職等。

實任公設辯護人服務滿十五年以上，成績優良，經審查合格者，得晉敘至簡任第十二職等。

曾任高等法院或其分院、智慧財產法院公設辯護人四年以上，調少年及家事法院之公設辯護人，成績優良，經審查合格者，得晉敘至簡任第十二職等。

曾任高等法院或其分院、智慧財產法院公設辯護人之服務年資，合併計算。

第二項、第三項之審查辦法，由司法院定之。

具律師資格者於擔任公設辯護人期間，計入其律師執業期間。

第十二條

少年及家事法院設司法事務官室，置司法事務官，薦任第七職等至第九職等；司法事務

官在二人以上者，置主任司法事務官一人，薦任第九職等至簡任第十職等。

具律師執業資格者，擔任司法事務官期間，計入其律師執業年資。

第十三條

少年及家事法院設調查保護室，置少年調查官、少年保護官、家事調查官、心理測驗員、心理輔導員及佐理員。少年調查官、少年保護官及家事調查官合計在二人以上者，置主任調查保護官一人；合計在六人以上者，得分組辦事，組長由少年調查官、少年保護官或家事調查官兼任，不另列等。

少年調查官、少年保護官及家事調查官，薦任第七職等至第九職等；主任調查保護官，薦任第九職等至簡任第十職等；心理測驗員及心理輔導員，薦任第六職等至第八職等；佐理員，委任第四職等至第五職等，其中二分之一得列薦任第六職等。

第十四條

少年及家事法院設書記處，置書記官長一人，薦任第九職等至簡任第十職等，承院長之命處理行政事務；一等書記官，薦任第八職等至第九職等；二等書記官，薦任第六職等至第七職等；三等書記官，委任第四職等至第五職等；分掌紀錄、強制執行、提存、文書、研究考核、總務、資料及訴訟輔導等事務，並得視業務需要分科、分股辦事，科長由一等書記官兼任，股長由一等書記官或二等書記官兼任，均不另列等。

前項一等書記官、二等書記官總額，不得逾同一法院一等書記官、二等書記官、三等書記官總額二分之一。

第十五條

少年及家事法院置一等通譯，薦任第七職等至第八職等；二等通譯，薦任第六職等至第七職等；三等通譯，委任第四職等至第五職等；技士，委任第五職等或薦任第六職等至第七職等；執達員，委任第三職等至第五職等；錄事、庭務員，均委任第一職等至第三職等。

前項一等通譯、二等通譯總額，不得逾同一法院一等通譯、二等通譯、三等通譯總額二分之一。

少年及家事法院為辦理值庭、執行、警衛、解送人犯及有關司法警察事務，置法警；法警長，委任第五職等或薦任第六職等至第七職等；副法警長，委任第四職等至第五職等或薦任第六職等；法警，委任第三職等至第五職等。

第十六條

少年及家事法院設人事室，置主任一人，薦任第八職等至第九職等；科員，委任第五職等或薦任第六職等至第七職等，依法辦理人事管理事項。

第十七條

少年及家事法院設會計室、統計室，各置會計主任、統計主任一人，均薦任第八職等至第九職等；科員，委任第五職等或薦任第六職等至第七職等，依法分別辦理歲計、會計、統計等事項。

第十八條

少年及家事法院設政風室，置主任一人，薦任第八職等至第九職等；科員，委任第五職等或薦任第六職等至第七職等，依法辦理政風事項。

第十九條

少年及家事法院設資訊室，置主任一人，薦任第八職等至第九職等，承院長之命處理資訊室之行政事項；資訊管理師，薦任第七職等；助理設計師，委任第四職等至第五職等，其中二分之一得列薦任第六職等，處理資訊事項。

第十九條之一

少年及家事法院應提供場所、必要之軟硬體設備及其他相關協助，供直轄市、縣（市）主管機關自行或委託民間團體設置資源整合連結服務處所，於經費不足時，由司法院編列預算補助之。

前項之補助辦法，由司法院定之。

第三章　庭長、法官及其他人員之任用

第二十條

少年及家事法院庭長及法官，應遴選具有處理少年或家事業務之學識、經驗及熱忱者任用之。

前項遴選辦法，由司法院定之。

少年及家事法院人員應定期在職進修，以充實其法學及相關專業素養，提升裁判品質。

前項進修得由司法院或其他適當機關辦理之。

第二十一條

少年調查官、少年保護官，應就具有下列資格之一者任用之：

一　經公務人員高等考試或公務人員特種考試司法人員考試相當等級之少年調查官、少年保護官、觀護人考試及格。

二　具有法官、檢察官任用資格。

三　曾任少年調查官、少年保護官、家事調查官、觀護人，經銓敘合格。

四　曾在公立或經立案之私立大學、獨立學院社會、社會工作、心理、教育、輔導、法律、犯罪防治、青少年兒童福利或其他與少年調查保護業務相關學系、研究所畢業，具有薦任職任用資格。

第二十二條

家事調查官，應就具有下列資格之一者任用之：

一　經公務人員高等考試或公務人員特種考試司法人員考試相當等級之家事調查官考試及格。

二　具有法官、檢察官任用資格。

三　曾任家事調查官、少年調查官、少年保護官、觀護人，經銓敘合格。

四　曾在公立或經立案之私立大學、獨立學院社會、社會工作、心理、教育、輔導、法律、犯罪防治、青少年兒童福利或其他與家事調查業務相關學系、研究所畢業，具有薦任職任用資格。

第二十三條

調查保護室之主任調查保護官，應就具有少年調查官、少年保護官或家事調查官及擬任職務所列職等之任用資格，並有領導才能者遴任之。

第二十四條

心理測驗員、心理輔導員，應就具有下列資格之一者任用之：

一　經公務人員高等考試或公務人員特種考試司法人員考試相當等級之心理測驗員、心理輔導員考試及格。

二　曾在公立或經立案之私立大學、獨立學院心理、社會、社會工作、教育、輔導或其他與心理測驗或輔導業務相關學系、研究所畢業，具有薦任職任用資格。

第四章　法官以外人員之職務

第二十五條

司法事務官辦理下列事務：

一　返還擔保金事件、調解程序事件、督促程序事件、保全程序事件、公示催告程序裁定事件、確定訴訟費用額事件。

二　拘提、管收以外之強制執行事件。

三　非訟事件法及其他法律所定之非訟事件。

四　其他法律所定之事務。

司法事務官辦理前項各款事件之範圍及日期，由司法院定之。

第二十六條

少年調查官應服從法官之監督，執行下列職務：

一　調查、蒐集關於少年事件之資料。

二　對於責付、收容少年之調查、輔導事項。

三　其他法令所定之事務。

少年保護官應服從法官之監督，執行下列職務：

一　掌理由少年保護官執行之保護處分。

二　其他法令所定之事務。

少年調查官、少年保護官得相互兼理之。

第二十七條

家事調查官應服從法官之監督，執行下列職務：

一　調查、蒐集關於第二條第一項第二款至第九款事件之資料。

二　其他法令所定之事務。

第二十八條

心理測驗員應服從法官、司法事務官、少年調查官、少年保護官及家事調查官之監督，執行下列職務：

　　一　對所交付個案進行心理測驗、解釋及分析，並製作書面報告等事項。

　　二　其他法令所定之事務。

第二十九條

心理輔導員應服從法官、司法事務官、少年調查官、少年保護官及家事調查官之監督，執行下列職務：

　　一　對所交付個案進行心理輔導、轉介心理諮商或治療之先期評估，並製作書面報告等事項。

　　二　其他法令所定之事務。

第三十條

書記官、佐理員及執達員隨同司法事務官、少年調查官、少年保護官或家事調查官執行職務者，應服從其監督。

第三十一條

司法事務官執行職務時，少年調查官、家事調查官應協助之。

第五章　司法年度及事務分配

第三十二條

司法年度，每年自一月一日起至同年十二月三十一日止。

第三十三條

少年及家事法院之處務規程，由司法院定之。

第三十四條

少年及家事法院於每年度終結前，由院長、庭長、法官舉行會議，按照處務規程及其他法令規定，預定次年度司法事務之分配及代理次序。

前項會議並應預定次年度關於合議審判時法官之配置。

第三十五條

前條會議，以院長為主席，其決議以過半數之意見定之，可否同數時，取決於主席。

第三十六條

事務分配、代理次序及合議審判時法官之配置，經預定後，因事件或法官增減或他項事故，有變更之必要時，得由院長徵詢有關庭長、法官意見後定之。

第六章　法庭之開閉及秩序

第三十七條

少年及家事法院開庭，於法院內為之。但法律別有規定者，不在此限。

少年及家事法院法庭席位布置及旁聽規則，由司法院定之。

第三十八條

少年及家事法院於必要時，得在管轄區域內指定地點臨時開庭。

前項臨時開庭辦法，由司法院定之。

第三十九條

審判長於法庭之開閉及審理訴訟，有指揮及維持秩序之權。

第四十條

有妨害法庭秩序或其他不當行為者，審判長得禁止其進入法庭或命其退出法庭，必要時得命看管至閉庭時。

前項處分，不得聲明不服。

前二項之規定，於審判長在法庭外執行職務時準用之。

第四十一條

訴訟代理人、辯護人、輔佐人在法庭代理訴訟、辯護或輔佐案件，其言語行動如有不當，審判長得加以警告或禁止其開庭當日之代理、辯護或輔佐。

第四十二條

審判長為前二條之處分時，應記明其事由於筆錄。

第四十三條

本章有關審判長之規定，於受命法官或受託法官執行職務時準用之。

第四十四條

違反審判長、受命法官、受託法官所發維持法庭秩序之命令，致妨害法院執行職務，經制止不聽者，處三月以下有期徒刑、拘役或科新臺幣九千元以下罰金。

第七章　司法行政之監督

第四十五條

少年及家事法院行政之監督，依下列規定：

一　司法院院長監督少年及家事法院及其分院。

二　高等法院院長監督少年及家事法院及其分院。

三　少年及家事法院院長監督該法院及其分院。

第四十六條

依前條規定有監督權者，對於被監督之人員得為下列處分：

一　關於職務上之事項，得發命令使之注意。

二　有廢弛職務、逾越權限或行為不檢者，加以警告。

第四十七條

被監督之人員，如有前條第二款情事，而情節較重或經警告無效者，監督長官得依公務員懲戒法辦理。

第四十八條

本章各條之規定，不影響審判權之獨立行使。

第八章　附　則

第四十九條

少年及家事法院之審理，應規定期限，其期限由司法院以命令定之。

第五十條

本法未規定者，準用法院組織法及其他有關法律之規定。

第五十一條

本法於少年及家事法院分院及於未設少年及家事法院地區之地方法院少年法庭、家事法庭準用之。

第五十二條

少年及家事法院於年度預算執行中成立，其因調配人力移撥員額及業務時，所需各項相關經費，得由移撥機關在原預算範圍內調整支應，不受預算法第六十二條及第六十三條規定之限制。

第五十三條

本法施行日期，由司法院以命令定之。

少年及家事法院組織法第五條附表

少年及家事法院員額表

職稱　員額 ＼ 法院類別	第一類員額	第二類員額	第三類員額
院　長	一	一	一
庭　長	五～十	三～五	一～二
法　官	十九～三十八	九～十八	五～九
法官助理	二十四～四十八	十二～二十三	六～十一
公設辯護人	二～四	二	二
司法事務官	六～十二	五～八	三～五
調查保護室　少年調查官	十二～三十六	六～十二	四～六
調查保護室　少年保護官	八～二十四	四～八	二～四
調查保護室　家事調查官	二十一～五十	十一～二十五	五～十三
調查保護室　心理測驗員	一～二	一～二	一
調查保護室　心理輔導員	三～六	一～二	一
調查保護室　佐理員	二～四	一～二	一～二
書記官長	一	一	一
一、二、三等書記官	三十五～七十	十九～三十四	十三～十九

人事室	主　任	一	一	一
	科　員	四～八	二～四	二
會計室	會計主任	一	一	一
	科　員	四～八	二～四	二
統計室	統計主任	一	一	一
	科　員	四～八	二～四	二
政風室	主　任	一	一	一
	科　員	三～五	二～三	二
資訊室	主　任	一	一	一
	資訊管理師	一～二	一	一
	助理設計師	四～七	三～四	二～三
一、二、三等通譯		七～十三	三～六	二～三
法警長		一	一	一
副法警長		一	一	一
法　警		二十～三十七	十四～二十	十～十四
執達員		十八～三十五	十一～十七	七～十二
錄　事		二十三～四十八	十六～二十二	十二～十七
庭務員		七～十	五～七	三～五
技　士		一	一	一
總　計		二三八～四九〇	一四四～二四三	九十九～一四八

說明：少年及家事法院每年受理案件二萬件以上者，為第一類；每年受理案件一萬件以上未滿二萬件者，為第二類；每年受理案件未滿一萬件者，為第三類。

八、改任少年及家事法院法官辦法

民國一〇一年十月二十二日司法院院台人法字第 1010029835 號令訂定發布全文 19 條；並自發布日施行
民國一〇二年十月十五日司法院院台人法字第 1020027178 號令修正發布名稱及全文 14 條；並自發布日施行（原名稱：核發少年家事專業法官證明書暨改任少年及家事法院法官辦法）

第一條

　　本辦法依少年及家事法院組織法第二十條第二項、少年事件處理法第七條第二項及家事事件法第八條第二項規定訂定之。

第二條

　　少年及家事法院（下稱少家法院）法官之改任，除法律另有規定外，依本辦法辦理。

第三條

　　本辦法用詞定義如下：

　　一　申請人：指申請改任為少家法院法官之現職普通法院或其他專業法院法官。

　　二　少年保護之學識、經驗：指具有與少年保護或少年事件處理相關之法律、心理、精神醫學、教育、犯罪、社會、家庭動力、兒童及少年保護或福利、諮商與輔導、社會政策、社會立法、社會工作、個案研究等方面之專業學識、經驗。

　　三　家事事件相關學識、經驗：指具有與處理家事事件相關之法律、性別平權、兒童少年及弱勢保護、家庭關係、家庭動力與衝突處理、家庭暴力、心理、精神醫學、諮商與輔導、新移民、多元文化、家事調解或和解、教育、社會福利、社會政策、社會立法、社會工作、個案研究等方面之專業學識、經驗。

　　四　熱忱：指對少年保護、少年或家事事務之處理具有高度興趣與專注，樂於持續努力去探討、學習、研究與處理，並得參考下列各目判斷之：

　　　㈠過去處理審判事務之方法與態度。

　　　㈡積極、主動、用心及投入之程度。

　　　㈢具備責任心與使命感。

　　　㈣持續學習吸納新知。

　　　㈤其他足認具備辦理少年或家事事件熱忱之事項。

第四條

　　少家法院少年法庭法官，應就具有下列各款資格之現職普通法院或其他專業法院法官，擇優改任之：

　　一　具有少年保護意識並有相關學識、經驗及熱忱。

　　二　最近五年考績無三年以上列乙等，且無列丙等或職務評定未達良好情形。但考績及職務評定未達五年者，以五年計。

三　最近五年未受懲戒處分或記過以上之懲處處分，或司法院院長依法官法第二十
　　一條第一項所為職務監督處分。

第五條

有下列情形之一者，得認為具有辦理少年事務之學識、經驗；其相關資料經申請人檢具，
由司法院認定之：

一　曾辦理少年審判業務一年以上。

二　取得司法院核發有效期間之辦理少年事件法官證明書或少年專業法官證明書。

三　曾參加司法院舉辦之少年研習課程，足認有辦理少年事務之學識、經驗。

四　曾任司法院少年及家事廳調辦事法官。

五　曾撰寫少年相關學識碩士以上學位論文。

六　取得社會工作、心理、諮商、輔導、兒童或家庭等相關科系學士以上學位，或五
　　年內選修大學院校或研究所上開科系與少年專業學識有關之課程，已取得四學
　　分以上或實際上課時數達六十小時以上。

七　五年內受邀擔任政府機關、公私立學術、研究機構或經政府立案之非營利團體所
　　舉辦，與少年專業學識有關之講習會、研討會或其他類似會議講座或專題報告
　　人、與談人，合計時間達十二小時以上。

八　五年內於各大學、學院、學系、研究所出版之學術刊物，或發行全國之法律專業
　　性雜誌、司法機關刊物，或其他設有論文審查制之雜誌，或各法院之年度研究報
　　告，發表與少年專業學識有關之專門著作、論文。

九　五年內參加政府機關、公私立學術、研究機構或經政府立案之非營利團體所舉
　　辦，與該專業學識有關之講習會、研討會或其他類似會議，或至政府機關或其他
　　聲譽卓著公、私立團體或機構，就與少年專業學識有關之事項為實地考察，合計
　　時間達六十小時以上。

十　辦理審判事務，有相當事實足認得辦理少年事務。

十一　依其現有學識及經驗，具有辦理少年事務之興趣並已積極進修或參與少年相
　　　關學識或課程之進修。

第六條

少家法院家事庭法官，應就具有下列各款資格之現職普通法院或其他專業法院法官，擇
優改任之：

一　具有性別平權意識、尊重多元文化並有相關學識、經驗及熱忱。

二　最近五年考績無三年以上列乙等，且無列丙等或職務評定未達良好情形。但考績
　　及職務評定未達五年者，以五年計。

三　最近五年未受懲戒處分或記過以上之懲處處分，或司法院院長依法官法第二十
　　一條第一項所為職務監督處分。

第七條

有下列情形之一者，得認為具有辦理家事事件之學識、經驗；其相關資料經申請人檢具，

由司法院認定之:

一 曾辦理家事審判業務一年以上。

二 取得司法院核發有效期間之家事專業法官證明書。

三 完成司法院舉辦之少家法院家事庭法官培訓課程,並取得結業證明書。

四 曾參加司法院舉辦之家事研習課程,足認有辦理家事事務之學識、經驗。

五 曾任司法院少年及家事廳調辦事法官。

六 曾撰寫家事相關學識碩士以上學位論文。

七 取得社會工作、心理、諮商、輔導、兒童或家庭等相關科系學士以上學位,或五年內選修大學院校或研究所上開科系與家事專業學識有關之課程,已取得四學分以上或實際上課時數達六十小時以上。

八 五年內受邀擔任政府機關、公私立學術、研究機構或經政府立案之非營利團體所舉辦,與家事專業學識有關之講習會、研討會或其他類似會議講座或專題報告人、與談人,合計時間達十二小時以上。

九 五年內於各大學、學院、學系、研究所出版之學術刊物,或發行全國之法律專業性雜誌、司法機關刊物,或其他設有論文審查制之雜誌,或各法院之年度研究報告,發表與家事專業學識有關之專門著作、論文。

十 五年內參加政府機關、公私立學術、研究機構或經政府立案之非營利團體所舉辦,與該專業學識有關之講習會、研討會或其他類似會議,或至政府機關或其他聲譽卓著公、私立團體或機構,就與家事專業學識有關之事項為實地考察,合計時間達六十小時以上。

十一 辦理審判事務,有相當事實足認得辦理家事事務。

十二 依其現有學識及經驗,具有辦理家事事務之興趣並已積極進修或參與家事相關學識或課程之進修。

第八條

第四條第一款所定少年保護意識、熱忱及第六條第一款所定具平權意識、尊重多元文化、熱忱之認定得由司法院依申請人之學識、經驗,參考下列事項或以其他適當方法認定之:

一 曾否辦理少年或家事事件,其所辦理事件類型(少年、家事或二者兼辦)及期間。

二 曾否參加政府機關、公私立機構(團體)與少年或家事專業相關之講習、研討會。

三 曾否參與政府機關、公私立機構(團體)與少年或家事專業相關之會議或從事相關活動。

四 曾否受邀擔任少年或家事專業相關研討會(或講習)之講座、報告人、與談人。

五 曾否在職進修與少年或家事專業相關之課程。

六 曾否經常發表與少年或家事議題相關之文章或論文。

七 有無少年或家事專業相關碩士以上學位論文。

八 其他足認具備辦理少年或家事事件意識及熱忱之事項,並得由申請人提出三百

　　字內之說明。

第九條

　　符合第四條或第六條資格之法官，得檢附第五條或第七條及第八條相關證明文件，向司法院申請改任少家法院少年法庭法官或家事法庭法官。

第十條

　　前條改任之遴選，由司法院依據法官遷調改任辦法第二十五條第二項規定所設改任專業法院法官遴選委員會（下稱改任委員會）辦理之。

第十一條

　　經改任委員會遴選合格之法官，取得改任少家法院少年法庭法官或家事法庭法官之資格，有效期間為四年；逾有效期間未派任者，應重行遴選。

　　具改任資格法官之派任，應由司法院院長依其遷調志願，再按其年資、期別、職務評定等項，擇品德、學識、工作、才能優良者，擬具與擬補職缺同額之遷調名單，提請司法院人事審議委員會審議。

　　依第一項程序取得改任少家法院少年法庭法官及家事法庭法官之資格，並已依前項程序派任少年法庭法官者，於第一項有效期限內變更其院內現辦事務者，得經法官會議決議後變更，毋須再經司法院人事審議委員會審議；家事法庭法官擬變更其院內現辦事務者，亦同。

第十二條

　　本辦法施行前已取得司法院核發之辦理少年事件法官證明書或家事類型特殊專業法官證明書，其有效期間至原有效期限屆滿日止。

第十三條

　　於本辦法修正施行前，經改任委員會遴選合格，尚未派任少家法院少年法庭或家事法庭之法官者，其候派有效期間至原有效期限屆滿日止。

　　中華民國一〇二年七月一日至本辦法修正施行前，少年及家事專業法官證明書之核發或換發，依司法院核發專業法官證明書審查要點辦理。

第十四條

　　本辦法自發布日施行。

▶ 行政命令
黃舒芃　著

　　本書旨在說明行政命令於整個國家法秩序體系中扮演的角色，協助建立讀者對行政命令的基本概念。本書特別著眼於行政命令概念發展的來龍去脈，藉此凸顯相關爭議的問題核心與解決途徑。本書先介紹行政命令在德國憲法與行政法秩序中的發展脈絡，並在此基礎上，回歸探討我國對德國行政命令概念體系的繼受，以及這些繼受引發的種種問題。最後，本書針對我國行政命令規範體制進行檢討，從中歸納、解析出行政命令爭議核心，以及成功發展行政命令體系的關鍵。

▶ 地方自治法
蔡秀卿　著

　　本書內容大致上分為三大部分，一為地方自治之基礎概念，包括地方自治的基本概念、我國地方自治法制之歷史、地方自治之國際保障及地方自治團體。二為住民自治部分，即住民之權利義務。三為團體自治部分，包括地方自治團體之事務、地方自治團體之自治立法權、地方自治團體之自治組織權及中央與地方及地方間之關係。本書除以法理論為重外，並具歷史性、前瞻性及國際性之特色。

▶ 無因管理
林易典　著

　　本書之主要內容為解析無因管理規範之內涵，並檢討學說與實務對於相關問題之爭議與解釋。本書共分十三章：第一章為無因管理於民法體系中之地位，第二章為無因管理之體系與類型，第三章為無因管理規範之排除適用與準用，第四章至第六章為無因管理債之關係的成立要件，第七章為無因管理規範下權利義務的特徵，第八章至第十章為管理人之義務，第十一章為管理人之權利，第十二章為管理事務之承認，第十三章為非真正無因管理。期能使讀者在學說討論及實務工作上，能更精確掌握相關條文之規範意旨及適用，以解決實際法律問題。

▶ 物權基本原則

陳月端　著

　　本書主要係就民法物權編的共通性原理原則及其運用，加以完整介紹。近年的物權編修正及歷年來物權編考題，舉凡與通則章有關者，均是本書強調的重點。本書更將重點延伸至通則章的運用，以期讀者能將通則章的概括性規定，具體運用於其他各章的規定。本書包含基本概念的闡述、學說的介紹及實務見解的補充，更透過實例，在基本觀念建立後，使讀者悠遊於條文、學說及實務的法學世界中。

▶ 刑法構成要件解析

柯耀程　著

　　構成要件是學習刑法入門的功夫，也是刑法作為規範犯罪的判斷基準。本書的內容，分為九章，先從構成要件的形象，以及構成要件的指導觀念，作入門式的介紹，在理解基礎的形象概念及指導原則之後，先對構成要件所對應的具體行為事實作剖析，以便理解構成要件規範對象的結構，進而介紹構成要件在刑法體系中的定位，最後進入構成要件核心內容的分析，從其形成的結構，以及犯罪類型作介紹。本書在各章的開頭採取案例引導的詮釋方式，並在論述後，對於案例作一番檢討，使讀者能夠有一個較為完整概念。

▶ 未遂與犯罪參與

蕭宏宜　著

　　本書是三民「刑法法學啟蒙書系」的一部份，主要內容聚焦於不成功的未遂與一群人參與犯罪。簡單說，做壞事不一定會成功，萬一心想事不成，刑法要不要介入這個已經「殘念」的狀態，自然必須考量到失敗的原因，做出不同的反應；當然，做壞事更不一定什麼細節都得親自動手，也可以呼朋引伴、甚至控制、唆使、鼓勵別人去做。不論是未遂或犯罪參與的概念闡述與爭議問題，都會在這本小書中略做討論與說明，並嘗試提供學習者一個有限的框架與特定的角度，抱著多少知道點的前提，於群峰中標劃一條簡明線路。

▶ 公司法論
梁宇賢　著

　　本書內容分為緒論與本論，並增訂民國一〇四年七月一日公布之閉鎖性股份有限公司專節。本書除對公司法之理論與內容加以闡述外，並多方援引司法院大法官會議之解釋、最高法院與行政法院之裁判、法院座談會之決議及法務部與經濟部之命令等。又本書對各家學者之見解、外國法例（尤其日本法例）皆有所介紹，並就我國現行公司法條文之規定評其得失，提供興革意見，俾供公司法修正時之參考。

▶ 證券交易法論
吳光明　著

　　《證券交易法論》全書共二十六章，本於深入淺出之既有基礎，為個別獨立之專論。又配合法規增修，不僅論及證所稅之最新變革，為因應海峽兩岸對於證券市場管理之現況，新增第二十六章〈證券律師在證券市場監督機制角色之探討——海峽兩岸之比較〉。至其他章節之部分內容，亦已分別配合二〇一五年七月一日最新修訂條文予以訂正，可謂與時俱進之著作。

▶ 商事法要論
梁宇賢　著

　　商事法是工商業的基本大法，規範商事法活動，攸關一般人之利益與工商企業的經營發展，並影響社會經濟甚鉅。本書共分為五編，除緒論述及商事法之意義、沿革，及與其他法律之關係外，其餘四編分別介紹公司法、票據法、海商法及保險法，均以詮釋法律條文為主，並徵引立法例、學說、判例等，間或參以管見，提綱挈領，力求理論與實際融會貫通，由簡入繁，以增進讀者之了解。

▶ 保險法論

鄭玉波　著
劉宗榮　修訂

　　本書在維持原著《保險法論》的精神下，修正保險法總則、保險契約法的相關規定，並通盤改寫保險業法。本書的特色如下：

1. 囊括保險契約法與保險業法，內容最完備。
2. 依據最新公布的保險法條文修正補充，資料最新穎。
3. 依據大陸法系的體例撰寫，銜接民法，體系最嚴明。
4. 章節分明，文字淺顯易懂，自修考試兩相宜。

▶ 刑事訴訟法論

朱石炎　著

　　刑事訴訟法是追訴、處罰犯罪的程序法，其立法目的在於確保程序公正適法，並求發現真實，進而確定國家具體刑罰權。實施刑事訴訟程序的公務員，務須恪遵嚴守。近年來，刑事訴訟法曾經多次局部修正，本書是依截至民國一〇四年八月最新修正內容撰寫，循法典編章順序，以條文號次為邊碼，是章節論述與條文釋義的結合，盼能提供初學者參考之用。